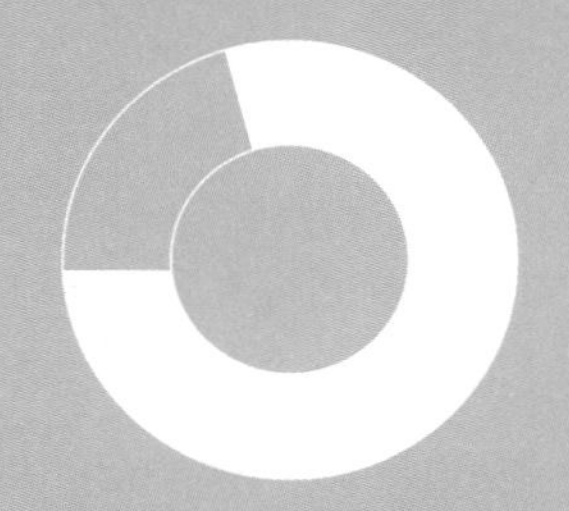

Excel
电商数据分析与运营实战

郑常员　邓竹　舒军◎编著

内容提要

本书作为一本电商数据分析的实战手册，利用使用范围较广的 Excel 工具，结合丰富的实战案例，系统、全面地介绍了电商运营过程中会涉及的各种数据分析方法和技巧。

本书共 6 章，第 1 章主要介绍电商数据分析的基础知识；第 2 章主要讲解 Excel 公式与函数的应用；第 3 章主要讲解 Excel 数据透视表与图表的应用；第 4~6 章分别从商品类目与市场行情、网店流量和转化率 3 个方面来讲解电商数据分析的具体方法。

本书将理论与实战相结合，以丰富、典型的实战案例演示操作步骤，内容全面，专业性较强，能够有效帮助电商运营人员和管理者掌握电商数据分析的方法，为实际的电商运营工作提供指导。本书特别适合从事电商运营工作的人员、电子商务专业学生，或者想要自学电商数据分析的读者阅读使用。

图书在版编目（CIP）数据

Excel 电商数据分析与运营实战 / 郑常员，邓竹，舒军编著 . — 北京：北京大学出版社，2021.3
ISBN 978-7-301-32023-5

Ⅰ . ① E… Ⅱ . ①郑… ②邓… ③舒… Ⅲ . ①表处理软件 – 应用 – 电子商务 – 数据处理②表处理软件 – 应用 – 电子商务 – 运营 Ⅳ . ① F713.36 ② TP274

中国版本图书馆 CIP 数据核字 (2021) 第 033487 号

书　　名	Excel电商数据分析与运营实战 Excel DIANSHANG SHUJU FENXI YU YUNYING SHIZHAN
著作责任者	郑常员　邓竹　舒军　编著
责任编辑	张云静　刘沈君
标准书号	ISBN 978-7-301-32023-5
出版发行	北京大学出版社
地　　址	北京市海淀区成府路 205 号　100871
网　　址	http://www.pup.cn　　新浪微博：@ 北京大学出版社
电子信箱	pup7@ pup.cn
电　　话	邮购部 010-62752015　发行部 010-62750672　编辑部 010-62570390
印 刷 者	北京宏伟双华印刷有限公司
经 销 者	新华书店 787 毫米 ×1092 毫米　16 开本　15.5 印张　317 千字 2021 年 3 月第 1 版　2021 年 3 月第 1 次印刷
印　　数	1—4000 册
定　　价	79.00 元

前 言 INTRODUCTION

• 本书的编写初衷

电子商务的出现改变了很多人的消费和生活方式，为人们进行网上购物、网上交易、在线电子支付等活动提供了极大的便利，也推动了社会经济的发展。

随着电子商务行业的迅猛发展，电商数据化运营的概念早已深入人心，各项具体的电商运营工作都离不开数据的支撑。因此，我们为电商数据分析人员量身打造了本书，旨在帮助学习者切实掌握电商数据分析的各项工作技能。

• 本书的内容

本书首先介绍电商数据分析的基础知识，接着又详细讲解了 Excel 数据分析工具在电商数据分析工作中的应用，然后分别从商品类目与市场行情、网店流量和转化率 3 个方面入手，详细讲解数据分析的具体方法。

本书共分为 6 章，具体介绍如下。

第 1 章主要介绍电商数据分析的基础知识，包括电商数据分析的定义和作用、电商数据分析的思维、电商数据分析的方法、电商数据分析的陷阱、电商数据分析的基本流程、电商数据分析的常见数据及电商数据分析人员的基本要求等内容。通过学习本章内容，读者可以对电商数据分析工作有一个初步的认识和了解。

第 2~3 章主要介绍 Excel 工具在电商数据分析中的相关应用，包括 Excel 公式与函数的应用、Excel 数据透视表与图表的应用两大部分内容。通过学习这两章的内容，读者可以了解 Excel 工具对电商数据分析的作用，并熟练掌握 Excel 函数在电商数据分析工作中的相关应用技巧。

第 4 章主要介绍商品类目与市场行情数据分析的相关知识，包括商品类目分析、市场容量分析、市场趋势分析、市场竞品分析及市场潜力分析等内容。通过学习本章内容，读者可以掌握类目分析的具体方法，利用数据对商品类目、市场容量、市场趋势及市场竞品等内容进行精准分析，以便有效地分析和挖掘爆款产品。

第 5 章主要介绍网店流量分析的相关知识，包括网店的流量结构、网店引流的方法、不同渠道流量分析及客户浏览量分析等内容。通过学习本章内容，读者可以了解网店流量的相关知识，掌握网店流量的具体分析方法。利用数据可以有效地对网店流量的相关情况进行监控和分析，以便在网店运营过程中及时对网店流量进行优化。

第 6 章主要介绍转化率分析的相关知识，包括网店转化率的分类、影响网店转化率的因素、网店访客分析、人群画像分析、会员分析与营销，以及不同流量渠道的成交转化率分析等内容。通过学习本章内容，读者可以了解网店转化率的相关知识，掌握网店转化率的具体分析方法。利用数据对消费人群进行精准分析，使网店获取的流量能够成功实现销售转化。

本书从规划、编写到出版，经历了很长一段时间，经过多次修改和逐步完善，最终得以出版。在编写过程中，尽管编者着力打磨内容，精益求精，但水平有限，书中难免有不足之处，欢迎广大读者提出宝贵意见和建议，以便后续进行再版修订。

编 者

目 录 CONTENTS

第 2 章 Excel 公式与函数的应用 29

第 6 章 转化率分析 205

第 1 章 认识电商数据分析

随着电子商务行业的迅猛发展，电商数据分析在电商运营与推广中发挥的作用越来越重要。如今，无论是行业选择、选款、选品，还是产品定价、活动运营、库存管理、优化推广等，都离不开数据化运营。电商数据分析是在运营的基础上以数据推动店铺，通过客观、真实的数据反映店铺的状况，为店铺的日常运营提供决策依据。

1.1 电商数据分析的定义

电商数据分析就是利用各种数据统计分析的方法，对收集来的各类电商数据进行整理、汇总归纳和处理分析，并从中提炼有用的信息加以研究和总结的过程。简单来说，数据分析就是从数据到信息的过程，如图 1-1 所示。数据本身并没有什么价值，有价值的是从数据中提取出来的信息。这些信息能够帮助商家在店铺的实际运营中做出正确的判断和决策，从而实现销售额的增长和利润的最大化。例如，某商家想要预测“双 11”当天店铺的销量能达到多少，以便备货，这时就必须要依赖数据分析才能完成。

数据分析

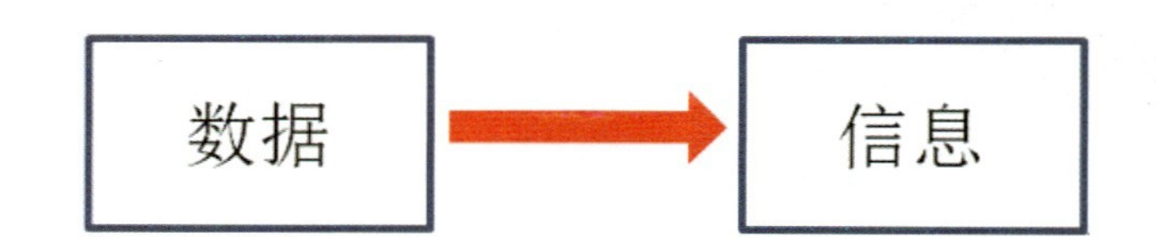

图 1-1 数据分析：数据到信息

在电商运营的过程中，隐藏着许多杂乱无章的数据，如访客数、转化率、客单价、停留时间、访问深度、下单支付人数等，商家需要凭借各种数据分析手段，将这些数据进行加工处理，然后根据店铺的实际需求，总结出隐藏在它们背后的信息和规律。

1.2 电商数据分析的作用

在大数据时代下，数据分析在电商行业中起着非常重要的作用，电商商家可以通过分析数据了解市场，判断市场走势，从而做出正确的决策，或通过分析数据优化业务流程等。电商数据分析的作用主要表现在以下几个方面。

1. 熟悉店铺运营现状

通过数据分析，商家能够有效地掌握自己店铺在现阶段的运营状态，了解店铺的营销趋势、盈亏状况及活动效果等。

例如，根据店铺最近 1 个月的销售额、访客数、成交转化率、支付订单数及投产比等多维度的数据，分析店铺的整体运营情况。首先，分析店铺目前的运营状态是否良好，若各项指标均呈现负增长，则说明店铺运营出现了问题，亟须进行整改和优化；其次，分析店铺各项数据指标是否达到同行平均值，若没有，则需要从多方面来分析原因，制订出相应的解决方案。

在电商运营的过程中，可以采取月报、周报和日报的形式来进行系统的数据分析，也可以对单品、标题等进行监控，以达到熟悉店铺运营现状的目的。

2. 深入分析原因

在了解店铺的运营现状之后，接着就需要对这些运营状态出现的原因进行深入分析。例如，某商家通过后台的数据发现近日商品的搜索量增幅较大，并了解了商品的基本运营情况，这时商家就需要进一步弄清楚为什么近日商品的搜索量增幅较大，出现这种情况的原因是什么，是因为优化了某个关键词为店铺带来了流量，还是因为店铺的新访客增加了，或者是因为店铺的权重提升了。商家需要对这些原因进行深入分析，只有明确了具体的原因，才能达到数据分析的目的。

又如，商家发现店铺中某款商品搜索量的增加，可能是因为近期对商品标题进行优化引起的。这时就需要将优化前和优化后的数据进行对比，看看该商品到底是不是因为优化了标题才引起了搜索量的增加。

数据分析必须有理有据，以客观、真实的数据为支撑，具体问题要具体分析，切忌脱离实际、主观臆断。

3. 预测店铺未来的运营状况

在了解了店铺运营现状和分析了原因后，那么，接下来就应该对店铺未来的运营状况进行预测，提前对店铺运营进行全方位的规划。

例如，某店铺通过优化商品标题中的关键词，为店铺带来了大量的流量，在短期内提升了商品的成交转化率。为了保证店铺的良好运营，商家就需要对关键词优化带来的成交转化数据进行实时监测，看看哪些关键词是主力引流词，哪些关键词的转化能力强，哪些关键词能够提升静默转化率。

在充分积累了运营数据后，还需要对关键词的转化效果进行预测。例如，主力关键词在未来 1 周能够带来多少流量，转化率高的关键词在未来 1 个月中的转化率能够达到多少，热门关键词在未来 3 个月能够让静默转化率提升多少。做好科学的数据预测，能够提前掌握店铺运营的发展趋势，提前布局，抢占市场先机。

4. 及时发现店铺的问题

店铺在运营过程中会出现各种各样的问题，如果商家没有及时发现店铺运营存在的异常情况，往往会给店铺带来不可挽回的损失。实际上，任何一种异常情况的背后都是有原因的，深入剖析异常情况存在的原因，能够有效帮助商家解决各种店铺问题。

商家需要经常监控店铺的各类数据，及时发现数据存在的异常情况。例如，某商家在生意参谋中查看店铺最近一个月的销售数据，如图 1-2 所示，发现最近一个月店铺的销售情况总体比较平稳，但在 6 月 9 日、6 月 15、6 月 25 日和 7 月 3 日，店铺的销售额出现了明显下降的情况。

图 1-2 某店铺的销售数据分析

发现异常数据后，商家要及时分析原因，并快速制订出解决方案，进行后续的追踪监控。电商运营切忌掉以轻心，如果等到店铺出现严重的亏损时才发现问题，再来补救就为时已晚了。

5. 店铺决策的依据

商家在做出运营决策时，必须要以客观、真实的数据作为依据，这样才能最大限度地保证决策的有效性。例如，某主营餐具类目的商家想要在店铺中选择一款合适的商品，将其打造成爆款，商家需要对店铺的引流关键词进行深入的数据分析。在生意参谋的“流量”模块中可以看到店铺商品的引流词排名情况及相关数据，如图 1-3 所示。

排名	来源名称	访客数	下单买家数	下单转化率
1	碗	231	9	3.90%
2	大碗	190	10	5.26%
3	其他	170	5	2.94%
4	大碗+汤碗+面碗	158	3	1.90%
5	面碗	116	2	1.72%
6	汤碗	97	1	1.03%
7	小碟子+蘸料	80	4	5.00%

图 1-3 店铺的引流词排名

通过综合分析发现，在店铺的引流词中，“碗”和“大碗”排名靠前，且它们的访客数、下单买家数和下单转化率均较高。由此可判断，这两个关键词是店铺中的主力引流词，能够为店铺带来大量的流量。

1.3 电商数据分析的思维

对于电商数据分析来说，主要应该掌握对比、拆分、增维、降维和假设 5 大思维。只要数据分析人员具备了这 5 大思维，基本上可以应付店铺运营过程中绝大多数的数据分析工作。下面就具体来看看这 5 个电商数据分析的思维。

1.3.1 对比思维

对比思维是最基本，也是最重要的数据分析思维。该思维的应用范围很广泛，在进行选品、测款及分析店铺销售额时，如果不进行对比分析，商家往往很难从中获取有用的信息。例如，将某店铺 6 月几款产品的销售量通过柱状图的形式进行对比展示，即可一目了然地知道哪款产品的销量最高，哪款产品的销量最低，如图 1-4 所示。

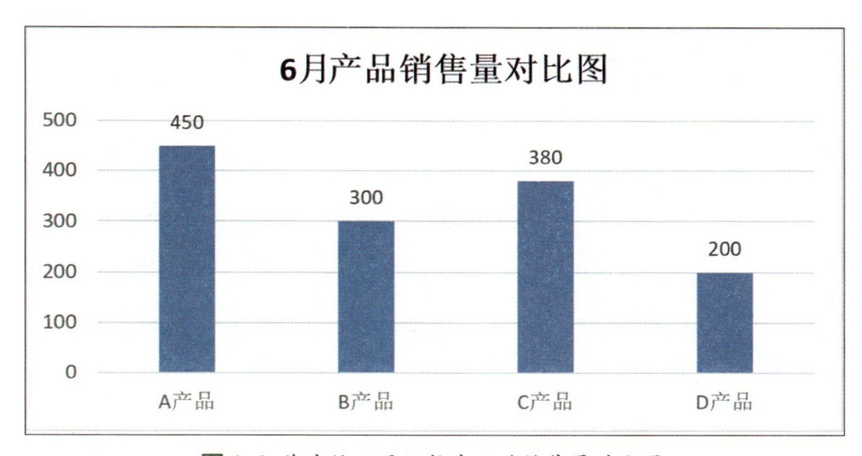

图 1-4 某店铺 6 月几款产品的销售量对比图

1.3.2 拆分思维

拆分思维是对数据指标进行分解的一种数据分析思维。例如，已知销售额 = 成交用户

数 × 客单价；成交用户数 = 访客数 × 转化率。运用拆分思维对销售额这一数据指标进行分解，其拆分的示意图如图 1-5 所示。

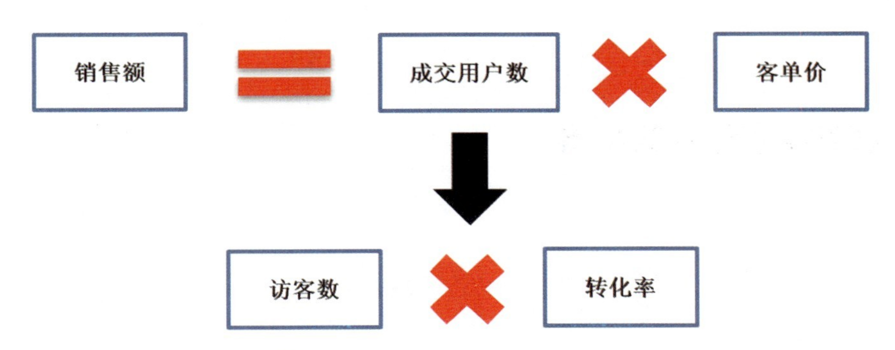

图 1-5 运用拆分思维分析销售额

又如，运用拆分思维对淘宝平台上的流量进行分解，从而明晰流量的分类，其拆分的示意图如图 1-6 所示。

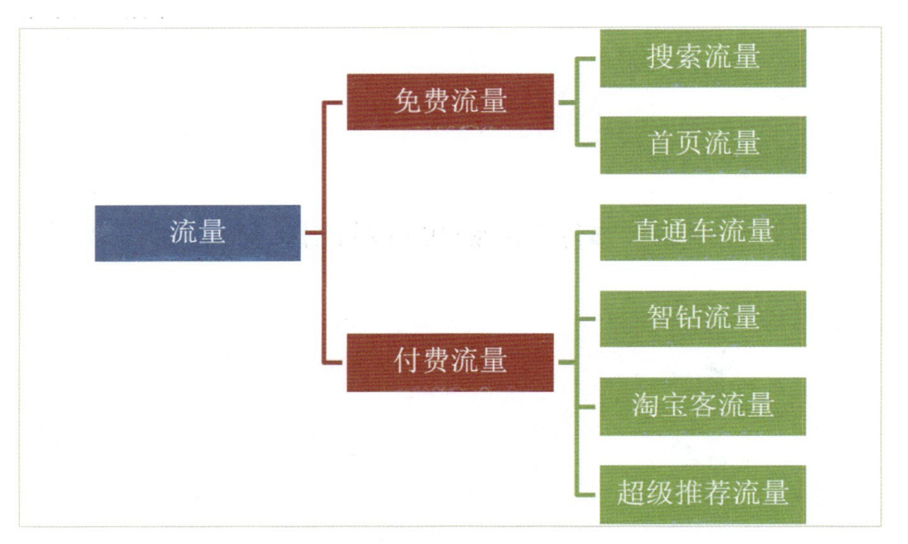

图 1-6 运用拆分思维分析流量

经过拆分之后，数据之间的逻辑关系会变得更清晰，更有利于数据分析人员理解和分析。

1.3.3 增维思维

增维思维是指增加多个维度的数据指标来帮助自己进行数据分析。增维就是将简单数据多元化，增加的维度称为“辅助列”。例如，某商家运用增维思维对市场上销售的女鞋类目的产品进行数据分析，如表 1-1 所示。

表 1-1 运用增维思维进行数据分析

序号	关键词	搜索指数	全站商品数
1	女鞋	3005	6591015
2	凉鞋	1651	1093203
3	凉鞋女	1646	462821
4	帆布鞋	1066	508061
5	小白鞋	1045	363268

通过表 1-1 可以发现，搜索指数和全站商品数是两个独立的数据指标，前者表示市场需求，后者表示行业竞争。用搜索指数除以全站商品数可以获得一个新的指数，这个指数可以表现出市场竞争的激烈程度，从而准确判断市场当前的竞争情况。

1.3.4 降维思维

增维和降维是相对的，有增必有降。降维思维是指将复杂的数据简单化，提炼核心数据进行数据分析。很多数据分析人员在面对一大堆维度广泛的数据时，常常不知从何下手。其实在分析数据时没必要对每个维度的数据都进行分析，只选择部分具有代表意义的数据指标进行分析即可。

例如，运用降维思维对产品的销售额进行数据分析，如表 1-2 所示。已知与产品销售有密切关系的核心数据指标有访客数、成交用户数、客单价及转化率，这时商家就可以将关联度不大的数据排除，只留下核心数据进行分析即可。

表 1-2 运用降维思维进行数据分析

日期	浏览量	访客数	访问深度	销售额	销售量	订单数	成交用户数	客单价	转化率
2020/5/1	2584	957	3.5	9045	96	80	67	135	7%
2020/5/2	3625	1450	4.1	9570	125	104	87	110	6%
2020/5/3	2572	1286	2.8	12780	130	108	90	142	7%
2020/5/4	4125	1650	1.9	15345	143	119	99	155	6%
2020/5/5	3699	1233	3.6	8362	107	89	74	113	6%
2020/5/6	4115	1286	2.2	14040	130	108	90	156	7%
2020/5/7	6582	1763	2.9	22755	185	142	123	185	7%

1.3.5 假设思维

假设思维是指从结果倒推原因，通过逆向思维进行推导。在实际的数据分析过程中，对于把握度不高的数据分析，可以采取假设的方式来处理，即先假设一个结果，再运用逆向思维来倒推，然后一步步剥丝抽茧，最终寻找到最佳的解决方案，以达到数据分析和推理的目的。

在电商数据分析过程中，按照时间可以细分为 3 种数据，即历史数据、当前数据和预测数据（并非真正意义上的数据类型）。

- 历史数据是指已经发生的数据，其主要作用是总结、对照和提炼有用信息。例如，店铺的历史运营数据、退款数据、订单数据或者销售额等。
- 当前数据是以时间为单位而定的数据，其主要作用是及时了解店铺运营现状，发现问题。例如，当日的成交转化率。单一的数据是没有参考价值的，所以当前数据往往需要与历史数据进行对比分析。
- 预测数据是指还没有发生的数据，需要通过预测才能够得到，其主要作用是通过提前预测识别经营风险，及时做好相关的运营和优化工作。例如，店铺参加活动的营销成本预算、销售额预测、店铺规划等。预测数据会受到很多因素的影响，其实际结果和预测结果可能会存在一定的偏差，所以仅作为参考数据使用。

以上 3 种数据是单向流动的，从预测数据变成当前数据，再变成历史数据。因此，数据分析人员需要针对电商运营在不同阶段所产生的相关数据，开展更为有效的数据分析工作。

1.4 电商数据分析的方法

在进行电商数据分析的过程中，数据分析人员不仅要采用建模的思维，还要掌握一些科学的数据分析方法，这样才能更加全面、精准地分析数据。下面介绍几个常用的电商数据分析方法。

1.4.1 对比分析法

对比分析法是指将两个或两个以上相关联的数据指标进行比较，通过对比的形式来体现它们之间的差异，以此来了解数据内部规律的一种分析方法。对比分析法最大的特点在于可以精准、量化地展示出对比数据之间存在的差异。

例如，对比分析 A、B 两家店铺在 1~3 月的流量情况，可以很直观地看到两家店铺 1~3 月的流量变化和差异，如图 1-7 所示。通过数据对比分析可以看到，A 店铺的流量要明显高于 B 店铺，其中 A 店铺在 3 月的流量最高，单月获取流量为 731。

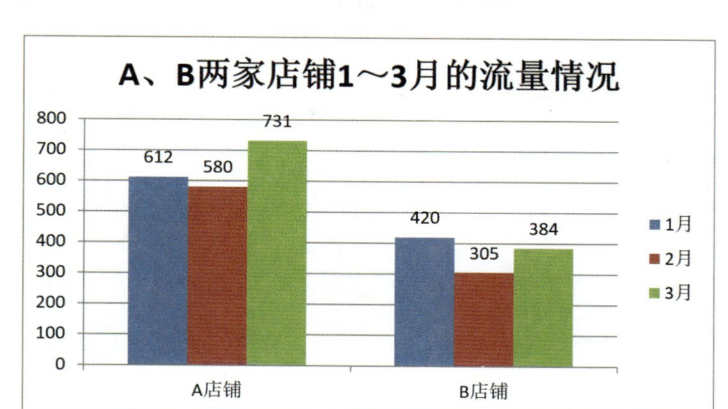

图 1-7　对比分析法

在电商数据分析中，通常要从不同时期、竞争对手或行业、优化前后及活动前后这几个维度进行对比分析。

（1）不同时期之间的对比

在做数据透视表的时候，环比增长率和同比增长率就是使用两个不同时期的数据指标进行对比的。例如，用当前数据和历史数据进行对比分析，通过结果了解店铺现阶段是做得更好还是更差了。

（2）与竞争对手或行业的对比

用自己的数据和竞争对手或行业大盘的数据进行比较，可以了解店铺目前在行业中处于一个什么位置，是否还需要进一步优化和提升。例如，通过和竞争对手的比较可以看出店铺最大的问题在于转化率太低，这时商家就应该进一步分析为什么店铺的转化率不如竞争对手，进而想办法提高转化率。

（3）优化前后的对比

在店铺日常的运营过程中需要做许多调整，如修改标题、优化主图、修改详情页等。如果不进行优化前后的对比分析，往往很难知道所做的调整是否得当，优化效果是否明显，所以在进行优化调整后，商家一定要将优化前后的数据进行对比分析，以便及时了解优化的效果。

（4）活动前后的对比

当店铺做到一定规模的时候，定期开展几场活动是常态。店铺做活动肯定是为了达到某种目的，如新品推广、换季清仓等，这时就必须要通过活动前后的数据对比分析来看看活动是否达到了预期的效果。

【提示】

采用对比分析法时，一定要选择合适的参考标准，如果参考标准受到外界的干扰较大，则可能会影响到数据分析的结果，从而使商家做出错误的预测。

1.4.2 细分分析法

细分分析法是指按照一定的参考标准，将整体数据细分为若干个数据，再进行内部分析与统计。

在进行数据分析时，数据分析人员根据不同的维度对数据进行细分，在细分的过程中找出具有代表性的核心数据进行深入分析，从而得到更精准的数据分析结果。通常数据分析人员可以按照以下几个维度对数据进行细分。

- 区域：从区域的维度对数据进行细分。例如，针对主要消费区域进行人群属性的细分，可以快速、精准地获取主要消费群体的相关信息。
- 时间：从时间的维度对数据进行细分。不同时间段会呈现出不同的数据，如对目标消费人群每天的购物高峰时间段进行细分。
- 渠道：从渠道的维度对数据进行细分。例如，在分析成交转化率时，自主访问、付费推广、老客户推荐等不同渠道所产生的成交转化率肯定是不一样的，所以商家可以针对不同渠道的客户制订不同的营销方案。
- 客户：从客户的维度对数据进行细分。不同的客户群体的需求和属性是完全不同的。例如，不同性别的人，他们的购买偏好就完全不同，男性消费者喜欢购买科技数码类产品，而女性消费者喜欢购买服饰、美妆类产品。
- 行业：从行业的维度对数据进行细分。要想深入地研究某一细分领域的核心数据，就需要对行业进行细分。例如，女装类目的品类细分如图 1-8 所示。

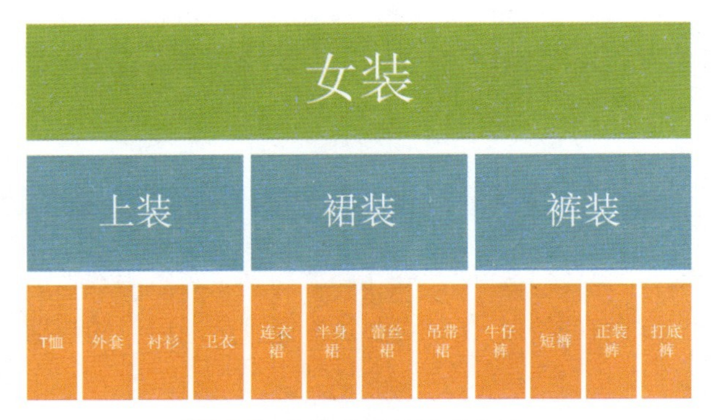

图 1-8 女装类目的品类细分

细分分析法过程比较复杂，需要根据不同的切入点作为分类的依据，而不同的切入点则可能会产生不同的细分结果。所以，使用细分分析法时需要把握好切入点，以最佳切入点来进行细分，才能得到比较精准的数据分析结果。

1.4.3 AB测试法

AB 测试法是指为实现同一个目标而定制 A、B 两个方案，A 为目前方案，B 为新方案，通过测试比较这两个方案所关注的重要数据，选择效果最好的方案。

在电商数据分析中，AB 测试法通常应用于直通车创意图的优化。例如，某商家设计制作了多个直通车创意图方案并进行广告投放，分别测试各个方案的效果；然后对测试的效果进行优化，优化时要先对直通车创意图片进行分析，看看到底是文案创意做得不好，还是产品的图片拍摄方面的问题；最后不断地对方案进行优化，通过比较大量数据，测试出哪个方案能够达到最佳的创意图优化效果。

1.4.4 漏斗分析法

漏斗分析法是一套科学的流程式分析模型，可以很直观地看到每个环节的情况，如转化情况、流失情况。漏斗分析的本质是通过数据流程的变化来控制结果，评估各个环节的数据情况，进而达到优化数据的目的。

漏斗分析法有以下 3 个重要的作用。

- 快速发现问题，及时调整问题。
- 把问题具体化和细分化。
- 在营销推广中提高流量的价值和转化率。

漏斗分析法通常在分析产品的成交转化时使用较多，产品的成交转化流程一般如图 1-9 所示。

图 1-9 产品的成交转化流程

但使用流程图只能掌握产品的成交转化过程，无法精准地判断产品具体的成交转化情况。这时就需要对流程图进行优化，使用层次更分明的漏斗模型图来分析产品的成交转化情况，如图 1-10 所示。

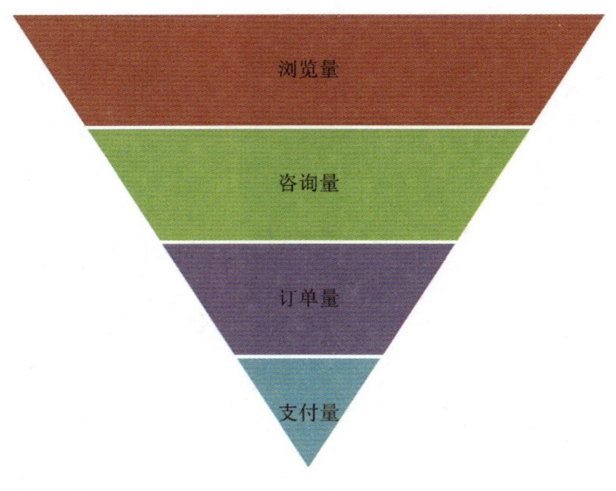

图 1-10 使用漏斗模型分析产品的成交转化情况

1.4.5 类聚分析法

类聚分析法是将抽象的数据按照类似的对象来进行分析，该数据分析法能够发现数据更深层次的关联与含义。

类聚分析法主要是对客户数据进行分析，通过大数据对客户进行追踪和深入挖掘，精准地发现客户之间相同或者是相近的属性，从而制订相对应的营销策略。

客户类聚主要是以行为和属性来划分的，拥有共同行为属性的客户会被视为同一客户群体。例如，某商家按照年龄对在店铺中购买过产品的客户进行属性分类，如图 1-11 所示。可以看到 25~34 岁这个年龄段的客户成交转化率最高，说明这部分客户将会是商家重点研究的对象。

成交客户的年龄分布

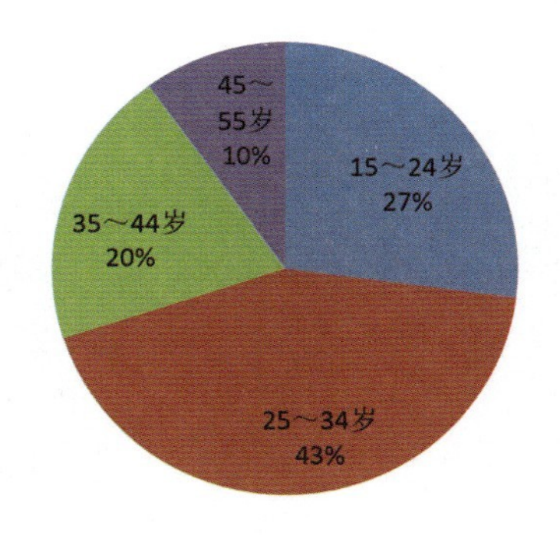

图 1-11 某店铺成交客户的年龄分布

客户类聚分析的主要目的就是精准地定位客户群体，在后期运维和推广阶段，能够由点到面地开展营销活动，增强客户的归属感，形成群体营销的局面，最大限度地降低推广成本。

1.5 电商数据分析的陷阱

在电商数据分析的过程中会出现很多陷阱，如果数据分析人员不小心误入这些陷阱，就有可能会导致最后的数据分析结果出现错误或偏差，进而影响决策者做出正确的电商运营决策。下面列举了几个常见的电商数据分析陷阱，以帮助数据分析人员在进行数据分析时能避开这些陷阱。

1. 算术平均数存在一定局限性

一提到平均数，大家可能首先想到的就是算数平均数，即各个数字相加后除以个数。但其实平均数的种类还有很多，如中位数、众数、几何平均数等。在计算平均数时，不一定非要使用算术平均数。下面先来看一个实际的案例，某店铺 1~12 月的销售额如表 1-3 所示。

表 1-3 某店铺 1~12 月的销售额

月份	销售额（元）
1 月	10000
2 月	20000
3 月	20000
4 月	20000
5 月	20000
6 月	30000
7 月	20000
8 月	20000
9 月	30000
10 月	30000
11 月	120000
12 月	100000

该店铺 1~12 月销售额的算数平均数是 36666.67 元，但 1~10 月的销售额都没有超过 30000 元，通过计算可以得出店铺 1~10 月销售额的算数平均数是 22000 元，与全年的算术平均数 36666.67 元相差甚远。说明 11 月和 12 月这两个月的销售额对全年平均销售额的拉升作用很明显，而前 10 个月的销售额都没达到全年销售额的平均值，这其实就是算术平均数的陷阱。

例如，3 个人的月工资分别是 3000 元、5000 元和 20000 元，经过算术平均数计算后 3

个人的月平均工资为（3000+5000+20000）÷3=9333.33（元），仅依靠月工资 20000 元的这个人的工资就将其他两个人的月平均工资拉高了。这也是很多人认为统计数据有水分的原因，因为通过算术平均数计算的结果会存在一定的局限性。

目前在数据分析中普遍使用的算数平均数受极值的影响很大，其准确性值得数据分析人员关注。为提升平均数的准确性，建议在使用算数平均数计算平均值的同时，运用中位数、众数、几何平均数等作为参考数据，帮助数据分析人员判断计算结果的准确性。

2. 没有使用定基比率

目前大家比较熟悉的衡量数据变化情况的指标有两个，一个是同比增长率，另一个是环比增长率。其中，同比增长率能够反映出较为真实的数据变化情况，可以避免季节因素的影响；环比增长率能够连续地、动态地反映出数据指标的变化情况。

但要了解数据的变化情况，仅有上述两个数据指标是不够的。例如，要查看某产品去年和今年的销售情况，但该产品去年和今年的市场行情相差很大，如果看同比数据（即今年与去年同期相比）参照性不是特别强；如果看环比数据（即当前数据和上期数据的变化比），由于相隔期数较多，难以判断现在的状况如何。这时为了更精准、有效地分析数据的变化情况，就可以使用定基比率，即将固定的某期设为基数，其后各期与该期进行对比。

例如，某店铺 1~6 月的销售额分别为 10 万元、8 万元、15 万元、15 万元、18 万元、20 万元，将 1 月的数据设为固定基数与其后各期对比，即可求得各期的定基比数据，如表 1-4 所示。

表 1-4 某店铺 1~6 月的销售额及定基比

月份	销售额（万元）	定基比
1 月	10	10:10
2 月	8	10:8
3 月	15	10:15
4 月	15	10:15
5 月	18	10:18
6 月	20	10:20

定基比往往能有效地反映出某段时间的经营成果，如某项营销方案是从 1 月开始实行的，那就将 1 月的各种运营指标设定为固定的基数，再与其他各月进行对比，便可直观反映该营销方案的效果。

3. 数字排名的局限性

很多排名数据都具有一定的局限性。例如，某店铺中有一款产品的销量排名为第 3 名，如果该店铺的产品款式很多，有几十款产品，那这个排名是非常好的一个排名；但如果该店铺的产品款式很少，只有 5 款产品，那这个排名也只是一个中等水平。

为了打破数字排名的局限性，可以使用百分比数值来进行排名。例如，某店铺经营 30 款产品，其中有一款产品的销售量排名为第 6 名，那该产品的百分比排名就是 20%（$6 \div 30 \times 100\%$）。

在百分比的排名中，有 3 个关键档次，即 25%、50%、75%，如图 1-12 所示，许多指标的优劣都会以这 3 个档次的指标来进行衡量。例如，某产品的转化率如果在行业内的前 25% 以内浮动，商家就基本上不用太担心该产品的转化问题，可以将精力放在产品的其他方面；如果排名超过 25%，说明商家要多想办法进行优化，以提高产品的转化率。

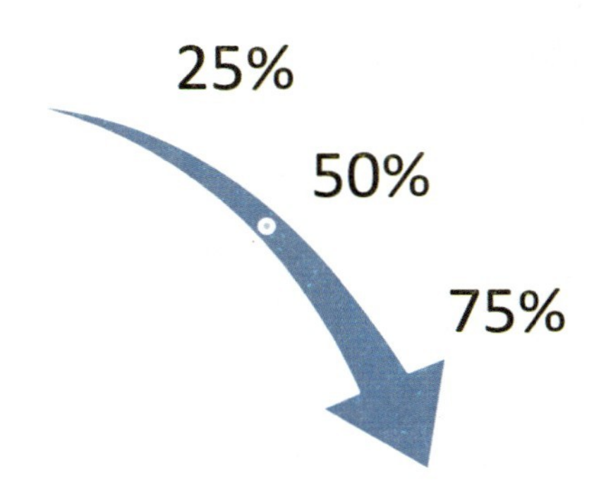

图 1-12　百分比排名中的 3 个关键档次

4. 忽略数据的稳定性

很多商家经营店铺只知道一味地冲销量，提升销售额，店铺的业绩虽然总体上呈现增长趋势，但各项运营指标却时常大起大落，缺乏稳定性。其实这种情况对于店铺的长久经营非常不利，尤其是对于店铺的成本管理。

很多商家对于稳定性的认识一般只停留在采购曲线的波动上，建议商家使用方差指标来计算各项成本数据。因为方差越大，表示该指标稳定性越差；方差越小，则表示稳定性越强。稳定性变差，通常预示着重大变化的来临，面对竞争越来越激烈的电商市场，商家应该时刻关注运营的稳定性，尤其是与供应链各个环节相关的稳定性，如采购成本、推广费用、物流费用等。任何指标如果出现不稳定的波动，都应该引起商家的警觉，一定要找出背后的原因。

1.6 电商数据分析的基本流程

数据分析是在明确分析目的的前提下，对数据进行收集、整理、加工和分析等一系列操作，并提炼有价信息的过程。电商数据分析一共包括 6 个步骤，其基本流程如图 1-13 所示。

图 1-13 数据分析的基本流程

1. 明确分析目的

进行数据分析之前一定要先明确分析的目的，数据分析人员首先要考虑的是做数据分析的目的是什么，要达到什么样的效果，需要解决什么业务问题。电商数据分析的目的主要在于熟悉店铺目前的运营现状，预测店铺未来的运营，及时发现店铺的问题，为店铺运营提供决策依据等。

例如，A 店铺是一家新店铺，在经营初期需要获取大量的流量，所以分析的核心数据就是访客量；而 B 店铺是一家老店铺，更关心店铺的转化，所以分析的核心数据就是转化率和回头率。只有确定了分析目的，才能找准分析的方向，也才知道接下来要收集哪些数据。如果分析目的都不明确，数据分析就会失去方向和意义，最终达不到商家想要的结果，成为无效的分析。

2. 数据收集

数据收集是在明确分析目的之后，有目的地收集、整合相关数据的一个过程，是数据分析的基础。例如，想了解转化率与流量之间的关系，就需要收集与流量和转化率相关的数据。

收集数据的途径有很多，最常用的有百度指数（分析网络消费者）、阿里指数（分析进货数据）、生意参谋（分析店铺数据）等。

【提示】

还有许多网店数据的采集是通过手工复制或下载的方法，或是其他第三方开发的工具来完成的。

3. 数据处理

数据处理是指对收集的数据进行加工、梳理，也就是将收集好的数据删除、计算、整理成一种有效的数据形式，以便为后面具体的数据分析做准备。数据处理在数据分析的整个过程中用时最多，而且直接关系到分析数据的质量，是数据分析中非常重要的一个环节。

数据处理的软件很多，常用的数据处理软件有 Excel、Python、SPSS 和 MATLAB 等，其中，Excel 是一款普及性较强且非常容易入门的数据分析软件，能够满足大多数电商数据分析工作的需要。

4. 数据分析

数据分析是整个数据分析流程中最为关键的一个环节。在数据分析过程中，数据分析人员往往需要利用一些分析工具来帮助自己建立数据模型，使其能够对数据进行深度分析。

因此，数据分析就是指使用工具（如 Excel、SPSS）和科学的方法（方差、回归等）与技巧对处理好的数据进行分析，挖掘出数据间的因果关系、内部联系、业务规律，从而获得一些有价值的结论，为项目决策者提供决策参考。

5. 数据展现

数据分析完成后，接下来就需要将数据分析的结果呈现给阅读者。为了方便阅读，通常是将一些堆砌的数据信息及分析结果使用图（柱状图、折线图、饼图、漏斗图等）、表的方式直观地呈现出来。

6. 撰写报告

数据分析的所有工作完成之后，还有一项重要工作就是撰写分析报告，它是对整个数据分析工作的一个总结与汇报。通过分析报告，数据分析的目的、过程、结果与方案建议能够完整地被呈现出来，为决策者制订运营策略提供重要的参考依据。

1.7 电商数据分析的常见数据

电商数据分析过程中会遇到很多数据指标，如点击量、访客量、收藏量、加购量、成交转化率等。根据不同的类型，常见的电商数据大致可以分为 6 类，如图 1-14 所示。数据分析人员可以从这些数据中衡量店铺各方面的经营状况，并根据分析结果及时调整、改进店铺的经营策略。

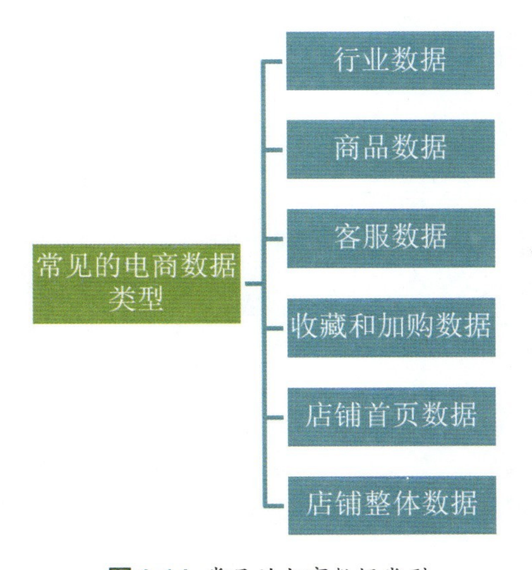

图 1-14 常见的电商数据类型

1.7.1 行业数据

数据是以行业为依据，通过采集到的行业数据分析和预测行业趋势，以便商家能够精准地把握行业趋势和变化，做到顺势而为，及时调整运营战略。在大数据时代，电商行业数据非常注重对市场整体趋势和综合排名的分析。

1. 市场整体趋势

市场整体趋势的数据分析重点在于市场占有率、市场潜在拓展率及市场饱和度。若市场容量已经趋于饱和，商家没有进行深入分析就贸然进入，最终必将被强劲的竞争对手击败。如果商家在进入市场前进行了深入分析，绕开了红海市场，寻找到了当前的蓝海市场，方能为日后的店铺运营奠定良好的基础。

2. 综合排名

掌握行业的商品排名和店铺排名，能够更有计划地开展各项运营与推广工作，以提高自己店铺的销量和排名。一般从生意参谋等数据分析工具中可以查看同行的排名情况，如图 1-15 所示为“水杯”在市场中的商品排名。

图 1-15 “水杯”在市场中的商品排名

行业数据的变化往往有迹可循，商家在充分地借助数据分析平台的同时，还要注重对原始数据的积累和分析，透过数据看到行业的变化规律，顺应行业趋势来运营店铺。

1.7.2 商品数据

对于很多新手商家而言，经常会出现发错货、发漏货的情况，以至于收到客户的差评，甚至投诉。归其原因，是因为商家没有精准地掌握商品数据。商品数据主要是围绕商品本身来展开，包括商品数量、商品存量和商品上下架时间。

1. 商品数量

商品数量通常是以“SKU”来显示的，SKU（Stock Keeping Unit）是最小的存货单位。每一款商品都有自己的 SKU，如某个商品有 3 个尺寸，那么该商品就有 3 个 SKU。商品的 SKU，其尺码、颜色、库存及价格都是一一对应的，方便客户查看，如图 1-16 所示。

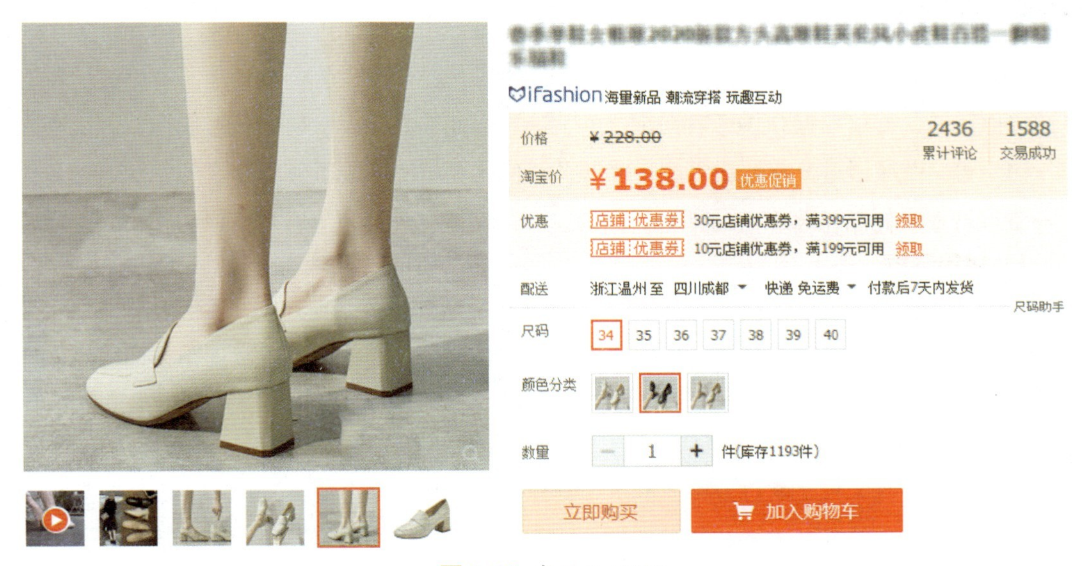

图 1-16　商品的 SKU

2. 商品存量

存量包括商品品牌数和商品库存量，商品品牌数是指店铺内不同品类的商品数量，而商品库存量则是对应品类的库存。在店铺参加大型的营销活动之前，商家一定要核实店铺的品牌数和库存量，防止出现卖断货的情况。此外，还要有备用货源渠道，一旦销售告罄，立马补充同品类货源。

3. 商品上下架时间

关于商品的上下架，在淘宝平台中有一条“黄金规则”：商品离下架时间越近，排名会越靠前。商品的默认上架时间是 7 天，超过 7 天，系统会自动下架。因此，商家需要总结出店铺成交率最高的时间段，分批次上架商品，合理安排商品的上下架时间，这样才能够让商品获得更多的流量。

【提示】

商品数据的核心是按照商品的属性来分析的，因为不同品类的商品数据是不同的。例如，服装品类的商品数据根据季节变化而变化；而电子书品类的商品数据则是根据当前市场的热门图书需求而确定。

1.7.3 客服数据

客服工作是店铺经营中很重要的一项工作，贯穿产品售前、售中和售后。客服数据主要包括接待数据、订单数据和售后数据，这些关键数据能够直接反映店铺在客服运营方面存在的各种问题。商家通过分析客服数据，能够及时优化和解决客服工作中存在的问题，有效提升店铺的服务质量。

1. 接待数据

客服人员在接待访客的时候会产生一系列的数据指标，如接待人数、首次响应时间、平均接待时长及回复率等。为了更好地服务客户，客服人员需要提前熟练掌握销售话术，做好随时回复的准备，设计好欢迎词，快速地响应客户，争取不丢失每一个潜在客户。

2. 订单数据

客服人员在与客户交流过程中，会产生订单数据，如订单金额、客单价、成交商品总数等。订单数据通常是客服岗位 KPI 的重要考核指标之一，因此商家需要制订完整的客服岗位考核方案，以便更好地激励客服人员努力工作，进而有效提高店铺的客服水平。

3. 售后数据

客服人员在售后环节中的作用尤为重要，特别是处理纠纷订单，客服人员在其中发挥着重要作用。售后数据主要有纠纷率、退货率、退款率等。一个金牌售后客服能够完美地应对各种售后问题，避免客户给店铺打差评，降低店铺的损失，维护店铺的良好形象。

1.7.4 收藏和加购数据

在电商数据分析的过程中，很多商家往往会忽略收藏数据和加购数据这两大关键数据。但这两项数据很重要，很多资深客户购买商品前通常都会去看看收藏量和加购量，因为它们是展示店铺人气的关键性指标。

1. 收藏量

收藏量与店铺的人气紧密相关，一般收藏量越高，说明店铺潜在的成交客户越多。从访客的角度出发，分析客户收藏店铺或产品的原因，主要有以下 3 点。

- 有购买意向，但是处于犹豫阶段。
- 货比三家，比较同款商品后再下单。
- 喜欢店铺或是商品，先收藏方便后期查找。

所以，收藏量是衡量店铺热度的重要指标。商家应该将收藏按钮设置在店铺中比较醒目的位置，方便访客直接收藏。某商品的收藏量如图 1-17 所示。

图 1-17　某商品的收藏量

2. 加购量

加购量是指加入购物车的商品数量。相对于收藏量，加购量更能体现访客的购买意愿，因为加入购物车后，下一步操作极有可能就是提交订单。淘宝天猫每年举行的“双十一全球狂欢购物节”，为了吸引客户参与到营销活动中，许多店铺都会提醒客户将商品提前加入购物车。

【提示】

收藏数据和加购数据是相辅相成的，其目的都是引导访客关注商品，最终产生成交转化。为了提升店铺的收藏量和加购量，商家可以采取一些手段来吸引客户加购、收藏商品。例如，收藏店铺领红包；提前加入购物车，下单减 5 元。

1.7.5 店铺首页数据

店铺首页相当于流量的中转站，既要吸引访客访问店铺，又要承接流量的转化工作。店铺首页研究的主要对象是访客，店铺首页数据则是将访客的访问行径通过数据指标表现出来，以便后期进行研究和分析，其中包括访客数、点击率、停留时间和跳失率 4 个数据指标，如图 1-18 所示。

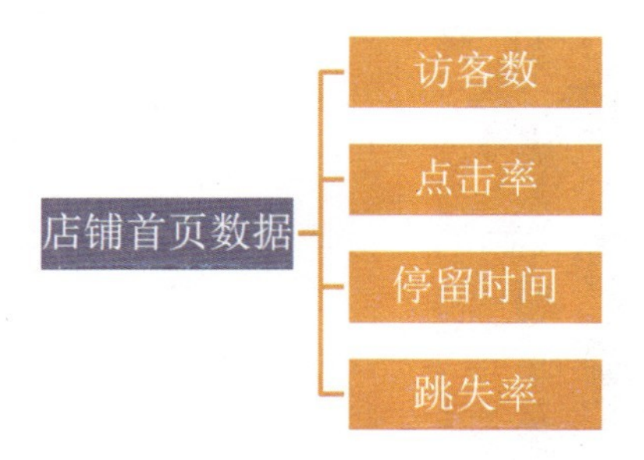

图 1-18 店铺首页数据

1. 店铺首页访客数

店铺首页的访客大多是潜在的客户，他们希望在首页查看全店的商品，快速找到自己想要的商品。所以，店铺首页最关键的是商品的导航设置和分类设置，这样能够方便访客快速查找到自己需要的商品。某家具店铺首页的导航设置如图 1-19 所示。

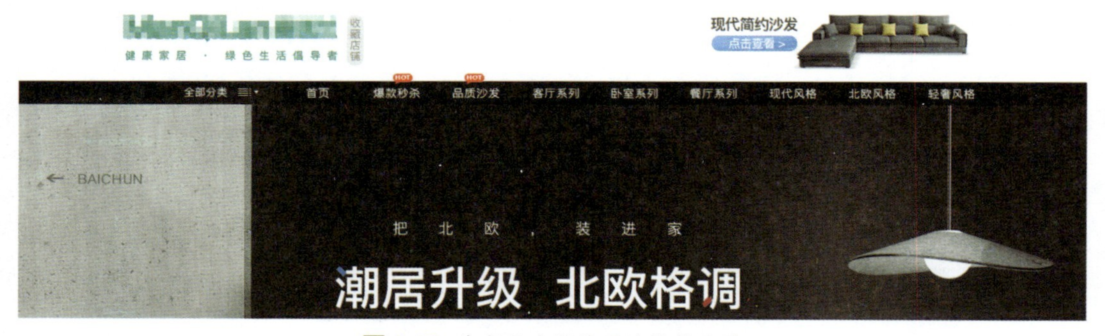

图 1-19 某家具店铺首页的导航设置

2. 店铺首页点击率

首页点击率是产生成交转化的一个关键性指标，访客对于首页的商品感兴趣，会点击查看，如果较长时间没有看到心仪的商品，则会直接离开店铺。所以，首页商品的排版和布局是重中之重，商家应该按照客户的点击率来设置商品的位置，点击率高的商品，要设置在靠前的位置。

3. 店铺首页停留时间

访客在首页停留时间越长，表示访客对商品越感兴趣，成交转化的可能性越大。如果访客在首页停留时间过短，说明店铺首页可能在排版设计或商品布局等方面存在问题，商家需要对店铺首页进行优化。

4. 店铺首页跳失率

跳失率也是衡量店铺运营的一个重要指标，如果店铺首页的跳失率过高，说明店铺的潜在客户正在大量流失，这时就会浪费店铺的推广成本。所以，商家要时刻关注首页的跳失率，最大限度地降低首页跳失率。

店铺首页数据分析的重点是透彻地研究访客，精准地把握住这部分潜在客户，并将其转化为忠实客户，以实现店铺的高效益运营。

1.7.6 店铺整体数据

店铺整体数据是从店铺整体运营的角度出发进行分析，商家总控店铺整体数据，然后逐一对其进行分析和研究，找出店铺运营过程中存在的各种问题，并有针对性地解决这些问题，日积月累便可取得好的运营成绩。

店铺运营会涉及很多数据指标，商家应该有针对性地选择数据指标进行分析。一般而言，店铺整体的运营数据分为 3 大类，即流量数据、订单数据和转化数据，如图 1-20 所示。商家只要掌握好这 3 项数据，对相关的数据指标进行精准的数据分析，就能为店铺的运营提供可靠的参考依据。

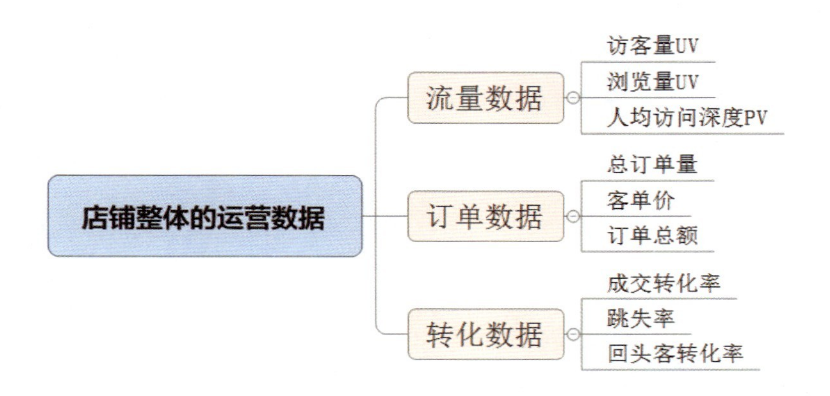

图 1-20 店铺整体的运营数据

1.8 电商数据分析人员的基本要求

要想成为一名合格的电商数据分析人员并非易事，电商数据分析工作需要付出很多时间和精力，电商数据分析人员不仅要具备一定的职业技能，还要拥有一定的耐心和承受能力。下面为大家总结了几点电商数据分析人员的基本要求，以便大家能够更好地认识和理解电商数据分析岗位。

1. 严谨负责的态度

严谨负责的工作态度是电商数据分析人员必备的基本素质之一。数据分析人员只有做到了严谨负责，才能保证数据的客观、准确。数据分析人员很多时候就像一名医生，他们通过对各种运营数据的分析，找出店铺经营的问题所在。因此，数据分析人员必须要具备严谨负责的工作态度，客观、真实地分析店铺经营过程中存在的问题，为决策者提供有效的参考依据。

2. 具有强烈的好奇心

电商数据分析人员要积极主动地去发现和挖掘隐藏在数据内部的真相，所以必须要保持强烈的好奇心。为什么是这样的结果，导致这个结果的原因是什么，这个数据的变化是受什么因素的影响。这一系列的问题都要在进行数据分析时提出来，并且通过数据分析，得到满意的答案。一名优秀的数据分析人员，好奇心通常很强，而且往往在解决一个问题后，又会抛出一个新的问题，继续研究下去。数据分析人员只有具备一种刨根问底的精神，才会对数据和结论保持敏感，继而顺藤摸瓜，找出数据背后的真相。

3. 具有清晰的逻辑思维

电商数据分析人员还需要具备缜密的思维和清晰的逻辑推理能力。数据分析是一项复杂而烦琐的工作，分析时会面临各种各样的问题，如果没有清晰的逻辑思维，脑海中没有一个分析的结构和框架，很容易走入死胡同。所以，电商数据分析人员必须要具有清晰的逻辑思维，能够真正厘清问题的整体及局部的结构，然后在深度思考后，找到结构中的逻辑关系，只有这样才能给出客观、科学的数据分析结果。

4. 了解产品

数据分析并不是只看数据表面的一些东西，更重要的是要看到隐藏在数据背后的问题。要做到这些，就需要电商数据分析人员了解产品、懂产品。如果数据分析人员都不了解所要分析的产品，就会被数据误导，只看到趋势是上升还是下降，却不知道它代表的是什么含义，这样自然无法得到有效的分析结果。因此，只有在充分了解产品的情况下，才能更好、更有效地分析出问题，得到可靠的数据分析结果。

1.9 高手支招

1. 最常见的数据采集工具

数据采集是电商数据分析流程中的一个关键环节，但收集数据的途径有很多，所以数据分析人员通常会借用一些数据采集工具来收集原始数据。下面就为大家介绍几款常见的数据采集工具。

（1）百度指数

百度指数是百度官方通过统计海量网民搜索关键词后，将基本的数据进行整理并分享的平台，如图 1-21 所示。

图 1-21 百度指数的首页

数据分析人员可以通过百度指数，了解特定关键词的搜索量和搜索趋势变化，了解当前有哪些热搜词汇，从而找到网民的关注热点，或搜索某个关键词的人群画像，这些数据能够有效地帮助商家进行市场调研、策划等运营工作。

（2）阿里指数

阿里指数是由阿里巴巴公司提供的用于分析电子商务市场数据动向的平台。阿里指数主要是对电商市场的行业价格、供需求关系、采购趋势等数据进行分析，以帮助商家了解市场行情，查看热门行业，及时掌握市场热点与动向，寻找到适合店铺经营的热销商品品类。根据不同的功能，阿里指数划分为行业大盘、属性细分、采购商素描等 6 大功能模块，如图 1-22 所示。

图 1-22 阿里指数的首页

（3）店铺工具

数据分析人员通过一些专业的店铺工具来获取数据也是一个非常不错的选择。如今在电商市场上出现了很多专门针对商家的服务市场，这些服务市场中就含有专门的数据服务工具，可以帮助商家或数据分析人员获取相应的数据。例如，阿里巴巴旗下的商家服务市场中为商家提供了很多店铺数据服务工具，如图 1-23 所示，商家可以根据自己的需要自行选择购买。

图 1-23 商家服务市场中的店铺数据服务工具

在阿里巴巴的商家服务市场中，使用范围最广的店铺数据服务工具是“生意参谋”，其首页如图 1-24 所示。“生意参谋”是专属于商家的个性化店铺数据运营工具，集合了商家常用的数据功能模块，使商家能够快速、及时地掌握店铺的各项经营数据。

图 1-24 生意参谋的首页

2. 撰写数据分析报告的基本要点

通常情况下，数据分析人员在对数据进行完整的分析后，需要利用数据分析报告将数据分析的结果完整地展现给相关运营人员，以便他们及时、有效地做出运营规划和决策。撰写数据分析报告通常需要掌握以下几个基本要点。

- 数据分析报告需要有分析框架，并且要求内容结构清晰、图文并茂，让阅读者一目了然。
- 数据分析报告必须有明确的结论，数据分析的目的就是要获得一个明确的结论（或结果），如果一个数据分析没有明确的结论，那么这个分析就毫无价值。
- 数据分析报告要具有一定的逻辑性，应该遵守“发现问题”→“总结问题原因”→“解决问题”这一流程。
- 数据分析报告要具有很强的可读性，即分析报告必须站在阅读者的角度去写，让每个阅读者都能够轻松阅读。另外，分析报告名词术语必须要规范，标准要统一，不要使用太难懂的名词术语。
- 数据分析报告必须要有建议或解决方案，数据分析报告是给项目决策者看的，是决策者做决策的重要依据，报告仅仅给出结果和找出问题是不够的，还要包含建议或解决方案。

一份完整的数据分析报告样式如图 1-25 所示。

20XX 年 XXX 分析报告

数据分析部

20XX 年 XX 月 XX 日

目录

一、分析目的

XXXXXXXXX

二、分析思路

XXXXXXXXX

三、分析正文

1. XXX 分析

XXXXXXXXX

XXXXXXXXX

产品的市场份额占比

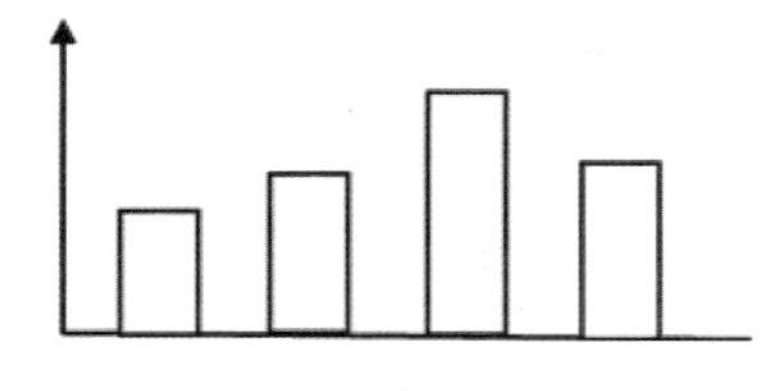

A 产品 B 产品 C 产品 D 产品

四、结论与建议

结论

XXXXXXXXX

建议

XXXXXXXXX

图 1-25 数据分析报告的样式

第 2 章 Excel 公式与函数的应用

在进行电商数据分析的过程中，需要对大量的数据进行计算和处理。为了提高数据分析的效率，需要使用一些工具来帮助数据分析人员进行数据的收集、处理、分析和展现。可以用于数据分析的工具有很多，如 Excel、Access、Python 和 MySQL 等， 其 中，Excel 是一款普及性较强且非常容易入门的数据分析工具，能够满足数据分析人员对于电商数据分析工作的基本需求。公式与函数是 Excel 的特色之一，能够有效帮助数据分析人员进行数据的处理和分析，本章就将为大家详细介绍 Excel 中公式与函数的应用。

2.1 公式的应用

公式能够充分展示出 Excel 出色的数据处理和分析能力，灵活使用各种 Excel 公式能够极大地提高数据处理和分析的效率。理解并掌握公式的基本知识，对于进一步运用公式进行数据运算起着非常重要的作用。

2.1.1 认识公式

公式是一个数据等式，一般以“=”开头，包含函数、数值、引用、运算符号等。公式可以用来计算特定的结果，也可以用来开发新的函数。

1. 公式的组成要素

公式的组成要素一般为常量运算、单元格引用、名称及函数，其具体说明如表 2-1 所示。

表 2-1 公式的组成要素及其说明

公式列举	说明
=10*2	包含常量运算的公式
=A1*3	包含单元格引用的公式
=销售单价*销售数量	包含名称的公式
=SUM(A1:A2)	包含函数的公式

2. 公式的输入、编辑与删除

当在单元格中输入“=”后，Excel 将自动切换为输入公式的状态。在输入公式状态下选中其他单元格区域时，被选中的单元格将作为引用自动输入到公式中，按“Enter”键后得出计算结果，即可结束输入或编辑公式状态，如图 2-1 所示。

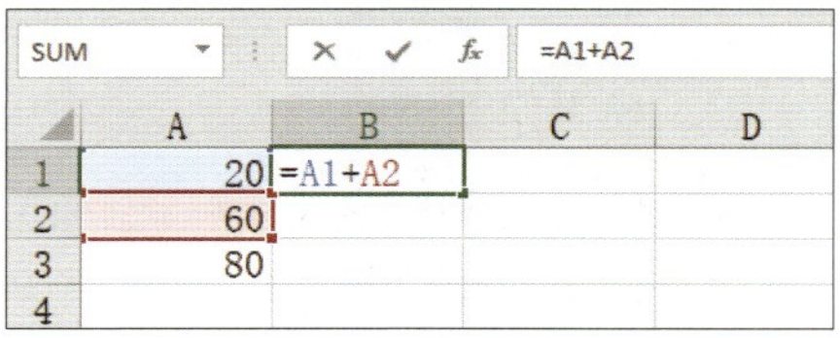

图 2-1 输入和编辑公式

【提示】

如果在单元格中直接以“+”“-”作为开头，系统会自动在该运算符号前面加上“=”，使其变为输入公式状态。

如果单元格中已经有公式了，通过以下 3 种方法可以进入单元格的编辑状态。

- 双击公式所在单元格。
- 选中公式所在单元格，按“F2”键。
- 选中公式所在单元格，单击表格上方的编辑栏。

删除公式的方法也很简单，选中公式所在单元格，然后按“Delete”键即可删除单元格中的内容；或者进入单元格编辑状态后，将光标放在公式末尾，按“Backspace”键删除公式内容。

2.1.2 在表格中插入公式

在进行电商数据分析时，有些数据是需要通过计算来获取的，这时数据分析人员就可以通过 Excel 公式来获取自己需要的数据。下面通过一个实例来讲解 Excel 中公式的应用。

A 网店近 10 天的访客数、收藏人数和加购人数等数据如图 2-2 所示。假设需要获取收藏率这一组数据，已知收藏率 = 收藏人数 / 访客数，下面就通过公式计算 A 网店近 10 天的收藏率。

	A	B	C	D	E	F
1	日期	星期	访客数	收藏人数	加购人数	
2	2020/1/9	星期四	87,231	19,607	43,478	
3	2020/1/10	星期五	89,080	18,006	39,882	
4	2020/1/11	星期六	83,097	27,979	32,265	
5	2020/1/12	星期日	72,923	27,861	50,202	
6	2020/1/13	星期一	89,414	28,775	50,525	
7	2020/1/14	星期二	79,141	28,756	31,156	
8	2020/1/15	星期三	76,314	26,629	38,060	
9	2020/1/16	星期四	78,414	25,722	40,373	
10	2020/1/17	星期五	81,414	22,520	42,017	
11	2020/1/18	星期六	85,115	33,463	51,854	
12	2020/1/19	星期日	91,455	31,288	60,598	
13						

图 2-2 A 网店的访客数量数据

01 将 F 列设定为收藏率数值区域，因为收藏率 = 收藏人数 / 访客数，所以选中 F2 单元格，输入公式“=D2/C2”，如图 2-3 所示。

SUM　=D2/C2

	A	B	C	D	E	F	G
1	日期	星期	访客数	收藏人数	加购人数	收藏率	
2	2020/1/9	星期四	87,231	19,607	43,478	=D2/C2	
3	2020/1/10	星期五	89,080	18,006	39,882		
4	2020/1/11	星期六	83,097	27,979	32,265		
5	2020/1/12	星期日	72,923	27,861	50,202		
6	2020/1/13	星期一	89,414	28,775	50,525		
7	2020/1/14	星期二	79,141	28,756	31,156		
8	2020/1/15	星期三	76,314	26,629	38,060		
9	2020/1/16	星期四	78,414	25,722	40,373		
10	2020/1/17	星期五	81,414	22,520	42,017		
11	2020/1/18	星期六	85,115	33,463	51,854		
12	2020/1/19	星期日	91,455	31,288	60,598		
13							

图 2-3 输入公式

02 按“Enter”键得出计算结果，如图 2-4 所示。

F2 =D2/C2

	A	B	C	D	E	F	G
1	日期	星期	访客数	收藏人数	加购人数	收藏率	
2	2020/1/9	星期四	87,231	19,607	43,478	0.224771	
3	2020/1/10	星期五	89,080	18,006	39,882		
4	2020/1/11	星期六	83,097	27,979	32,265		
5	2020/1/12	星期日	72,923	27,861	50,202		
6	2020/1/13	星期一	89,414	28,775	50,525		
7	2020/1/14	星期二	79,141	28,756	31,156		
8	2020/1/15	星期三	76,314	26,629	38,060		
9	2020/1/16	星期四	78,414	25,722	40,373		
10	2020/1/17	星期五	81,414	22,520	42,017		
11	2020/1/18	星期六	85,115	33,463	51,854		
12	2020/1/19	星期日	91,455	31,288	60,598		
13							

图 2-4 计算结果

03 将鼠标指针悬停在 F2 单元格的右下角，当指针变成“+”形状时双击左键，即可快速填充 F3:F12 单元格的公式，如图 2-5 所示。

F2 =D2/C2

	A	B	C	D	E	F	G
1	日期	星期	访客数	收藏人数	加购人数	收藏率	
2	2020/1/9	星期四	87,231	19,607	43,478	0.224771	
3	2020/1/10	星期五	89,080	18,006	39,882	0.202133	
4	2020/1/11	星期六	83,097	27,979	32,265	0.336703	
5	2020/1/12	星期日	72,923	27,861	50,202	0.382061	
6	2020/1/13	星期一	89,414	28,775	50,525	0.321818	
7	2020/1/14	星期二	79,141	28,756	31,156	0.363351	
8	2020/1/15	星期三	76,314	26,629	38,060	0.34894	
9	2020/1/16	星期四	78,414	25,722	40,373	0.328028	
10	2020/1/17	星期五	81,414	22,520	42,017	0.276611	
11	2020/1/18	星期六	85,115	33,463	51,854	0.39315	
12	2020/1/19	星期日	91,455	31,288	60,598	0.342114	
13							
14							

图 2-5 快速填充公式

【提示】

当鼠标指针变成“+”形状时，按住左键不放，并向下拖动至 F12 单元格，也可以填充 F3：F12 单元格的公式。

04 选中 F2:F12 单元格区域，并右击，在弹出的快捷菜单中选择“设置单元格格式”选项，如图 2-6 所示。

F2 =D2/C2

	A	B	C	D	E	F
1	日期	星期	访客数	收藏人数	加购人数	收藏
2	2020/1/9	星期四	87, 231	19, 607	43, 478	0. 22
3	2020/1/10	星期五	89, 080	18, 006	39, 882	0. 20
4	2020/1/11	星期六	83, 097	27, 979	32, 265	0. 33
5	2020/1/12	星期日	72, 923	27, 861	50, 202	0. 38
6	2020/1/13	星期一	89, 414	28, 775	50, 525	0. 32
7	2020/1/14	星期二	79, 141	28, 756	31, 156	0. 36
8	2020/1/15	星期三	76, 314	26, 629	38, 060	0. 3
9	2020/1/16	星期四	78, 414	25, 722	40, 373	0. 32
10	2020/1/17	星期五	81, 414	22, 520	42, 017	0. 27
11	2020/1/18	星期六	85, 115	33, 463	51, 854	0. 3
12	2020/1/19	星期日	91, 455	31, 288	60, 598	0. 34

剪切(T)
复制(C)
粘贴选项:
选择性粘贴(S)...
智能查找(L)
插入(I)...
删除(D)...
清除内容(N)
快速分析(Q)
筛选(E)
排序(O)
从表格/区域获取数据(G)...
插入批注(M)
设置单元格格式(F)...
从下拉列表中选择(K)...

图 2-6 选择“设置单元格格式”选项

05 弹出“设置单元格格式”对话框，切换至“数字”选项卡，设置“分类”为“百分比”，“小数位数”为“2”，然后单击“确定”按钮，如图 2-7 所示。

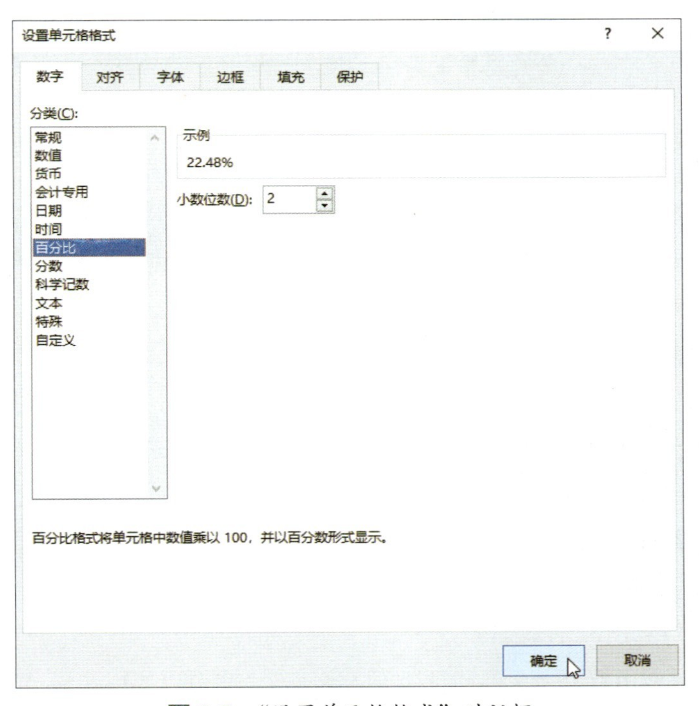

图 2-7 “设置单元格格式”对话框

06 设置完成后的效果如图 2-8 所示。

	A	B	C	D	E	F	G
1	日期	星期	访客数	收藏人数	加购人数	收藏率	
2	2020/1/9	星期四	87,231	19,607	43,478	22.48%	
3	2020/1/10	星期五	89,080	18,006	39,882	20.21%	
4	2020/1/11	星期六	83,097	27,979	32,265	33.67%	
5	2020/1/12	星期日	72,923	27,861	50,202	38.21%	
6	2020/1/13	星期一	89,414	28,775	50,525	32.18%	
7	2020/1/14	星期二	79,141	28,756	31,156	36.34%	
8	2020/1/15	星期三	76,314	26,629	38,060	34.89%	
9	2020/1/16	星期四	78,414	25,722	40,373	32.80%	
10	2020/1/17	星期五	81,414	22,520	42,017	27.66%	
11	2020/1/18	星期六	85,115	33,463	51,854	39.32%	
12	2020/1/19	星期日	91,455	31,288	60,598	34.21%	
13							

图 2-8 设置完成后的效果

2.2 函数必备基础

函数与公式既相互关联又彼此不同，都能够帮助数据分析人员高效地进行数据处理和分析工作。从广义的角度来说，函数属于公式的一个组成部分，是一种特殊的公式。下面将从函数的特性角度出发，为大家讲解函数的基本概念，以及函数的输入、复制和修改等内容。

2.2.1 认识函数

函数是计算特定数值的代码，可以在公式中使用，一般函数后面会结合各参数，参数用小括号隔开。Excel 函数有很多，每个函数都有其特定的功能和用途。

1. 函数的结构

在 Excel 中包含函数的公式，通常由等号、函数名称、参数及括号构成。例如，一个常见的 SUM 函数“=SUM(A1:A2)”，其中，SUM 为函数名称，括号中的内容 A1:A2 为参数。

一个公式中允许使用多个函数或计算式，通过运算符号进行连接。有的函数中也包含多个参数，例如，“=SUM(A1:A5,B1:B5)”就包含了 A1:A5 和 B1:B5 这两个参数。而有的函数则没有参数或不需要参数，如 NOW、RAND、PI 等函数就没有参数；还有 ROW、COLUMN 等函数可在公式中省略函数的参数，如果省略，则直接返回公式所在单元格行号、列标数。

函数的参数一般由数值、文本和日期等元素组成，也可以使用常量、数组、单元格引用和其他函数。如果一个函数的参数中包含另一个函数，则被称为函数的嵌套。例如，“=IF(A2 > 0," 正数 ",IF(A2 < 0," 负数 "," 零 "))”，其中，第 2 个 IF 函数是第 1 个 IF 函数的嵌套函数。

2. 函数的分类

在 Excel 中，根据来源不同可以将函数分为内置函数、扩展函数、自定义函数和宏表函数 4 种类型，如图 2-9 所示。

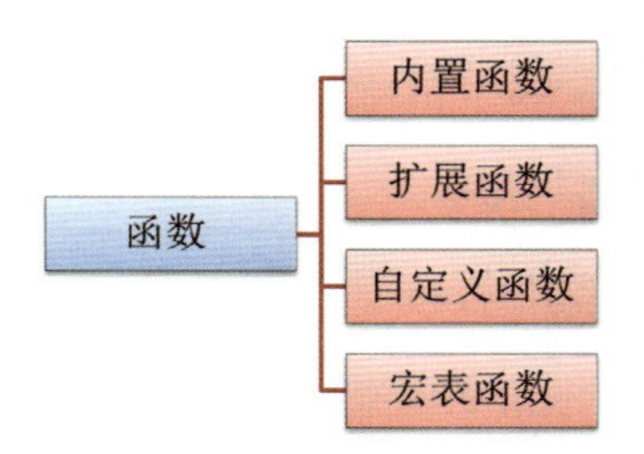

图 2-9 函数的分类

（1）内置函数

内置函数是指只要启动 Excel 就可以使用的函数。根据函数功能和应用领域的不同，内置函数可以细分为 12 个类别，包括文本函数、信息函数、逻辑函数、统计函数、财务函数、工程函数、数据库函数、查找和引用函数、日期和时间函数、数学和三角函数、多维数据集函数及兼容性函数。

（2）扩展函数

扩展函数是指必须通过加载宏加载后才能正常使用的函数。例如，EUROCONVERT 函数，要使用该函数需要依次选择“开发工具”→“加载项”选项，在“加载宏”对话框中选中“欧元工具”复选框，然后单击“确定”按钮，如图 2-10 所示，即可正常使用该函数。

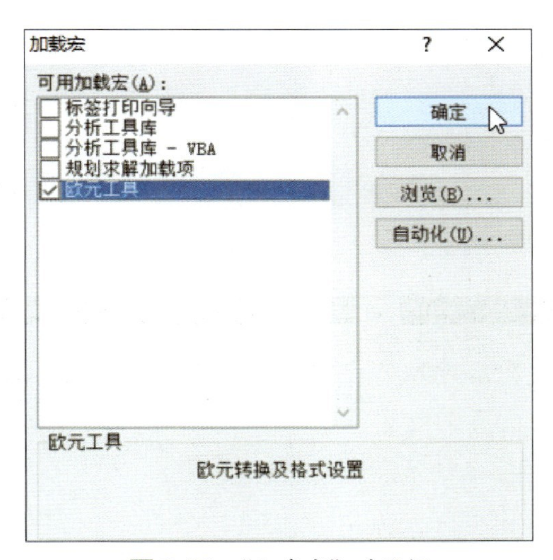

图 2-10 “加载宏”对话框

加载后的扩展函数在“插入函数”对话框中，其类别划分为“用户定义”，如图 2-11 所示。

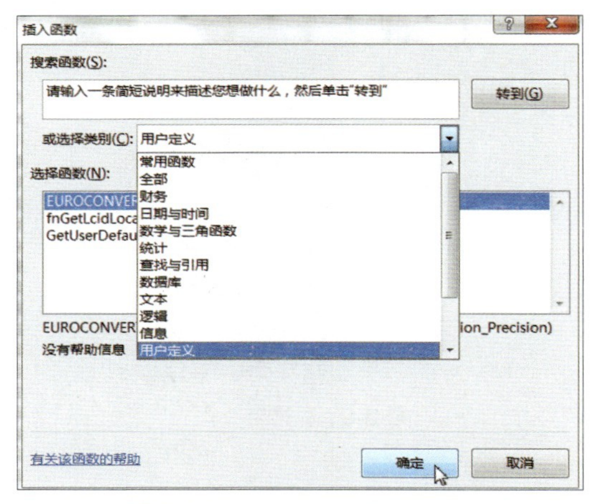

图 2-11 “插入函数”对话框

（3）自定义函数

自定义函数是指使用 VBA 代码进行编制的用于实现特定功能的函数，该类函数存放于 VB 编辑器的“模块”中。

（4）宏表函数

宏表函数是指需要通过定义名称或在宏表中使用的函数，该类函数中大多数函数的功能已逐步被内置函数和 VBA 功能所替代。

2.2.2 输入函数

在 Excel 中输入函数的方法很简单，下面就以最基础的 SUM 函数为例来讲解输入函数的具体步骤。

01 选中任意一个空白单元格（如 A5 单元格），然后在菜单栏的“公式”选项卡中单击“插入函数”按钮，如图 2-12 所示。

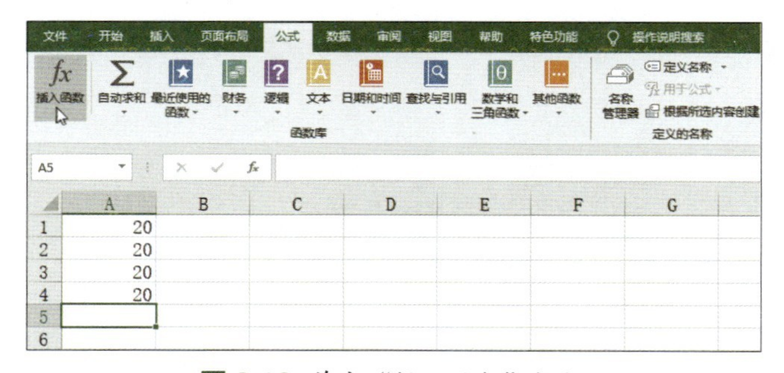

图 2-12 单击“插入函数”按钮

02 弹出“插入函数”对话框，在对话框中的“选择函数”列表框中选择“SUM”函数，然后单击“确定”按钮，如图 2-13 所示。

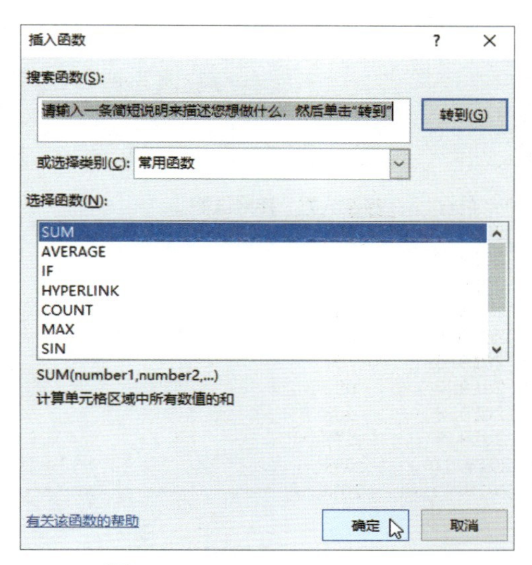

图 2-13　“插入函数”对话框

03 弹出“函数参数”对话框，选择相应的函数计算区域，然后单击“确定”按钮，如图 2-14 所示，即可得到相应函数的计算结果。

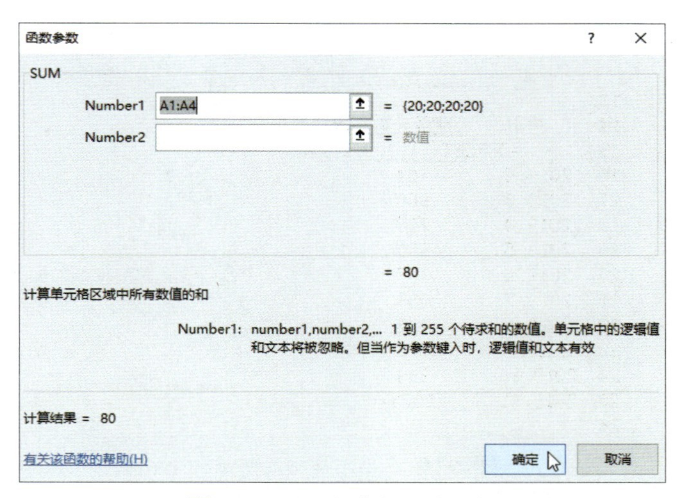

图 2-14　“函数参数”对话框

2.2.3 复制函数

复制函数的方法有两种，一种是在公式编辑栏中复制函数，另一种是在单元格中复制函数。下面就来看看这两种复制函数的方法具体如何操作。

方法一：单击函数所在单元格，这时在表格上面的公式编辑栏中会显示其相应的函数公式，可以直接在编辑栏中选择函数公式进行复制，如图 2-15 所示。

B15 | =OFFSET(A1,1,3,1,1)

	A	B	C	D	E
13					
14	月份	搜索人数	搜索次数		
15	2019.1	891			
16	2019.2	764			
17	2019.3	980			
18	2019.4	798			
19	2019.5	856			
20	2019.6	797			
21	2019.7	658			
22	2019.8	433			
23	2019.9	579			
24	2019.10	994			
25	2019.11	1023			
26					

图 2-15 在公式编辑栏中复制函数

方法二：选中函数所在单元格并双击，使单元格进入公式编辑状态，然后直接在单元格中复制函数公式，如图 2-16 所示。

SUM | =OFFSET(A1,1,3,1,1)

	A	B	C	D	E
13					
14	月份	搜索人数	搜索次数		
15	2	=OFFSET(A1,1,3,1,1)			
16	2019.2	764			
17	2019.3	980			
18	2019.4	798			
19	2019.5	856			
20	2019.6	797			
21	2019.7	658			
22	2019.8	433			
23	2019.9	579			
24	2019.10	994			
25	2019.11	1023			
26					

图 2-16 在单元格中复制函数

2.2.4 修改函数

修改函数的方法有两种，一种是在公式编辑栏中修改函数，另一种是在单元格中修改函数。

方法一：选中函数所在单元格，在表格上面的公式编辑栏中对函数或函数的参数进行修改，如图 2-17 所示。

SUM　=OFFSET(A2,1,3,1,1)

OFFSET(**reference**, rows, cols, [height], [width])

	A	B	C
13			
14	月份	搜索人数	搜索次数
15	2019.1	891	
16	2019.2	`SET(A2,1	
17	2019.3	980	
18	2019.4	798	
19	2019.5	856	
20	2019.6	797	
21	2019.7	658	
22	2019.8	433	
23	2019.9	579	
24	2019.10	994	
25	2019.11	1023	
26			

图 2-17　在公式编辑栏中修改函数

方法二：选中函数所在单元格并双击，使单元格进入公式编辑状态，直接在单元格中对函数或函数的参数进行修改，如图 2-18 所示。

SUM　=OFFSET(A2,1,3,1,1)

	A	B	C	D	E
13					
14	月份	搜索人数	搜索次数		
15	2019.1	891			
16	2	=OFFSET(A2,1,3,1,1)			
17	2019.3	OFFSET(**reference**, rows, cols, [height], [width])			
18	2019.4	798			
19	2019.5	856			
20	2019.6	797			
21	2019.7	658			
22	2019.8	433			
23	2019.9	579			
24	2019.10	994			
25	2019.11	1023			
26					

图 2-18　在单元格中修改函数

2.3　Excel 函数在电商运营中的应用

Excel 函数有很多，如常见的 VLOOKUP、SUM、COUNT、OFFSET 等函数。下面将结合电商数据分析过程中的一些实际案例，来讲解一些常见的 Excel 函数的使用方法和应用，以帮助数据分析人员提高数据分析的效率。

2.3.1 VLOOKUP 函数

VLOOKUP 函数是一个查找和引用函数，即给出一个需要查找的值，它能从指定的查找区域中找到最终返回该区域所需查找的值。

语法规则：

```
=VLOOKUP（lookup_value,table_array,col_index_num,range_lookup）
```

参数说明如下。

lookup_value：表示要查找的值。

table_array：表示要查找的区域。

col_index_num：表示返回的数据在查找区域的第几列。

range_lookup：表示近似匹配 / 精确匹配。

实战：使用 VLOOKUP 函数查找直通车的关键词

在优化直通车关键词时很多商家会遇到这样一个问题：设置的直通车计划多，需要添加的关键词也多，不清楚自己是否已经将需要的关键词添加进直通车计划中，想把没有添加进去的关键词添加进去。但是在关键词基数太大的情况下，应该如何查找、添加关键词，才能避免重复添加或出现其他错误呢？这时就可以使用 VLOOKUP 函数查找直通车的关键词。

下面将使用 VLOOKUP 函数来快速查找若干个关键词是否已经存在于另外若干个关键词中，其操作步骤如下。

01 新建一个 Excel 表格，将已经添加进直通车计划的关键词放入 A 列，将需要添加进直通车计划的关键词放入 C 列，如图 2-19 所示。

	A	B	C	D
1	已添词		需要的词	
2	新款小包包		冬季 爆款强推	
3	限定款		秋冬范儿	
4	水桶包		冬季限定	
5	洋气		原创定制	
6	正品		轻复古风格	
7	pu皮		简约百搭	
8	复古风		接地气	
9	2019最新款		小包	
10	斜跨 拉链		斜跨	
11	链条包		法国小众	
12	斜跨包		90后 潮人	
13	拉链包 斜跨		街头 潮人	
14	可拆卸拉链		复古风	
15	单肩 斜跨		2019最新款	
16	凸显气质		斜跨 拉链	
17	原创定制		ins风	
18	轻复古风格		可拆卸 拉链	
19	简约百搭		爆款	
20	接地气		高冷风	
21				

图 2-19 整理关键词数据

02 使用 VLOOKUP 函数在表格中实现查找和引用重复的关键词“冬季 爆款强推”。选中 D2 单元格，输入公式“=VLOOKUP(C2,A:A,1，FALSE)”，如图 2-20 所示。

SUM　=VLOOKUP(C2,A:A,1,FALSE)

	A	B	C	D	E	F
1	已添词		需要的词			
2	新款小包包		冬季 爆	=VLOOKUP(C2,A:A,1,FALSE)		
3	限定款		秋冬范儿			
4	水桶包		冬季限定			
5	洋气		原创定制			
6	正品		轻复古风格			
7	pu皮		简约百搭			
8	复古风		接地气			
9	2019最新款		小包			
10	斜跨 拉链		斜跨			
11	链条包		法国小众			
12	斜跨包		90后 潮人			
13	拉链包 斜跨		街头 潮人			
14	可拆卸拉链		复古风			
15	单肩 斜跨		2019最新款			
16	凸显气质		斜跨 拉链			
17	原创定制		ins风			
18	轻复古风格		可拆卸 拉链			
19	简约百搭		爆款			
20	接地气		高冷风			
21						

图 2-20　输入公式

【提示】

公式中，“C2”是需要查找的关键词“冬季 爆款强推”的单元格，“A:A”是要查找的区域 A 列，“1”是在查找的区域内所需要返回的第一列，“FALSE”表示精确查找，也可以用“0”代替，而用“1”或“TURE”时则表示近似查找。

03 按“Enter”键，第一个关键词“冬季 爆款强推”的结果即可被查找出来，如图 2-21 所示。返回的结果是“#N/A”，表示“冬季 爆款强推”这个关键词是未被添加进直通车的关键词。

D2　=VLOOKUP(C2,A:A,1,FALSE)

	A	B	C	D	E
1	已添词		需要的词		
2	新款小包包		冬季 爆款强	#N/A	
3	限定款		秋冬范儿		
4	水桶包		冬季限定		
5	洋气		原创定制		
6	正品		轻复古风格		
7	pu皮		简约百搭		
8	复古风		接地气		
9	2019最新款		小包		
10	斜跨 拉链		斜跨		
11	链条包		法国小众		
12	斜跨包		90后 潮人		
13	拉链包 斜跨		街头 潮人		
14	可拆卸拉链		复古风		
15	单肩 斜跨		2019最新款		
16	凸显气质		斜跨 拉链		
17	原创定制		ins风		
18	轻复古风格		可拆卸 拉链		
19	简约百搭		爆款		
20	接地气		高冷风		
21					

图 2-21　得出计算结果

04 将鼠标悬停在 D2 单元格的右下角，当指针变成“+”形状时双击，下面的单元格就会快速填充相同的公式，如图 2-22 所示。

	A	B	C	D	E
1	已添词		需要的词		
2	新款小包包		冬季 爆款强推	#N/A	
3	限定款		秋冬范儿	#N/A	
4	水桶包		冬季限定	#N/A	
5	洋气		原创定制	原创定制	
6	正品		轻复古风格	轻复古风格	
7	pu皮		简约百搭	简约百搭	
8	复古风		接地气	接地气	
9	2019最新款		小包	#N/A	
10	斜跨 拉链		斜跨	#N/A	
11	链条包		法国小众	#N/A	
12	斜跨包		90后 潮人	#N/A	
13	拉链包 斜跨		街头 潮人	#N/A	
14	可拆卸拉链		复古风	复古风	
15	单肩 斜跨		2019最新款	2019最新款	
16	凸显气质		斜跨 拉链	斜跨 拉链	
17	原创定制		ins风	#N/A	
18	轻复古风格		可拆卸 拉链	#N/A	
19	简约百搭		爆款	#N/A	
20	接地气		高冷风	#N/A	
21					

图 2-22 快速填充公式

【提示】

将鼠标悬停在 D2 单元格的右下角，当指针变成“+”形状时，按住左键不放向下拖动鼠标至要填充的单元格处松开鼠标，也可快速填充公式。

如果 C 列某个单元格的关键词在 A 列没有查找到，在与该单元格同行的 D 列中就会显示“#N/A”；如果查找到有重复词，就会直接显示重复的关键词。这样一来，商家就可以轻松地查找出哪些关键词是已经添加的，哪些关键词是未添加的了。

2.3.2 SUM、SUMIF、SUMIFS 函数

SUM 函数是一个求和函数，可将值相加，也就是说可以将单个值、单元格引用或是区域相加，或者将三者的组合相加。

语法规则：

```
=SUM(number1,number2，...)
```

参数说明如下。

number1,number2，...：表示直接输入到参数表中的数字。

SUMIF 函数是一个条件求和函数，可以根据指定条件对若干单元格、区域或引用进行求和。

语法规则：

=SUMIF(range,criteria,[sum_range])

参数说明如下。

range：表示条件区域。

criteria：表示求和条件。

sum_range：表示求和区域。

SUMIFS 函数是一个多条件求和函数，它的功能非常强大，可以快速对满足多条件的全部参数进行求和。

语法规则：

SUMIFS(sum_range,criteria_range1,criteria1,[criteria_range2,criteria2],...)

参数说明如下。

sum_range：表示求和区域。

criteria_range1：表示第 1 个条件的区域。

criteria1：表示第 1 个求和条件。

criteria_range2：表示第 2 个条件的区域。

criteria2：表示第 2 个求和条件。

实战：使用 SUM 函数对所有产品销量求和

电商商家们在对产品销量进行求和时，有可能会遇见各种规律或不规律的数据，这时可以使用 SUM 函数对这些数据进行快速求和。假设 A 网店有几组产品销量数据，如图 2-23 所示。

	A	B	C	D	E
1	日期	产品1	产品2	产品3	
2	2020/7/1	13	15	12	
3	2020/7/2	14	65	23	
4	2020/7/3	31	76	67	
5	2020/7/4	56	87	23	
6	2020/7/5	88	12	42	
7	2020/7/6	68	67	115	
8					

图 2-23 A 网店的几组产品销量数据

使用 SUM 函数对这几组产品销量数据进行整列求和、整行求和、多组数据求和等操作，其具体的操作步骤如下。

01 整列求和，如计算 B 列中“产品 1”的总销量，即 B2:B7 单元格区域之和。选中 B8 单元格，输入公式“=SUM(B2:B7)”，按“Enter”键即可得出计算结果，如图 2-24 所示。

SUM | =SUM(B2:B7)

	A	B	C	D	E
1	日期	产品1	产品2	产品3	
2	2020/7/1	13	15	12	
3	2020/7/2	14	65	23	
4	2020/7/3	31	76	67	
5	2020/7/4	56	87	23	
6	2020/7/5	88	12	42	
7	2020/7/6	68	67	115	
8		=SUM(B2:B7)			
9					

图 2-24 整列求和

02 整行求和，如计算 7 月 2 日的产品销量，即第 3 行中 B3:D3 单元格区域之和。选中 E3 单元格，输入公式“=SUM(B3:D3)”，按“Enter”键即可得出计算结果，如图 2-25 所示。

SUM | =SUM(B3:D3)

	A	B	C	D	E	F
1	日期	产品1	产品2	产品3		
2	2020/7/1	13	15	12		
3	2020/7/2	14	65	23	=SUM(B3:D3)	
4	2020/7/3	31	76	67		
5	2020/7/4	56	87	23		
6	2020/7/5	88	12	42		
7	2020/7/6	68	67	115		
8		270				
9						

图 2-25 整行求和

03 多组数据求和，如计算 B2:D7 单元格区域所有数据之和。选中 E8 单元格，输入公式“=SUM(B2:D7)”，按“Enter”键即可得出计算结果，如图 2-26 所示。

SUM | =SUM(B2:D7)

	A	B	C	D	E	F
1	日期	产品1	产品2	产品3		
2	2020/7/1	13	15	12		
3	2020/7/2	14	65	23	102	
4	2020/7/3	31	76	67		
5	2020/7/4	56	87	23		
6	2020/7/5	88	12	42		
7	2020/7/6	68	67	115		
8		270			=SUM(B2:D7)	
9						

图 2-26 多组数据求和

实战：使用 SUMIF 函数对“316 保温杯”的销量求和

A 网店是一家销售保温杯产品的店铺，该店铺保温杯产品的销售数据如图 2-27 所示。如果商家想要计算出“316 保温杯”的总销量，可以利用 SUMIF 函数进行销量求和。

	A	B	C	D	E
1	商品类目	点击量	订单数	销量	
2	小黄鸭304保温杯	2890	90	89	
3	小黄鸭316保温杯	2991	120	120	
4	玩具熊304保温杯	1680	67	67	
5	玩具熊316保温杯	1798	76	76	
6	哈巴狗304保温杯	1777	53	53	
7	哈巴狗316保温杯	1568	77	77	
8	沙拉公主304保温杯	3120	113	113	
9	沙拉公主316保温杯	2978	107	105	
10	卡通猫304保温杯	991	20	20	
11	卡通猫316保温杯	671	16	16	
12	迷彩色304保温杯	3024	150	150	
13	迷彩色316保温杯	3076	189	188	
14	中国福304保温杯	2897	131	131	
15	中国福316保温杯	2548	104	104	
16	纯蓝色304保温杯	1089	63	63	
17	纯蓝色316保温杯	1543	72	71	
18					

图 2-27 A 网店保温杯的销售数据

使用 SUMIF 函数对“316 保温杯”进行销量求和，首先要在 A19 单元格中输入“316 保温杯销量”，然后选中 B19 单元格，输入公式“=SUMIF(A2:A17,"*316 保温杯 ",D2:D17)”，按“Enter”键即可得出计算结果，如图 2-28所示。

SUM　=SUMIF(A2:A17,"*316保温杯",D2:D17)

	A	B	C	D	E	F
1	商品类目	点击量	订单数	销量		
2	小黄鸭304保温杯	2890	90	89		
3	小黄鸭316保温杯	2991	120	120		
4	玩具熊304保温杯	1680	67	67		
5	玩具熊316保温杯	1798	76	76		
6	哈巴狗304保温杯	1777	53	53		
7	哈巴狗316保温杯	1568	77	77		
8	沙拉公主304保温杯	3120	113	113		
9	沙拉公主316保温杯	2978	107	105		
10	卡通猫304保温杯	991	20	20		
11	卡通猫316保温杯	671	16	16		
12	迷彩色304保温杯	3024	150	150		
13	迷彩色316保温杯	3076	189	188		
14	中国福304保温杯	2897	131	131		
15	中国福316保温杯	2548	104	104		
16	纯蓝色304保温杯	1089	63	63		
17	纯蓝色316保温杯	1543	72	71		
18						
19	316保温杯销量	=SUMIF(A2:A17,"*316保温杯",D2:D17)				
20						

图 2-28 计算所有“316 保温杯”的销量

在该销量求和公式中，A2:A17 是“316 保温杯”这个条件所在的区域；“*316 保温杯”是指求和条件；D2:D17 是指条件求和的区域，即每一种“316 保温杯”的销量数据。

【提示】

在“316 保温杯”前面添加了一个通配符“*”，而通配符“*”可以用任意字符替代。例如，图 2-28 中的“小黄鸭 316 保温杯”，“*”替代的就是“小黄鸭”。只要选中的条件所在的区域中包含“316 保温杯”这个关键词，不管这个关键词前面是什么内容，该关键词都属于条件区域范围。

实战：使用 SUMIFS 函数对订单数小于 100 的“304 保温杯”的点击量进行求和

如果要计算 A 网店订单数小于 100 的“304 保温杯”的点击量，可以使用 SUMIFS 函数来进行计算。首先在 A19 单元格中输入“订单数小于 100 的 304 保温杯的点击量”，然后选中 A20 单元格，输入公式“=SUMIFS(B2:B17,A2:A17,"*304 保温杯 ",C2:C17,"<100")”，按“Enter”键即可得出计算结果，如图 2-29 所示。

SUM | fx =SUMIFS(B2:B17,A2:A17,"*304保温杯",C2:C17,"<100")

	A	B	C	D	E	F	G
1	商品类目	点击量	订单数	销量			
2	小黄鸭304保温杯	2890	90	89			
3	小黄鸭316保温杯	2991	120	120			
4	玩具熊304保温杯	1680	67	67			
5	玩具熊316保温杯	1798	76	76			
6	哈巴狗304保温杯	1777	53	53			
7	哈巴狗316保温杯	1568	77	77			
8	沙拉公主304保温杯	3120	113	113			
9	沙拉公主316保温杯	2978	107	105			
10	卡通猫304保温杯	991	20	20			
11	卡通猫316保温杯	671	16	16			
12	迷彩色304保温杯	3024	150	150			
13	迷彩色316保温杯	3076	189	188			
14	中国福304保温杯	2897	131	131			
15	中国福316保温杯	2548	104	104			
16	纯蓝色304保温杯	1089	63	63			
17	纯蓝色316保温杯	1543	72	71			
18							
19	订单数小于100的304保温杯的点击量						
20	=SUMIFS(B2:B17,A2:A17,"*304保温杯",C2:C17,"<100")						
21							

图 2-29 订单数小于 100 的“304 保温杯”的点击量

在该点击量求和公式中，B2:B17 是求和区域；A2:A17 是第 1 个条件的区域，第 1 个求和条件为“*304 保温杯”；C2:C17 是第 2 个条件的区域，第 2 个求和条件为“<100”（即订单数小于 100）。

2.3.3 COUNT、COUNTIF、COUNTIFS 函数

COUNT 函数可以对指定数据集合或者单元格区域中的数字数据进行统计，计算数字数据的个数。COUNT 函数只对数字数据进行统计，不能统计空单元格、逻辑值或文本数据。

语法规则：

```
=COUNT(value1,value2, ...)
```

参数说明如下。

value1,value2, ...：表示需要计算数字数据个数的单元格或区域。

COUNTIF 函数可以用来计算指定区域中满足指定条件的单元格个数。

语法规则：

```
=COUNTIF（range,criteria）
```

参数说明如下。

range：表示查找区域。

criteria：表示查找条件。

COUNTIFS 函数可以用来计算多个区域中满足指定条件的单元格个数，还可以同时设定多个条件。

语法规则：

```
COUNTIFS (criteria_range1,criteria1,criteria_range2,criteria2,…)
```

参数说明如下。

criteria_range1：表示要查找的第 1 个条件范围。

criteria1：表示要查找的第 1 个条件。

criteria_range2：表示要查找的第 2 个条件范围。

criteria2：表示要查找的第 2 个条件。

实战：使用 COUNT 函数统计数字单元格的个数

以图 2-27所示的 A 网店销售数据为例，使用 COUNT函数统计数字单元格的个数。例如，统计 B1:C17 单元格区域中数字单元格的个数，选中任意一个空白单元格，输入公式“=COUNT(B1:C17)”，按“Enter”键即可得出计算结果，如图 2-30 所示。

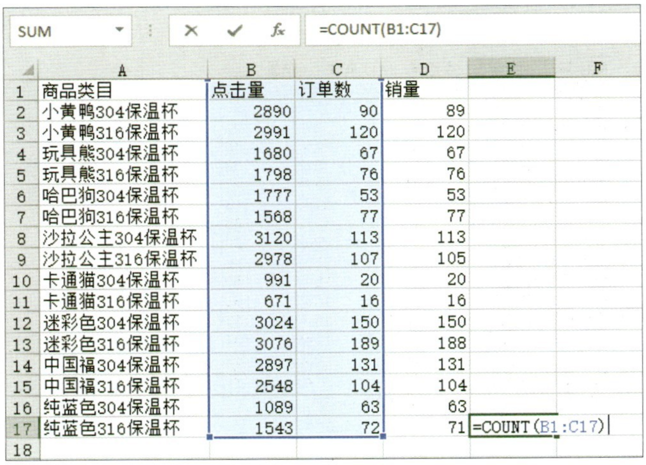

SUM　=COUNT(B1:C17)

	A	B	C	D	E	F
1	商品类目	点击量	订单数	销量		
2	小黄鸭304保温杯	2890	90	89		
3	小黄鸭316保温杯	2991	120	120		
4	玩具熊304保温杯	1680	67	67		
5	玩具熊316保温杯	1798	76	76		
6	哈巴狗304保温杯	1777	53	53		
7	哈巴狗316保温杯	1568	77	77		
8	沙拉公主304保温杯	3120	113	113		
9	沙拉公主316保温杯	2978	107	105		
10	卡通猫304保温杯	991	20	20		
11	卡通猫316保温杯	671	16	16		
12	迷彩色304保温杯	3024	150	150		
13	迷彩色316保温杯	3076	189	188		
14	中国福304保温杯	2897	131	131		
15	中国福316保温杯	2548	104	104		
16	纯蓝色304保温杯	1089	63	63		
17	纯蓝色316保温杯	1543	72	71	=COUNT(B1:C17)	
18						

图 2-30　统计数字单元格的个数

实战：使用 COUNTIF 函数统计“304 保温杯”的产品种类数量

以图 2-27 所示的 A 网店销售数据为例，使用 COUNTIF 函数统计“304 保温杯”的产品种类数量，选中任意一个空白单元格，输入公式“=COUNTIF(A2:A17,"*304 保温杯 ")”，按“Enter”键即可得出计算结果，如图 2-31 所示。

SUM | =COUNTIF(A2:A17,"*304保温杯")

	A	B	C	D	E	F
1	商品类目	点击量	订单数	销量		
2	小黄鸭304保温杯	2890	90	89		
3	小黄鸭316保温杯	2991	120	120		
4	玩具熊304保温杯	1680	67	67		
5	玩具熊316保温杯	1798	76	76		
6	哈巴狗304保温杯	1777	53	53		
7	哈巴狗316保温杯	1568	77	77		
8	沙拉公主304保温杯	3120	113	113		
9	沙拉公主316保温杯	2978	107	105		
10	卡通猫304保温杯	991	20	20		
11	卡通猫316保温杯	671	16	16		
12	迷彩色304保温杯	3024	150	150		
13	迷彩色316保温杯	3076	189	188		
14	中国福304保温杯	2897	131	131		
15	中国福316保温杯	2548	104	104		
16	纯蓝色304保温杯	1089	63	63		
17	纯蓝色316保温杯	1543	72	71		
18	=COUNTIF(A2:A17,"*304保温杯")					
19						

图 2-31 统计“304 保温杯”的产品种类数量

实战：使用 COUNTIFS 函数统计销量大于 100 的“316 保温杯”的产品种类数量

以图 2-27 所示的 A 网店销售数据为例，使用 COUNTIFS 函数统计销量大于 100 的“316 保温杯”种类数量，选中任意一个空白单元格，输入公式“=COUNTIFS(A2:A17,"*316 保温杯 ",D2:D17,">100")”，按“Enter”键即可得出计算结果，如图 2-32 所示。

SUM | =COUNTIFS(A2:A17,"*316保温杯",D2:D17,">100")

	A	B	C	D	E	F	G
1	商品类目	点击量	订单数	销量			
2	小黄鸭304保温杯	2890	90	89			
3	小黄鸭316保温杯	2991	120	120			
4	玩具熊304保温杯	1680	67	67			
5	玩具熊316保温杯	1798	76	76			
6	哈巴狗304保温杯	1777	53	53			
7	哈巴狗316保温杯	1568	77	77			
8	沙拉公主304保温杯	3120	113	113			
9	沙拉公主316保温杯	2978	107	105			
10	卡通猫304保温杯	991	20	20			
11	卡通猫316保温杯	671	16	16			
12	迷彩色304保温杯	3024	150	150			
13	迷彩色316保温杯	3076	189	188			
14	中国福304保温杯	2897	131	131			
15	中国福316保温杯	2548	104	104			
16	纯蓝色304保温杯	1089	63	63			
17	纯蓝色316保温杯	1543	72	71			
18	=COUNTIFS(A2:A17,"*316保温杯",D2:D17,">100")						
19							

图 2-32 统计销量大于 100 的“316 保温杯”的产品种类数量

在该公式中，A2:A17 是查找第一个条件的区域，“*316 保温杯”是第 1 个条件；D2:D17 是查找第 2 个条件的区域；“>100”是第 2 个条件。

2.3.4 OFFSET函数

OFFSET 函数是一个常用的查找和引用函数，以指定的引用为参照系，通过指定偏移量得到新的引用。返回的引用可以是一个单元格或单元格区域，并且可以指定要返回的行数和列数。

语法规则：

```
=OFFSET(reference,rows,cols,height,width)
```

参数说明如下。

reference：表示偏移量参照系的引用区域。必须是对单元格或相邻单元格区域的引用；否则，函数 OFFSET 返回错误值“#VALUE”。

rows：表示相对于偏移量参照系上（下）偏移的行数。rows 可以为正数（在起始引用的下方），也可以为负数（在起始引用的上方）。

cols：表示相对于偏移量参照系左（右）偏移的列数。cols 可以为正数（在起始引用的右边），也可以为负数（在起始引用的左边）。

height：表示所要返回的引用区的行高。

width：表示所要返回的引用区域的列宽。

实战：使用 OFFSET 函数获取数据库中的搜索人数和搜索次数

数据分析人员在进行电商数据分析时所面对的往往是一个完整的数据源，其中通常包含很多项数据，这时数据人员在保证数据正确的前提下，要单独挑出一两项数据进行分析，就需要使用到 OFFSET 函数。下面将以某网店 1~11 月的店铺数据（如图 2-33 所示）为例，使用 OFFSET 函数获取数据库中的搜索人数和搜索次数。

	A	B	C	D	E	F	G	H	I	J
1	月份	访客数	浏览量	搜索人数	搜索次数	收藏人数	收藏次数	加购人数	加购次数	
2	1月	87,231	63,397	891	980	19,607	31,907	61,478	112,310	
3	2月	89,080	78,633	764	879	18,006	29,924	57,882	106,990	
4	3月	83,097	80,241	980	1,003	27,979	47,323	90,265	171,581	
5	4月	72,923	65,787	798	884	27,861	47,555	86,202	163,342	
6	5月	89,414	79,974	856	974	28,775	48,910	90,525	170,943	
7	6月	79,141	67,551	797	802	28,756	48,205	99,456	191,926	
8	7月	76,314	64,414	658	795	26,629	44,896	85,060	161,162	
9	8月	78,414	59,314	433	634	25,722	43,728	84,373	159,944	
10	9月	81,414	68,411	579	704	22,520	36,315	76,017	138,881	
11	10月	85,115	69,874	994	1,002	33,463	54,274	86,854	156,849	
12	11月	91,455	76,235	1,023	1,289	31,288	49,236	111,598	205,429	

图 2-33 某网店 1~11 月的店铺数据

假设以时间为参照系，将 2019 年 1 月到 2019 年 11 月的搜索人数和搜索次数单独整理出来，其具体的操作步骤如下。

01 在数据源所在工作表的下方区域输入月份、搜索人数和搜索次数，将其作为表头。然后选中搜索人数下面第一个单元格（B15 单元格），输入公式“=OFFSET(A1,1,3,1,1)”，按“Enter”键即可得出计算结果，如图 2-34 所示。

SUM | =OFFSET(A1,1,3,1,1)

	A	B	C	D	E	F	G	H	I	J
1	月份	访客数	浏览量	搜索人数	搜索次数	收藏人数	收藏次数	加购人数	加购次数	
2	1月	87, 231	63, 397	891	980	19, 607	31, 907	61, 478	112, 310	
3	2月	89, 080	78, 633	764	879	18, 006	29, 924	57, 882	106, 990	
4	3月	83, 097	80, 241	980	1, 003	27, 979	47, 323	90, 265	171, 581	
5	4月	72, 923	65, 787	798	884	27, 861	47, 555	86, 202	163, 342	
6	5月	89, 414	79, 974	856	974	28, 775	48, 910	90, 525	170, 943	
7	6月	79, 141	67, 551	797	802	28, 756	48, 205	99, 456	191, 926	
8	7月	76, 314	64, 414	658	795	26, 629	44, 896	85, 060	161, 162	
9	8月	78, 414	59, 314	433	634	25, 722	43, 728	84, 373	159, 944	
10	9月	81, 414	68, 411	579	704	22, 520	36, 315	76, 017	138, 881	
11	10月	85, 115	69, 874	994	1, 002	33, 463	54, 274	86, 854	156, 849	
12	11月	91, 455	76, 235	1, 023	1, 289	31, 288	49, 236	111, 598	205, 429	
13										
14	月份	搜索人数	搜索次数							
15	1月	=OFFSET(A1,1,3,1,1)								
16	2月									
17	3月									
18	4月									
19	5月									
20	6月									
21	7月									
22	8月									
23	9月									
24	10月									
25	11月									

图 2-34 输入公式获取搜索人数

在该公式中，“A1”是参照的区域；第一个“1”是以参照物为标准向上或向下的行数；“3”是以参照物为标准向左或向右偏移的列数；第二个“1”是需要返回的行高；第三个“1”是需要返回的列宽；在这里因为需要返回的是 D2 单元格，所以行高和列宽都是 1。

02 将鼠标指针悬停在 B15 单元格的右下角，当指针变成“+”形状时双击，即可快速填充公式得到每个月的搜索人数结果，如图 2-35 所示。

B15 | =OFFSET(A1,1,3,1,1)

	A	B	C	D	E	F	G	H	I	J
1	月份	访客数	浏览量	搜索人数	搜索次数	收藏人数	收藏次数	加购人数	加购次数	
2	1月	87, 231	63, 397	891	980	19, 607	31, 907	61, 478	112, 310	
3	2月	89, 080	78, 633	764	879	18, 006	29, 924	57, 882	106, 990	
4	3月	83, 097	80, 241	980	1, 003	27, 979	47, 323	90, 265	171, 581	
5	4月	72, 923	65, 787	798	884	27, 861	47, 555	86, 202	163, 342	
6	5月	89, 414	79, 974	856	974	28, 775	48, 910	90, 525	170, 943	
7	6月	79, 141	67, 551	797	802	28, 756	48, 205	99, 456	191, 926	
8	7月	76, 314	64, 414	658	795	26, 629	44, 896	85, 060	161, 162	
9	8月	78, 414	59, 314	433	634	25, 722	43, 728	84, 373	159, 944	
10	9月	81, 414	68, 411	579	704	22, 520	36, 315	76, 017	138, 881	
11	10月	85, 115	69, 874	994	1, 002	33, 463	54, 274	86, 854	156, 849	
12	11月	91, 455	76, 235	1, 023	1, 289	31, 288	49, 236	111, 598	205, 429	
13										
14	月份	搜索人数	搜索次数							
15	1月	891								
16	2月	764								
17	3月	980								
18	4月	798								
19	5月	856								
20	6月	797								
21	7月	658								
22	8月	433								
23	9月	579								
24	10月	994								
25	11月	1023								
26										

图 2-35 快速填充公式

03 按照同样的方法输入公式也可以得出每月的搜索次数。选中 C15 单元格，输入公式“=OFFSET(A1,1,4,1,1)”，按“Enter”键得出 C15 单元格的计算结果；将鼠标指针悬停在

C15 单元格的右下角，当指针变成“+”形状时双击，快速填充公式，得出每月的搜索次数结果，如图 2-36 所示。

C15 =OFFSET(A1,1,4,1,1)

	A	B	C	D	E	F	G	H	I	J
1	月份	访客数	浏览量	搜索人数	搜索次数	收藏人数	收藏次数	加购人数	加购次数	
2	1月	87, 231	63, 397	891	980	19, 607	31, 907	61, 478	112, 310	
3	2月	89, 080	78, 633	764	879	18, 006	29, 924	57, 882	106, 990	
4	3月	83, 097	80, 241	980	1, 003	27, 979	47, 323	90, 265	171, 581	
5	4月	72, 923	65, 787	798	884	27, 861	47, 555	86, 202	163, 342	
6	5月	89, 414	79, 974	856	974	28, 775	48, 910	90, 525	170, 943	
7	6月	79, 141	67, 551	797	802	28, 756	48, 205	99, 456	191, 926	
8	7月	76, 314	64, 414	658	795	26, 629	44, 896	85, 060	161, 162	
9	8月	78, 414	59, 314	433	634	25, 722	43, 728	84, 373	159, 944	
10	9月	81, 414	68, 411	579	704	22, 520	36, 315	76, 017	138, 881	
11	10月	85, 115	69, 874	994	1, 002	33, 463	54, 274	86, 854	156, 849	
12	11月	91, 455	76, 235	1, 023	1, 289	31, 288	49, 236	111, 598	205, 429	
13										
14	月份	搜索人数	搜索次数							
15	1月	891	980							
16	2月	764	879							
17	3月	980	1003							
18	4月	798	884							
19	5月	856	974							
20	6月	797	802							
21	7月	658	795							
22	8月	433	634							
23	9月	579	704							
24	10月	994	1002							
25	11月	1023	1289							
26										

图 2-36 获取数据库中每月的搜索次数

2.3.5 MATCH函数

MATCH 函数也是一个比较常用的查找和引用函数，它是在指定范围搜索指定的项，然后返回在指定区域中的相对位置。MATCH 函数可以直接查找引用数据，而不需要像 OFFSET 函数一样知道数据所在的行和列才能提取。

语法规则：

```
=MATCH(lookup_value,lookup_array, [match_type])
```

参数说明如下。

lookup_value：表示需要查找的值。

lookup_array：表示查找的区域（但是区域必须包含在某一行或某一列，不能是多行多列的区域）。

match_type：表示查找的方式。

实战：MATCH 函数在指定区域中搜索指定项的相对位置

以图 2-33所示的某网店 1~11 月的店铺数据为例，通过 MATCH 函数找到搜索人数所在的位置，其具体的操作步骤如下。

01 选中任意一个空白单元格，输入公式“=MATCH(" 搜索人数 ",1:1,0)”，如图 2-37 所示。

SUM　=MATCH("搜索人数",1:1,0)

	A	B	C	D	E	F	G	H	I	J
1	月份	访客数	浏览量	搜索人数	搜索次数	收藏人数	收藏次数	加购人数	加购次数	
2	1月	87,231	63,397	891	980	19,607	31,907	61,478	112,310	
3	2月	89,080	78,633	764	879	18,006	29,924	57,882	106,990	
4	3月	83,097	80,241	980	1,003	27,979	47,323	90,265	171,581	
5	4月	72,923	65,787	798	884	27,861	47,555	86,202	163,342	
6	5月	89,414	79,974	856	974	28,775	48,910	90,525	170,943	
7	6月	79,141	67,551	797	802	28,756	48,205	99,456	191,926	
8	7月	76,314	64,414	658	795	26,629	44,896	85,060	161,162	
9	8月	78,414	59,314	433	634	25,722	43,728	84,373	159,944	
10	9月	81,414	68,411	579	704	22,520	36,315	76,017	138,881	
11	10月	85,115	69,874	994	1,002	33,463	54,274	86,854	156,849	
12	11月	91,455	76,235	1,023	1,289	31,288	49,236	111,598	205,429	
13										
14	月份	搜索人数	搜索次数							
15	1月									
16	2月				=MATCH("搜索人数",1:1,0)					
17	3月									
18	4月									
19	5月									
20	6月									

图 2-37 输入包含 MATCH 函数的公式

在该公式中，“搜索人数”是需要查找的值，“1:1”是查找的区域，“0”是查找的指定方式。

【提示】

查找的指定方式主要有以下 3 种。

- 使用数字“0”时，MATCH 函数完全等于需要查找的值，在这里也就是等于“搜索人数”。
- 使用数字“1”时，MATCH 函数小于或等于需要查找的值。
- 使用数字“-1”时，MATCH 函数大于或等于需要查找的值。

02 按下“Enter”键后，可以看到返回的数字是“4”，即搜索人数的查找区域是第一行的第 4 位，如图 2-38 所示。

E16　=MATCH("搜索人数",1:1,0)

	A	B	C	D	E	F	G	H	I	J
1	月份	访客数	浏览量	搜索人数	搜索次数	收藏人数	收藏次数	加购人数	加购次数	
2	1月	87,231	63,397	891	980	19,607	31,907	61,478	112,310	
3	2月	89,080	78,633	764	879	18,006	29,924	57,882	106,990	
4	3月	83,097	80,241	980	1,003	27,979	47,323	90,265	171,581	
5	4月	72,923	65,787	798	884	27,861	47,555	86,202	163,342	
6	5月	89,414	79,974	856	974	28,775	48,910	90,525	170,943	
7	6月	79,141	67,551	797	802	28,756	48,205	99,456	191,926	
8	7月	76,314	64,414	658	795	26,629	44,896	85,060	161,162	
9	8月	78,414	59,314	433	634	25,722	43,728	84,373	159,944	
10	9月	81,414	68,411	579	704	22,520	36,315	76,017	138,881	
11	10月	85,115	69,874	994	1,002	33,463	54,274	86,854	156,849	
12	11月	91,455	76,235	1,023	1,289	31,288	49,236	111,598	205,429	
13										
14	月份	搜索人数	搜索次数							
15	1月									
16	2月				4					
17	3月									
18	4月									

图 2-38 返回在指定区域中的相对位置

03 选中 B15 单元格，输入公式“=OFFSET(A1,1,MATCH("搜索人数",1:1,0)-1,1,1)”，按“Enter”键即可得出计算结果，如图 2-39 所示。

SUM =OFFSET(A1,1,MATCH("搜索人数",1:1,0)-1,1,1)

	A	B	C	D	E	F	G	H	I	J
1	月份	访客数	浏览量	搜索人数	搜索次数	收藏人数	收藏次数	加购人数	加购次数	
2	1月	87,231	63,397	891	980	19,607	31,907	61,478	112,310	
3	2月	89,080	78,633	764	879	18,006	29,924	57,882	106,990	
4	3月	83,097	80,241	980	1,003	27,979	47,323	90,265	171,581	
5	4月	72,923	65,787	798	884	27,861	47,555	86,202	163,342	
6	5月	89,414	79,974	856	974	28,775	48,910	90,525	170,943	
7	6月	79,141	67,551	797	802	28,756	48,205	99,456	191,926	
8	7月	76,314	64,414	658	795	26,629	44,896	85,060	161,162	
9	8月	78,414	59,314	433	634	25,722	43,728	84,373	159,944	
10	9月	81,414	68,411	579	704	22,520	36,315	76,017	138,881	
11	10月	85,115	69,874	994	1,002	33,463	54,274	86,854	156,849	
12	11月	91,455	76,235	1,023	1,289	31,288	49,236	111,598	205,429	
13										
14	月份	搜索人数	搜索次数							
15	1月	=OFFSET(A1,1,MATCH("搜索人数",1:1,0)-1,1,1)								
16	2月				4					
17	3月									
18	4月									

图 2-39 利用嵌套函数获取数据库中的搜索人数

结合前面的 OFFSET 函数来看，MATCH 函数可以代替 OFFSET 函数中指代偏移的参数，通过嵌套函数获取到数据库中的搜索人数。这里的 MATCH 函数公式为“=MATCH(" 搜索人数 ",1:1,0)”，返回值为“4”；而 OFFSET 函数公式为“=OFFSET(A1,1,3,1,1)”，其中指代偏移的参数返回值为“3”。刚好可以用 MATCH 函数公式“=MATCH(" 搜索人数 ",1:1,0)-1”代替“=OFFSET(A1,1,3,1,1)”中的参数“3”。

2.3.6 ROW、 COLUMN函数

ROW 函数的作用是返回单元格所在的行，即行发生变化，列不变。例如，ROW(A1)=1，因为 A1 单元格所在行为第 1 行；ROW(B2)=2，因为 B2 单元格所在行为第 2 行；ROW(C3)=3，因为 C3 单元格所在行为第 3 行。

语法规则：

```
=ROW([reference])
```

参数说明如下。

reference：表示需要返回得到其行号的单元格或单元格区域。

COLUMN 函数的作用是返回单元格所在的列，即列发生变化，行不变。例如，COLUMN(A1)=1，因为 A1 单元格所在列为第 1 列；COLUMN(B2)=2，因为 B2 单元格所在列为第 2 列；COLUMN(C3)=3，因为 C3 单元格所在列为第 3 列。

语法规则：

```
=COLUMN ([reference])
```

参数说明如下。

reference：表示需要返回得到其列标的单元格或单元格区域。

实战：利用 ROW 和 COLUMN 函数实现行列的置换

在利用 Excel 进行电商数据分析时，经常会遇见需要将行与列的单元格相互置换的情况。例如，在进行产品标题关键词有效度分析时，如果要将横排的关键词置换成一列以便进行各项数据的分析，可以使用前面所学到的 OFFSET 函数，选中 A5 单元格，输入公式“=OFFSET(A1,0,1)”，按“Enter”键即可，如图 2-40 所示。

A5 | =OFFSET(A1,0,1)

	A	B	C	D	E	F	G	H	I
1	关键词	2019最新款	原创定制	链条包	斜跨包	轻复古风格	可拆卸拉链	单肩	
2									
3									
4	关键词	访客数	浏览量	收藏人数	加购人数				
5	2019最新款	87,231	63,397	19,607	61,478				
6		89,080	78,633	18,006	57,882				
7		83,097	80,241	27,979	90,265				
8		72,923	65,787	27,861	86,202				
9		89,414	79,974	28,775	90,525				
10		79,141	67,551	28,756	99,456				
11		76,314	64,414	26,629	85,060				
12									
13									
14									

图 2-40 利用 OFFSET 函数将行和列置换

接着将鼠标指针悬停在 A5 单元格的右下角，当指针变成“+”形状时双击，快速填充 A6:A11 单元格的公式，如图 2-41 所示。

SUM | =OFFSET(A2,0,1)

	A	B	C	D	E	F	G	H	I
1	关键词	2019最新款	原创定制	链条包	斜跨包	轻复古风格	可拆卸拉链	单肩	
2									
3									
4	关键词	访客数	浏览量	收藏人数	加购人数				
5	2019最新款	87,231	63,397	19,607	61,478				
6	=OFFSET(A2,	89,080	78,633	18,006	57,882				
7	0,1)	83,097	80,241	27,979	90,265				
8	访客数	72,923	65,787	27,861	86,202				
9	87231	89,414	79,974	28,775	90,525				
10	89080	79,141	67,551	28,756	99,456				
11	83097	76,314	64,414	26,629	85,060				
12									
13									
14									

图 2-41 快速填充公式

通过图 2-41 可以看见 A6 单元格的公式为“=OFFSET(A2,0,1)”，显然跟之前预想的结果不同。要将第一排的关键词置换到 A 列中，A6 单元格的公式应该为“=OFFSET(A1,0,2)”才正确，即参照的区域 A1 在保持不变的情况下，向右偏移两列。

这时可以使用绝对引用符号“$”，固定住 OFFSET 公式中的 A1 参照区域，如在 A5 单元格中输入公式“=OFFSET（$A$1,0,1）”，按“Enter”键，并快速填充公式，如图 2-42 所示。

A5　fx　=OFFSET($A$1,0,1)

	A	B	C	D	E	F	G	H	I
1	关键词	2019最新款	原创定制	链条包	斜跨包	轻复古风格	可拆卸拉链	单肩	
2									
3									
4	关键词	访客数	浏览量	收藏人数	加购人数				
5	2019最新款	87, 231	63, 397	19, 607	61, 478				
6	2019最新款	89, 080	78, 633	18, 006	57, 882				
7	2019最新款	83, 097	80, 241	27, 979	90, 265				
8	2019最新款	72, 923	65, 787	27, 861	86, 202				
9	2019最新款	89, 414	79, 974	28, 775	90, 525				
10	2019最新款	79, 141	67, 551	28, 756	99, 456				
11	2019最新款	76, 314	64, 414	26, 629	85, 060				
12									
13									
14									

图 2-42　输入包含绝对引用的公式

通过图 2-42 可以看出，公式中使用了绝对引用符号“$”，在快速填充公式后，关键词列全部变成了“2019 最新款”。A6 单元格中的公式为“=OFFSET（$A$1,0,1）”，与 A5 单元格的公式相同，偏移的列数并没有变化，如图 2-43 所示。

SUM　fx　=OFFSET($A$1,0,1)

	A	B	C	D	E	F	G	H	I
1	关键词	2019最新款	原创定制	链条包	斜跨包	轻复古风格	可拆卸拉链	单肩	
2									
3									
4	关键词	访客数	浏览量	收藏人数	加购人数				
5	2019最新款	87, 231	63, 397	19, 607	61, 478				
6	=OFFSET(	89, 080	78, 633	18, 006	57, 882				
7	$A$1, 0, 1)	83, 097	80, 241	27, 979	90, 265				
8	2019最新款	72, 923	65, 787	27, 861	86, 202				
9	2019最新款	89, 414	79, 974	28, 775	90, 525				
10	2019最新款	79, 141	67, 551	28, 756	99, 456				
11	2019最新款	76, 314	64, 414	26, 629	85, 060				
12									
13									
14									

图 2-43　偏移的列数没有变化

现在的问题就是把偏移的列数用函数表达出来，ROW 函数和 COLUMN 函数就是两个很实用的函数。要使公式参数中偏移的列数在快速填充公式时自动递增，可以把 ROW 函数套用进 OFFSET 函数。选中 A5 单元格，输入公式“=OFFSET($A$1,0,ROW(A1))”，如图 2-44 所示。

SUM | =OFFSET($A$1,0,ROW(A1))

	A	B	C	D	E	F	G	H	I
1	关键词	2019最新款	原创定制	链条包	斜挎包	轻复古风格	可拆卸拉链	单肩	
2									
3									
4	关键词	访客数	浏览量	收藏人数	加购人数				
5	=OFFSET(	87,231	63,397	19,607	61,478				
6	$A$1,0,ROW(	89,080	78,633	18,006	57,882				
7	A1))	83,097	80,241	27,979	90,265				
8	2019最新款	72,923	65,787	27,861	86,202				
9	2019最新款	89,414	79,974	28,775	90,525				
10	2019最新款	79,141	67,551	28,756	99,456				
11	2019最新款	76,314	64,414	26,629	85,060				
12									

图 2-44 把 ROW 函数套用进 OFFSET 函数

【提示】

在这张表格中是由行置换为列，保持列不变的前提下往下填充，所以使用 ROW 函数进行嵌套；如果是由列置换为行，保持行不变的前提下往右填充，则使用 COLUMN 函数进行嵌套。

按“Enter”键，并快速填充公式后，即可看到 ROW 嵌套函数的运用效果，如图 2-45 所示。

A5 | =OFFSET($A$1,0,ROW(A1))

	A	B	C	D	E	F	G	H	I
1	关键词	2019最新款	原创定制	链条包	斜挎包	轻复古风格	可拆卸拉链	单肩	
2									
3									
4	关键词	访客数	浏览量	收藏人数	加购人数				
5	2019最新款	87,231	63,397	19,607	61,478				
6	原创定制	89,080	78,633	18,006	57,882				
7	链条包	83,097	80,241	27,979	90,265				
8	斜挎包	72,923	65,787	27,861	86,202				
9	轻复古风格	89,414	79,974	28,775	90,525				
10	可拆卸拉链	79,141	67,551	28,756	99,456				
11	单肩	76,314	64,414	26,629	85,060				
12									

图 2-45 ROW 嵌套函数的运用效果

2.3.7 使用IF、AND、OR函数

IF 函数可以根据指定的条件来判断其是否满足这个条件，从而返回相应的内容，满足返回一个值，不满足则返回另一个值。

语法规则：

```
=IF(logical_test,value_if_true,value_if_false)
```

参数说明如下。

logical_test：表示条件的表达式。

value_if_true：表示满足 logical_test 这个条件时返回的值。

value_if_false：表示不满足 logical_test 这个条件时返回的值。

AND 函数常用于多条件判断，一般配合 IF 函数公式一起使用。当所有参数的逻辑值为 TRUE 时，返回 TRUE；只要有一个参数的逻辑值为 FALSE，即返回 FALSE。

语法规则：

```
=AND(logical1,logical2, ...)
```

参数说明如下。

logical1, logical2, ... ：表示待检验的条件值。

OR 函数常用于多条件判断，一般配合 IF 函数公式一起使用。当任何一个参数的逻辑值为 TRUE，即返回 TRUE；所有参数的逻辑值为 FALSE，才返回 FALSE。

语法规则：

```
= OR(logical1,logical2,...)
```

参数说明如下。

logical1,logical2,...：表示待检验的条件值。

实战：判断产品是否具有爆款潜质

从实用性角度出发，IF 函数、AND 函数和 OR 函数在分析爆款产品时会经常用到，其中 AND 函数和 OR 函数一般与 IF 函数配合嵌套使用。以某店铺的访客数据为例，分别利用 IF 函数、AND 函数和 OR 函数判断产品是否具有爆款潜质。

利用 IF 函数判断产品是否具有爆款潜质：假设该店铺中产品的转化率大于或等于 7.5% 为爆款，选中 F2 单元格，输入公式“=IF(E2>=7.5%," 是 "," 否 ")”，按“Enter”键得出计算结果并快速填充公式，即可看到 IF 函数的运用效果，如图 2-46 所示。

F2 =IF(E2>=7.5%,"是","否")

	A	B	C	D	E	F	G
1	产品ID	访客数	收藏人数	加购人数	转化率	是否具有爆款潜质	
2	id233333	48, 994	19, 607	61, 478	5. 00%	否	
3	id245334	42, 680	18, 006	57, 882	4. 50%	否	
4	id542535	83, 097	27, 979	86, 202	7. 87%	是	
5	id233566	35, 743	27, 861	53, 251	5. 69%	否	
6	id282595	56, 314	28, 775	23, 455	3. 42%	否	
7	id824725	79, 141	28, 756	99, 456	6. 83%	否	
8	id349155	98, 574	26, 629	111, 598	9. 12%	是	
9	id294532	78, 414	25, 722	99, 456	8. 73%	是	
10	id339341	81, 414	22, 520	90, 525	7. 45%	否	
11	id249951	12, 215	33, 463	19, 065	1. 08%	否	
12	id352666	16, 777	20, 288	33, 522	2. 46%	否	
13							
14							

图 2-46 利用 IF 函数判断产品是否具有爆款潜质

在该公式中，如果符合转化率大于或等于 7.5% 这个条件，则返回值为“是”；不符合这个条件，返回值为“否”。

利用 AND 函数判断产品是否具有爆款潜质：假设判定产品是否具有爆款潜质，除了要符合转化率这一指标以外，还需要符合收藏人数大于 20000 和加购人数大于 80000 这两项指标。选中 F2 单元格，输入公式“=IF(AND(E2>=7.5%,D2>80000,C2>20000)," 是 "," 否 ")”，按“Enter”键得出计算结果并快速填充公式，即可看到 AND 函数的运用效果，如图 2-47 所示。

F2 =IF(AND(E2>=7.5%,D2>80000,C2>20000),"是","否")

	A	B	C	D	E	F	G
1	产品ID	访客数	收藏人数	加购人数	转化率	是否具有爆款潜质	
2	id233333	48,994	19,607	61,478	5.00%	否	
3	id245334	42,680	18,006	57,882	4.50%	否	
4	id542535	83,097	27,979	86,202	7.87%	是	
5	id233566	35,743	27,861	53,251	5.69%	否	
6	id282595	56,314	28,775	23,455	3.42%	否	
7	id824725	79,141	28,756	99,456	6.83%	否	
8	id349155	98,574	26,629	111,598	9.12%	是	
9	id294532	78,414	25,722	99,456	8.73%	是	
10	id339341	81,414	22,520	90,525	7.45%	否	
11	id249951	12,215	33,463	19,065	1.08%	否	
12	id352666	16,777	20,288	33,522	2.46%	否	
13							
14							

图 2-47 利用 AND 函数判断产品是否具有爆款潜质

利用 OR 函数判断产品是否具有爆款潜质：假设判定条件是转化率大于或等于 7.5%，收藏人数大于 20000 和加购人数大于 80000 这两个条件任意满足一个条件。选中 F2 单元格，输入公式“=IF(AND(E2>=7.5%,OR(D2>80000,C2>20000))," 是 "," 否 ")”，按“Enter”键得出计算结果并快速填充公式，即可看到 OR 函数的运用效果，如图 2-48 所示。

F2 =IF(AND(E2>=7.5%,OR(D2>80000,C2>20000)),"是","否")

	A	B	C	D	E	F	G
2	id233333	48,994	19,607	61,478	5.00%	否	
3	id245334	42,680	18,006	57,882	4.50%	否	
4	id542535	83,097	27,979	86,202	7.87%	是	
5	id233566	35,743	27,861	53,251	5.69%	否	
6	id282595	56,314	28,775	23,455	3.42%	否	
7	id824725	79,141	28,756	99,456	6.83%	否	
8	id349155	98,574	26,629	111,598	9.12%	是	
9	id294532	78,414	25,722	99,456	8.73%	是	
10	id339341	81,414	22,520	90,525	7.45%	否	
11	id249951	12,215	33,463	19,065	1.08%	否	
12	id352666	16,777	20,288	33,522	2.46%	否	
13							
14							

图 2-48 利用 OR 函数判断产品是否具有爆款潜质

2.3.8 MAX、MIN、LARGE、SMALL函数

MAX 函数用于获取指定值中的最大值；MIN 函数用于获取指定值中的最小值。

语法规则：

```
=MAX (number1,[number 2], ...)
=MIN (number1,[number 2], ...)
```

参数说明如下。

number1,[number 2], ...：表示数字、逻辑值、单元格、区域等。number1 是必需的，后续数字是可选的。

常见的 MAX 函数或 MIN 函数的公式如“=MAX(5:5)”“=MAX(A:A)”“=MAX(B1:D4)”或“=MIN(3:3)”“=MIN(E:E)”“=MIN(C2:G7)”等。

LARGE 函数用于返回数据集中的第几个最大值；SMALL 函数用于返回数据集中的第几个最小值。

语法规则：

```
=LARGE (array,k)
=SMALL (array,k)
```

参数说明如下。

array：表示需要找到第 k 个最大值或最小值的数组或数据区域。

k：表示返回的数值在数组或数据区域里的位置，即第几个最大值或最小值。

实战：利用 MAX 函数和 MIN 函数找到点击量的最大值和最小值

如果数据分析时所涉及的数据太多，数据分析人员又正好需要快速找到某一行、某一列或者某个区域的最大值或最小值，就需要使用 MAX 函数或 MIN 函数。下面以一家销售保温杯产品的网店为例，利用 MAX 函数和 MIN 函数获取该店铺中点击量的最大值和最小值。

获取该店铺中点击量的最大值：选中任意一个空白单元格，输入公式“=MAX(B:B)”，按“Enter”键即可得出结果，如图 2-49 所示。

F3 =MAX(B:B)

	A	B	C	D	E	F	G
1	商品类目	点击量	订单数	销量			
2	小黄鸭304保温杯	2890	90	89		点击量的最大值	
3	小黄鸭316保温杯	2991	120	120		3120	
4	玩具熊304保温杯	1680	67	67		点击量的最小值	
5	玩具熊316保温杯	1798	76	76			
6	哈巴狗304保温杯	1777	53	53			
7	哈巴狗316保温杯	1568	77	77			
8	沙拉公主304保温杯	3120	113	113			
9	沙拉公主316保温杯	2978	107	105			
10	卡通猫304保温杯	991	20	20			
11	卡通猫316保温杯	671	16	16			
12	迷彩色304保温杯	3024	150	150			
13	迷彩色316保温杯	3076	189	188			
14	中国福304保温杯	2897	131	131			
15	中国福316保温杯	2548	104	104			
16	纯蓝色304保温杯	1089	63	63			
17	纯蓝色316保温杯	1543	72	71			
18							

图 2-49 利用 MAX 函数获取店铺中点击量的最大值

获取该店铺中点击量的最小值：选中任意一个空白单元格，输入公式“=MIN(B:B)”，按“Enter”键即可得出结果，如图 2-50 所示。

F5 =MIN(B:B)

	A	B	C	D	E	F	G
1	商品类目	点击量	订单数	销量			
2	小黄鸭304保温杯	2890	90	89		点击量的最大值	
3	小黄鸭316保温杯	2991	120	120		3120	
4	玩具熊304保温杯	1680	67	67		点击量的最小值	
5	玩具熊316保温杯	1798	76	76		671	
6	哈巴狗304保温杯	1777	53	53			
7	哈巴狗316保温杯	1568	77	77			
8	沙拉公主304保温杯	3120	113	113			
9	沙拉公主316保温杯	2978	107	105			
10	卡通猫304保温杯	991	20	20			
11	卡通猫316保温杯	671	16	16			
12	迷彩色304保温杯	3024	150	150			
13	迷彩色316保温杯	3076	189	188			
14	中国福304保温杯	2897	131	131			
15	中国福316保温杯	2548	104	104			
16	纯蓝色304保温杯	1089	63	63			
17	纯蓝色316保温杯	1543	72	71			
18							

图 2-50 利用 MIN 函数获取店铺中点击量的最小值

实战：利用 LARGE 函数和 SMALL 函数获取数据中第几个最大值或最小值

想要找到某一组数据中第几个最大值或最小值，如要想获取某产品关键词点击量中第 3 个最大值，可以通过 LARGE 函数实现。选中 E3 单元格，输入公式“=LARGE(B:B,3)”，按“Enter”键即可得出结果，如图 2-51 所示。在该公式中，“B:B”是查找最大值的区域范围，“3”表示查找第 3 个最大值。

E3 =LARGE(B:B,3)

	A	B	C	D	E	F	G
1	关键词	点击量		第1个最大值			
2	冬季 爆款强推	2890		第2个最大值			
3	秋冬范儿	2991		第3个最大值	3120		
4	冬季限定	1680		第4个最大值			
5	原创定制	1798		第5个最大值			
6	轻复古风格	1777		第6个最大值			
7	简约百搭	1568		第7个最大值			
8	接地气	3120					
9	小包	2978					
10	斜跨	991					
11	法国小众	671					
12	90后 潮人	3024					
13	街头 潮人	3076					
14	PU	2897					
15	复古风	2548					
16	2019最新款	1089					
17	斜跨 拉链	1543					
18	ins风	2425					
19	可拆卸 拉链	3673					
20	爆款	6366					
21	高冷风	1664					
22							

图 2-51 获取某产品关键词点击量中第 3 个最大值

如果要填充 E1:E7 单元格区域的公式，在保持列不变，行发生变化的情况下，第

1 个最大值使用 ROW 函数“ROW(A1)”，并在数据区域“B:B”前添加绝对引用符号“$”，即“$B:$B”，可以计算出第 1 个最大值。具体的操作：选中 E1 单元格，输入公式“=LARGE($B:$B,ROW(A1))”，按“Enter”键得出结果并快速填充公式，即可获取该产品关键词点击量前七的数据，如图 2-52 所示。

E1 =LARGE($B:$B,ROW(A1))

	A	B	C	D	E	F	G
1	关键词	点击量		第1个最大值	6366		
2	冬季 爆款强推	2890		第2个最大值	3673		
3	秋冬范儿	2991		第3个最大值	3120		
4	冬季限定	1680		第4个最大值	3076		
5	原创定制	1798		第5个最大值	3024		
6	轻复古风格	1777		第6个最大值	2991		
7	简约百搭	1568		第7个最大值	2978		
8	接地气	3120					
9	小包	2978					
10	斜跨	991					
11	法国小众	671					
12	90后 潮人	3024					
13	街头 潮人	3076					
14	PU	2897					
15	复古风	2548					
16	2019最新款	1089					
17	斜跨 拉链	1543					
18	ins风	2425					
19	可拆卸 拉链	3673					
20	爆款	6366					
21	高冷风	1664					
22							

图 2-52 获取点击量前七的数据

2.3.9 使用AVERAGE函数

AVERAGE 函数是 Excel 表格中的计算平均值函数。AVERAGE 是返回参数的平均值 (也作算术平均值)。例如，如果区域 (区域：工作表上的两个或多个单元格。区域中的单元格可以相邻或不相邻)A1:A20 包含数字，则函数 =AVERAGE(A1:A20) 将返回这些数字的平均值。

AVERAGE 函数是一个计算平均值的函数，它可以返回参数的平均值。

语法规则：

```
=AVERAGE(number1,number2,...)
```

参数说明如下。

number1,number2,...：表示需要计算平均值的数字、单元格或区域。

实战：计算淘宝网店商品的月平均销量

在进行电商数据分析时，平均值是经常会分析的一项数据指标，使用 AVERAGE 函数可以计算出店铺的月平均销量。例如，某淘宝网店需要对店铺 1~9 月的商品销量进行计算，任意选中一个空白单元格，输入公式“=AVERAGE(G:G)”，按“Enter”键即可计算出该网店

1~9 月的月平均销量，如图 2-53 所示。

A11 =AVERAGE(G:G)

	A	B	C	D	E	F	G	H
1	月份	访客数	收藏人数	收藏次数	加购人数	加购次数	网店销量	
2	1月	87, 231	19, 607	31, 907	61, 478	112, 310	89443	
3	2月	89, 080	18, 006	29, 924	57, 882	106, 990	76664	
4	3月	83, 097	27, 979	47, 323	90, 265	171, 581	153334	
5	4月	72, 923	27, 861	47, 555	86, 202	163, 342	131345	
6	5月	89, 414	28, 775	48, 910	90, 525	170, 943	144526	
7	6月	79, 141	28, 756	48, 205	99, 456	191, 926	173287	
8	7月	76, 314	26, 629	44, 896	85, 060	161, 162	142512	
9	8月	78, 414	25, 722	43, 728	84, 373	159, 944	136787	
10	9月	81, 414	22, 520	36, 315	76, 017	138, 881	108902	
11	128533							
12								

图 2-53 使用 AVERAGE 函数计算网店月平均销量

在该公式中，“G:G”就是计算平均值所在数据的区域。如果要计算多数据区域的平均值，在区域范围之间用逗号隔开即可。

2.3.10 INT、 ROUND函数

INT 函数是一个向下取整数的函数，它可以把数字向下舍入到最接近的整数。

语法规则：

```
=INT（nExpression）
```

参数说明如下。

nExpression：表示要取整的实数（可以为数学表达式）。

例如，公式“=INT(3.1)”，将“3.1”向下舍入到最接近的整数“3”；公式“=INT(-3.1)”，将“-3.1”向下舍入到最接近的整数“-4”。

ROUND 函数是把数字四舍五入到指定位数的函数。

语法规则：

```
=round(number,num_digits)
```

参数说明如下。

number：表示需要四舍五入的数字。

num_digits：表示需要在小数点后保留的位数。

实战：利用 ROUND 函数对数据进行四舍五入运算

在 Excel 数据分析中，只要存在数学运算公式，就可能会存在小数。调整单元格格式只能调整想要保留的数字位数，在数学运算上并不会精确地取整或四舍五入，而利用 INT 函数

和 ROUND 函数就可以达成这一指令。例如，利用 ROUND 函数计算某店铺的加购率数据，使显示的加购率数据四舍五入到小数点后三位，即精确到百分比小数点后一位，具体的操作步骤如下。

01 选中 G2 单元格，输入公式“=ROUND(F2,3)”，如图 2-54 所示。

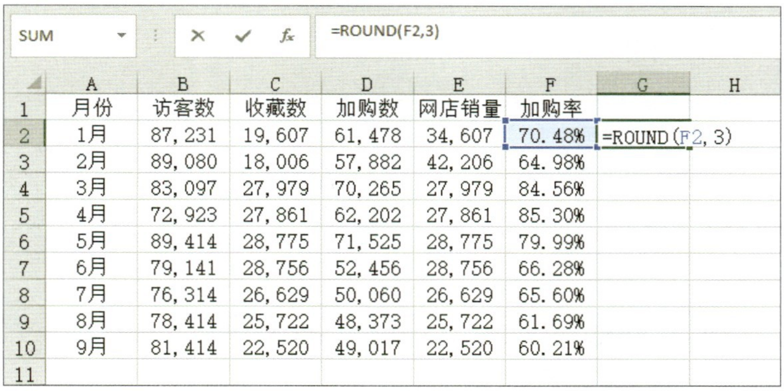

SUM　=ROUND(F2,3)

	A	B	C	D	E	F	G	H
1	月份	访客数	收藏数	加购数	网店销量	加购率		
2	1月	87,231	19,607	61,478	34,607	70.48%	=ROUND(F2,3)	
3	2月	89,080	18,006	57,882	42,206	64.98%		
4	3月	83,097	27,979	70,265	27,979	84.56%		
5	4月	72,923	27,861	62,202	27,861	85.30%		
6	5月	89,414	28,775	71,525	28,775	79.99%		
7	6月	79,141	28,756	52,456	28,756	66.28%		
8	7月	76,314	26,629	50,060	26,629	65.60%		
9	8月	78,414	25,722	48,373	25,722	61.69%		
10	9月	81,414	22,520	49,017	22,520	60.21%		
11								

图 2-54　输入 ROUND 函数公式

【提示】

对于百分数而言，小数点后保留两位小数，在实际输入公式时，其小数点后保留的位数其实应该为小数点后四位。例如，“0.231443”如果保留两位小数，其结果为 0.23，转化成百分比就为 23%，但实际要达到的效果却应该是 23.14%。所以百分数在保留两位小数时，公式中输入的数值应该为 4。

02 按“Enter”键，得出结果为“70.5%”，四舍五入到小数点后的三位数“0.705”，即百分比小数点后一位数，如图 2-55 所示。

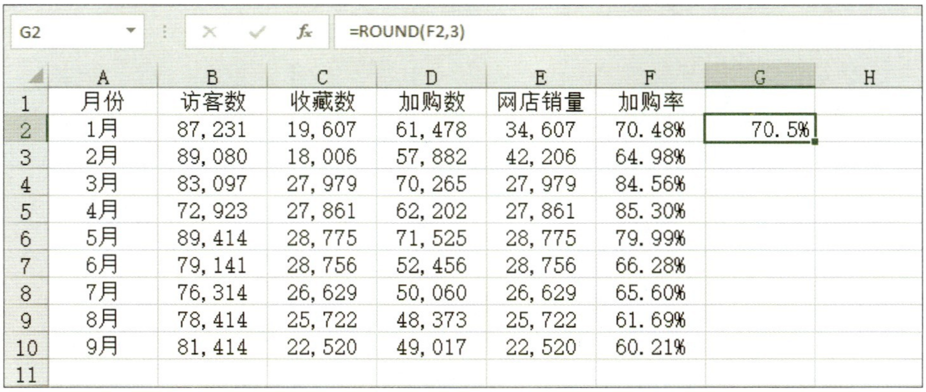

G2　=ROUND(F2,3)

	A	B	C	D	E	F	G	H
1	月份	访客数	收藏数	加购数	网店销量	加购率		
2	1月	87,231	19,607	61,478	34,607	70.48%	70.5%	
3	2月	89,080	18,006	57,882	42,206	64.98%		
4	3月	83,097	27,979	70,265	27,979	84.56%		
5	4月	72,923	27,861	62,202	27,861	85.30%		
6	5月	89,414	28,775	71,525	28,775	79.99%		
7	6月	79,141	28,756	52,456	28,756	66.28%		
8	7月	76,314	26,629	50,060	26,629	65.60%		
9	8月	78,414	25,722	48,373	25,722	61.69%		
10	9月	81,414	22,520	49,017	22,520	60.21%		
11								

图 2-55　ROUND 函数的运算结果

2.3.11 YEAR、MONTH、DAY函数

在进行电商数据分析的过程中，有时可能会单独用到年份、月份或天数中的某一项，这时就需要使用 YEAR 函数、MONTH 函数和 DAY 函数，将统计日期中的年月日分别提取出来。

YEAR 函数可以直接返回对应某个日期的年份。

语法规则：

```
=YEAR(serial_number)
```

参数说明如下。

serial_number：表示某个日期值，其中包含要查找的年份。

MONTH 函数可以直接返回对应某个日期的月份。

语法规则：

```
=MONTH(serial_number)
```

参数说明如下。

serial_number：表示某个日期值，其中包含要查找的月份。

DAY 函数可以直接返回对应某个日期的天数。

```
=DAY(serial_number)
```

参数说明如下。

serial_number：表示某个日期值，其中包含要查找的天数日期。

实战：使用 YEAR 函数、MONTH 函数和 DAY 函数提取年、月、日

如图 2-56 所示，如果要将 A2 单元格中的年份、月份、天数分别提取出来，应该在 B2 单元格中输入公式“=YEAR(A2)”，在 C2 单元格中输入公式“=MONTH(A2)”，在 D2 单元格中输入公式“=DAY(A2)”。

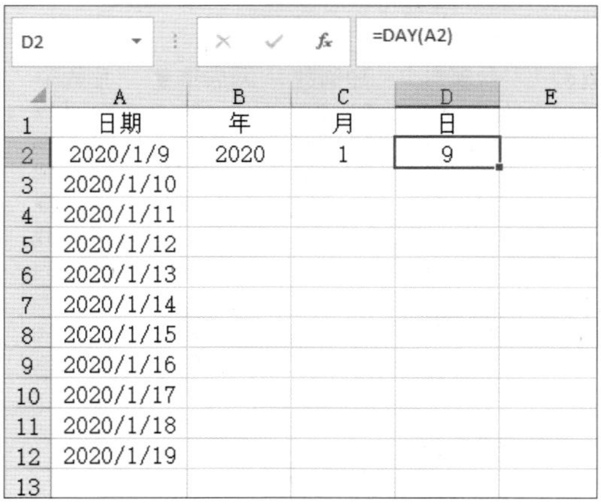

D2 =DAY(A2)

	A	B	C	D	E
1	日期	年	月	日	
2	2020/1/9	2020	1	9	
3	2020/1/10				
4	2020/1/11				
5	2020/1/12				
6	2020/1/13				
7	2020/1/14				
8	2020/1/15				
9	2020/1/16				
10	2020/1/17				
11	2020/1/18				
12	2020/1/19				
13					

图 2-56 用 YEAR 函数、MONTH 函数和 DAY 函数提取年、月、日

2.3.12 WEEKDAY函数

在进行数据分析时，数据分析人员有必要去考虑周一到周五工作日和周末休息对网店浏览、下单等数据的影响和区别，需要统计每个日期分别对应的是星期几，这时就需要利用WEEKDAY 函数进行转化。

WEEKDAY 函数是返回对应某个日期是星期几的函数。

语法规则：

```
=WEEKDAY(serial_number,[return_type])
```

参数说明如下。

serial_number：表示要返回的日期。

return_type：表示确定返回值类型的数字。数字“1”或省略则返回结果 1~7，分别代表星期天至星期六；数字“2”则返回结果 1~7，分别代表星期一至星期天；数字 3 则返回结果 0~6，分别代表星期一至星期天。

实战：利用 WEEKDAY 函数将日期转化成星期

利用 WEEKDAY 函数统计每个日期分别对应的是星期几，其具体的操作步骤如下。

01 选中 B2 单元格，输入公式“=WEEKDAY(A2)”，如图 2-57 所示。在该公式中，“A2”是对应需要返回的日期，后一位省略，这里返回结果为 1~7，分别代表星期天至星期六。

SUM | =WEEKDAY(A2)

	A	B	C	D	E
1	日期	星期			
2	2020/1/9	=WEEKDAY(A2)			
3	2020/1/10				
4	2020/1/11				
5	2020/1/12				
6	2020/1/13				
7	2020/1/14				
8	2020/1/15				
9	2020/1/16				
10	2020/1/17				
11	2020/1/18				
12	2020/1/19				
13					

图 2-57 输入 WEEKDAY 函数公式

02 按“Enter”键即可看到返回结果为“5”，如图 2-58 所示。从星期天开始计算，第 5 天为星期四，所以可以理解为 2020 年 1 月 9 日是星期四。

B2 =WEEKDAY(A2)

	A	B	C	D	E
1	日期	星期			
2	2020/1/9	5			
3	2020/1/10				
4	2020/1/11				
5	2020/1/12				
6	2020/1/13				
7	2020/1/14				
8	2020/1/15				
9	2020/1/16				
10	2020/1/17				
11	2020/1/18				
12	2020/1/19				
13					

图 2-58 按“Enter”键返回结果为“5”

03 由于计算结果是用数字表示的，很多人并不能快速地明确当前返回的数字代表星期几，所以需要对单元格格式进行重新设置。选中 B2 单元格并右击，在弹出的快捷菜单中选择“设置单元格格式”选项，如图 2-59 所示。

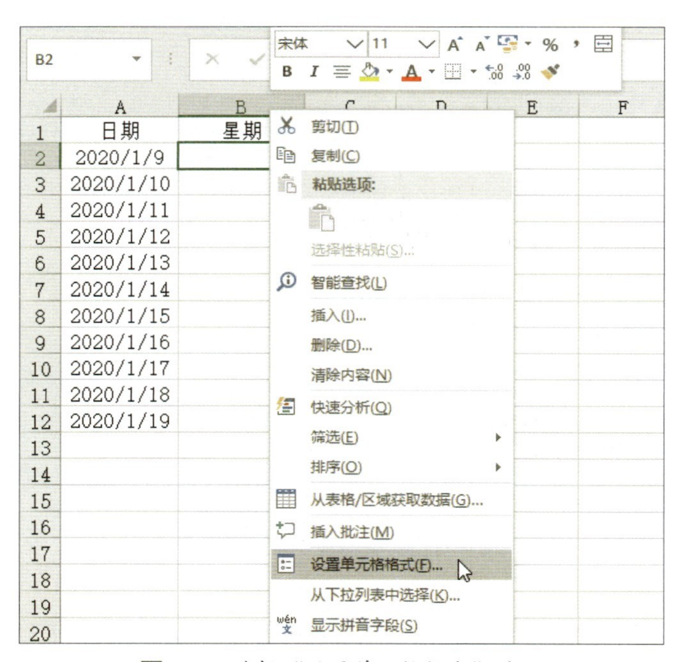

图 2-59 选择“设置单元格格式”选项

04 弹出“设置单元格格式”对话框，切换至“数字”选项卡，设置“分类”为“日期”，并在对话框右侧中将“类型”设置为“星期三”，如图 2-60 所示。

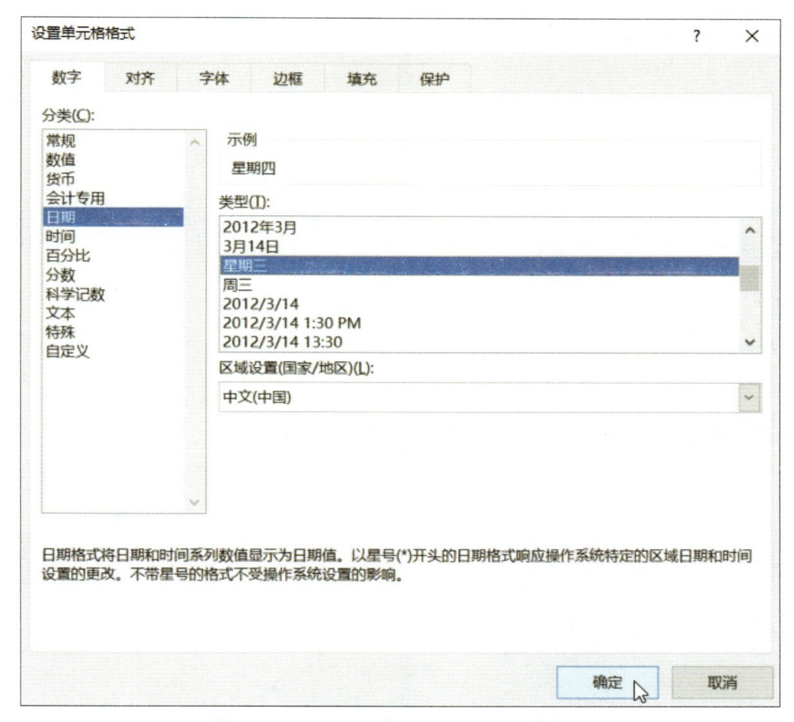

图 2-60　“设置单元格格式”对话框

05 单击“确定”按钮后，即可看到 B2 单元格的格式变成了星期几这种格式，然后快速填充 B3:B12 的公式，完成后的效果如图 2-61 所示。

B2　=WEEKDAY(A2)

	A	B	C	D
1	日期	星期		
2	2020/1/9	星期四		
3	2020/1/10	星期五		
4	2020/1/11	星期六		
5	2020/1/12	星期日		
6	2020/1/13	星期一		
7	2020/1/14	星期二		
8	2020/1/15	星期三		
9	2020/1/16	星期四		
10	2020/1/17	星期五		
11	2020/1/18	星期六		
12	2020/1/19	星期日		
13				
14				

图 2-61　改变单元格格式后的效果

2.3.13 NOW、TODAY函数

在每年双 11 购物狂欢节时，大多数电商商家都会提前做好活动的方案、活动细节等准备工作。这时商家可以使用 NOW 函数和 TODAY 函数进行活动倒计时，以便查看距离活动开始还有多少天。

NOW 函数用于返回当前的日期和时间。NOW 函数的语法规则为“=NOW()”，该函数没有参数。

TODAY 函数用于返回当前的日期。TODAY 函数的语法规则为“=TODAY()”，该函数没有参数。

实战：NOW 函数和 TODAY 函数的使用方法及效果

NOW 函数和 TODAY 函数的使用方法非常简单，下面就来看看这两个函数的使用方法及其使用效果。

NOW 函数的使用方法：在 Excel 工作表中选中任意一个空白单元格，输入公式“=NOW()”，按“Enter”键即可返回当前的日期和时间，如图 2-62 所示。

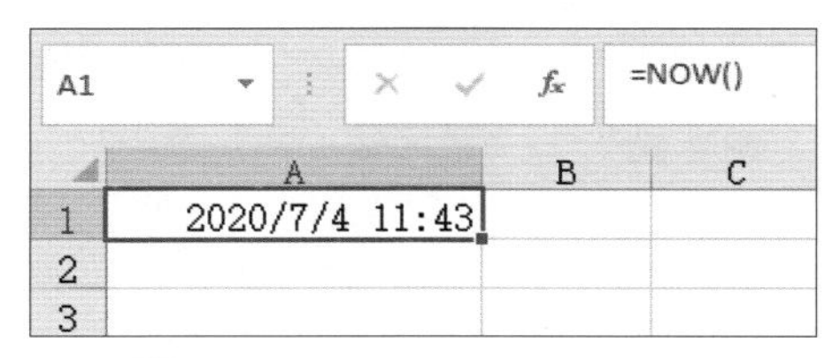

图 2-62 NOW 函数的使用效果

TODAY 函数的使用方法：在 Excel 工作表中选中任意一个空白单元格，输入公式“=TODAY()”，按“Enter”键即可返回当前的日期，如图 2-63 所示。

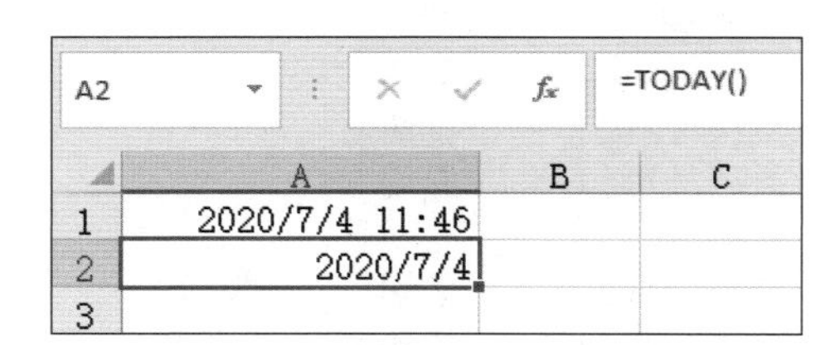

图 2-63 TODAY 函数的使用效果

【提示】

NOW 函数与 TODAY 函数的区别在于，NOW 函数返回的值包含的是当前的日期和时间，而 TODAY 函数返回的值只有当前的日期，不会显示出具体的时间是几时几分。

2.3.14 INDEX函数

INDEX 函数用于返回表格或区域中的值或值的引用。INDEX 函数有两种形式：数组形式和引用形式。其中，数组形式返回的是数组中指定单元格或单元格数组的数值，引用形式返回的是对指定单元格的引用。

（1）数组形式的 INDEX 函数

语法规则：

```
=INDEX(array,row_num,[column_num])
```

参数说明如下。

array：表示单元格区域或数组常数。

row_num：表示数组中的第几行，函数从该行返回数值。

column_num：表示数组中的第几列，函数从该列返回数值。

（2）引用形式的 INDEX 函数

语法规则：

```
=INDEX(reference,row_num,[column_num],[area_num])
```

参数说明如下。

reference：表示对一个或多个单元格区域的引用，如果为引用输入一个不连续的选定区域，必须用括号括起来。

row_num：表示引用中某行的行号，函数从该行返回一个引用。

column_num：表示引用中某列的列标，函数从该列返回一个引用。

area_num：表示选择引用中的一个区域，并返回区域中 row_num 和 column_num 的交叉区域。选中或输入的第一个区域序号为 1，第二个为 2，依此类推。如果省略 area_num，则 INDEX 函数使用区域为 1。

实战：INDEX 函数两种形式的使用方法及其效果

数组形式 INDEX 函数的使用方法及其效果：选中任意一个空白单元格，输入公式“=INDEX(A2:G12,3,6)”，按“Enter”键即可看到返回结果为“90265”，如图 2-64 所示。该公式翻译出来就是在 A2:G12 单元格区域，返回第 3 行（即“2019/1/11”这一行）和第 6 列（即“加购人数”这一列）的交叉值（即“90265”）。

A13 =INDEX(A2:G12,3,6)

	A	B	C	D	E	F	G	H
1	日期	访客数	浏览量	收藏人数	收藏次数	加购人数	加购次数	
2	2019/1/9	87, 231	63, 397	19, 607	31, 907	61, 478	112, 310	
3	2019/1/10	89, 080	78, 633	18, 006	29, 924	57, 882	106, 990	
4	2019/1/11	83, 097	80, 241	27, 979	47, 323	90, 265	171, 581	
5	2019/1/12	72, 923	65, 787	27, 861	47, 555	86, 202	163, 342	
6	2019/1/13	89, 414	79, 974	28, 775	48, 910	90, 525	170, 943	
7	2019/1/14	79, 141	67, 551	28, 756	48, 205	99, 456	191, 926	
8	2019/1/15	76, 314	64, 414	26, 629	44, 896	85, 060	161, 162	
9	2019/1/16	78, 414	59, 314	25, 722	43, 728	84, 373	159, 944	
10	2019/1/17	81, 414	68, 411	22, 520	36, 315	76, 017	138, 881	
11	2019/1/18	85, 115	69, 874	33, 463	54, 274	86, 854	156, 849	
12	2019/1/19	91, 455	76, 235	31, 288	49, 236	111, 598	205, 429	
13	90265							
14								

图 2-64 数组形式 INDEX 函数的使用方法及其效果

引用形式 INDEX 函数的使用方法及其效果：选中任意一个空白单元格，输入公式“=INDEX((A2:D5,A8:D11,A14:D17,A20:D23),2,3,3)”，按“Enter”键即可看到返回结果为“16162”，如图 2-65 所示。该公式翻译出来就是在 A2:D5、A8:D11、A14:D17、A20:D23 这 4 个单元格区域中，返回第 2 行和第 3 列的交叉值，最后的“3”是对应的第 3 个区域，也就是返回 A14:D17 单元格区域中第 2 行和第 3 列的交叉值（即“16162”）。

F2 =INDEX((A2:D5,A8:D11,A14:D17,A20:D23),2,3,3)

	A	B	C	D	E	F	G	H	I
1	第一季度								
2	产品种类	访客数	加购数	成交量		16162			
3	美妆	87, 231	11, 310	6, 337					
4	包包	89, 080	10, 690	7, 863					
5	饰品	83, 097	17, 181	8, 021					
6									
7	第二季度								
8	产品种类	访客数	加购数	成交量					
9	美妆	72, 923	16, 334	6, 578					
10	包包	89, 414	17, 943	7, 974					
11	饰品	79, 141	19, 926	6, 751					
12									
13	第三季度								
14	产品种类	访客数	加购数	成交量					
15	美妆	76, 314	16, 162	6, 441					
16	包包	78, 414	15, 944	5, 931					
17	饰品	81, 414	13, 881	6, 811					
18									
19	第四季度								
20	产品种类	访客数	加购数	成交量					
21	美妆	85, 115	15, 649	6, 974					
22	包包	91, 455	20, 549	7, 625					
23	饰品	73, 214	18, 753	6, 784					

图 2-65 引用形式 INDEX 函数的使用方法及其效果

2.3.15 LEFT、LEFTB、RIGHT、RIGHTB、MID、MIDB函数

在进行电商数据分析的过程中，有时需要单独提取文本中的一段字或字符进行分析和比较，这时数据分析人员就可以使用 LEFT、LEFTB、RIGHT、RIGHTB、MID、MIDB 等函数来帮助自己提取需要的数据信息。

LEFT 函数是从左到右文本的第一个字符开始返回指定个数的字符，而 LEFTB 函数是按字节返回字符的个数。简单来说，LEFT 函数提取的是字数，而 LEFTB 函数提取的是字符数，一个字等于两个字符。

语法规则：

```
=LEFT(text,[num_chars])
=LEFTB(text,[num_bytes])
```

参数说明如下。

text：表示包含要提取字符的文本串。

num_chars：表示指定 LEFT 函数要提取的字符数。

num_bytes：表示按字节数指定由 LEFTB 函数提取的字符数。

RIGHT 函数是从右到左即最后一个字符开始取值返回指定个数的字符，RIGHTB 函数是按字节返回字符的个数。

语法规则：

```
=RIGHT(text,[num_chars])
=RIGHTB(text,[num_bytes])
```

参数说明如下。

text：表示包含要提取字符的文本串。

num_chars：表示指定 RIGHT 函数要提取的字符数。

num_bytes：表示按字节数指定由 RIGHTB 函数提取的字符数。

MID 函数是从一个文本字符串中指定位置开始返回指定数目的字符，MIDB 函数是按字节返回字符的个数。

语法规则：

```
=MID(text,start_num,num_chars)
=MIDB(text,start_num,num_bytes)
```

参数说明如下。

text：表示包含要提取字符的文本串。

start_num：表示文本中要提取的第一个字符的位置。

num_chars：表示指定需要 MID 函数从文本中返回字符的个数。

num_bytes：表示指定需要 MIDB 函数从文本中按字节返回字符的个数。

【提示】

LEFT/LEFTB、RIGHT/RIGHTB、MID/MIDB 三组函数的区别在于取值的位置不同，分别是第一个字符、最后一个字符和中间字符。

产品的 ID 中往往包含了许多信息，如某网店的产品 ID 号信息，如图 2-66 所示。产品 ID 号的前三位是品牌分类编号，后三位是产品的色号，中间三位是产品所在仓库编号。

	A	B	C	D	E	F	G	H	I	J
1	产品ID	访客数	收藏人数	加购人数	转化率		品牌分类编号	色号	仓库编号	
2	233333226	48, 994	19, 607	61, 478	5. 00%					
3	245333404	42, 680	18, 006	57, 882	4. 50%					
4	542435135	83, 097	27, 979	86, 202	7. 87%					
5	233345566	35, 743	27, 861	53, 251	5. 69%					
6	233259506	56, 314	28, 775	23, 455	3. 42%					
7	824725506	79, 141	28, 756	99, 456	6. 83%					
8	349155226	98, 574	26, 629	111, 598	9. 12%					
9	294532226	78, 414	25, 722	99, 456	8. 73%					
10	339333410	81, 414	22, 520	90, 525	7. 45%					
11	249895951	12, 215	33, 463	19, 065	1. 08%					
12	352333666	16, 777	20, 288	33, 522	2. 46%					
13										

图 2-66 某网店的产品 ID 号信息

下面利用 LEFT/LEFTB 函数、RIGHT/RIGHTB 函数、MID/MIDB 函数分类提取出产品的品牌分类编号、色号和仓库编号，其具体的操作如下。

利用 LEFT/LEFTB 函数提取产品 ID 中的品牌分类编号：选中 G2 单元格，输入公式“=LEFT(A2,3)”，按“Enter”键即可得出计算结果，如图 2-67 所示。该公式中，“A2”表示需要提取的字符串，“3”表示从左到右需要提取的字符的数量。

G2 =LEFT(A2,3)

	A	B	C	D	E	F	G	H	I	J
1	产品ID	访客数	收藏人数	加购人数	转化率		品牌分类编号	色号	仓库编号	
2	233333226	48, 994	19, 607	61, 478	5. 00%		233			
3	245333404	42, 680	18, 006	57, 882	4. 50%					
4	542435135	83, 097	27, 979	86, 202	7. 87%					
5	233345566	35, 743	27, 861	53, 251	5. 69%					
6	233259506	56, 314	28, 775	23, 455	3. 42%					
7	824725506	79, 141	28, 756	99, 456	6. 83%					
8	349155226	98, 574	26, 629	111, 598	9. 12%					
9	294532226	78, 414	25, 722	99, 456	8. 73%					
10	339333410	81, 414	22, 520	90, 525	7. 45%					
11	249895951	12, 215	33, 463	19, 065	1. 08%					
12	352333666	16, 777	20, 288	33, 522	2. 46%					
13										

图 2-67 利用 LEFT/LEFTB 函数提取产品 ID 中的品牌分类编号

利用 RIGHT/RIGHTB 函数提取产品 ID 中的色号：选中 H2 单元格，输入公式“=RIGHT(A2,3)”，按“Enter”键即可得出结果，如图 2-68 所示。

H2 =RIGHT(A2,3)

	A	B	C	D	E	F	G	H	I	J
1	产品ID	访客数	收藏人数	加购人数	转化率		品牌分类编号	色号	仓库编号	
2	233333226	48, 994	19, 607	61, 478	5. 00%		233	226		
3	245333404	42, 680	18, 006	57, 882	4. 50%					
4	542435135	83, 097	27, 979	86, 202	7. 87%					
5	233345566	35, 743	27, 861	53, 251	5. 69%					
6	233259506	56, 314	28, 775	23, 455	3. 42%					
7	824725506	79, 141	28, 756	99, 456	6. 83%					
8	349155226	98, 574	26, 629	111, 598	9. 12%					
9	294532226	78, 414	25, 722	99, 456	8. 73%					
10	339333410	81, 414	22, 520	90, 525	7. 45%					
11	249895951	12, 215	33, 463	19, 065	1. 08%					
12	352333666	16, 777	20, 288	33, 522	2. 46%					
13										

图 2-68 利用 RIGHT/RIGHTB 函数提取产品 ID 中的色号

利用 MID/MIDB 函数提取产品 ID 中的仓库编号：选中 I2 单元格，输入公式“=MID(A2,4,3)”，按“Enter”键即可得出结果，如图 2-69 所示。该公式中，“A2”表示需要提取的字符串，“4”表示从字符串的第 4 位开始提取；“3”表示从左到右需要提取的字符的数量。

I2　=MID(A2,4,3)

	A	B	C	D	E	F	G	H	I	J
1	产品ID	访客数	收藏人数	加购人数	转化率		品牌分类编号	色号	仓库编号	
2	233333226	48, 994	19, 607	61, 478	5. 00%		233	226	333	
3	245333404	42, 680	18, 006	57, 882	4. 50%					
4	542435135	83, 097	27, 979	86, 202	7. 87%					
5	233345566	35, 743	27, 861	53, 251	5. 69%					
6	233259506	56, 314	28, 775	23, 455	3. 42%					
7	824725506	79, 141	28, 756	99, 456	6. 83%					
8	349155226	98, 574	26, 629	111, 598	9. 12%					
9	294532226	78, 414	25, 722	99, 456	8. 73%					
10	339333410	81, 414	22, 520	90, 525	7. 45%					
11	249895951	12, 215	33, 463	19, 065	1. 08%					
12	352333666	16, 777	20, 288	33, 522	2. 46%					
13										

图 2-69　利用 MID/MIDB 函数提取产品 ID 中的仓库编号

【提示】

LEFTB、RIGHTB、MIDB 函数与 LEFT、RIGHT、MID 函数同理，LEFTB、RIGHTB、MIDB 函数是按字节返回字符的个数，阿拉伯数字可以使用 LEFT、RIGHT、MID 函数提取，也可以使用 LEFTB、RIGHTB、MIDB 函数提取。

2.3.16　FIND、FINDB函数

LEFT/LEFTB 函数、RIGHT/RIGHTB 函数、MID/MIDB 函数可以帮助数据分析人员从指定的文本中提取出长度一样、位置固定的字或者字符，但是当需要提取的是长度不一、无法固定提取到多少位的字符串时，则需要使用 FIND/FINDB 函数来实现这一操作。

FIND/FINDB 函数用于在第二个文本串中定位第一个文本串，并返回第一个文本串的起始位置的值，该值从第二个文本串的第一个字符算起。FIND函数提取的是字数，FINDB 函数提取的是字符数。

语法规则：

```
=FIND(find_text,within_text,[start_num])
=FINDB(find_text,within_text,[start_num])
```

参数说明如下。

find_text：表示要查找的字符串。

within_text：表示包含要查找关键字的单元格。

start_num：表示指定开始进行查找的字符数。如 start_num 为 1，则从单元格内第一个字符开始查找关键字，如省略 start_num，则假设其为 1。

例如，想要从产品链接中提取出产品的 ID，首先需要通过 FIND/FINDB 函数来获取产品 ID 在整个链接中的位置，知道了产品 ID 所在链接的位置和长度之后，再利用 MID/MIDB 函数提取这个链接中的产品 ID。

如图 2-70 所示，假设要提取 A2 单元格中的产品 ID，需要选中任意一个空白单元格，输入公式“=MID(A2,FIND("id=",A2,1)+3,FIND("&ali",A2,1)-(FIND("id=",A2,1)+3))”，按“Enter”键即可得出计算结果。

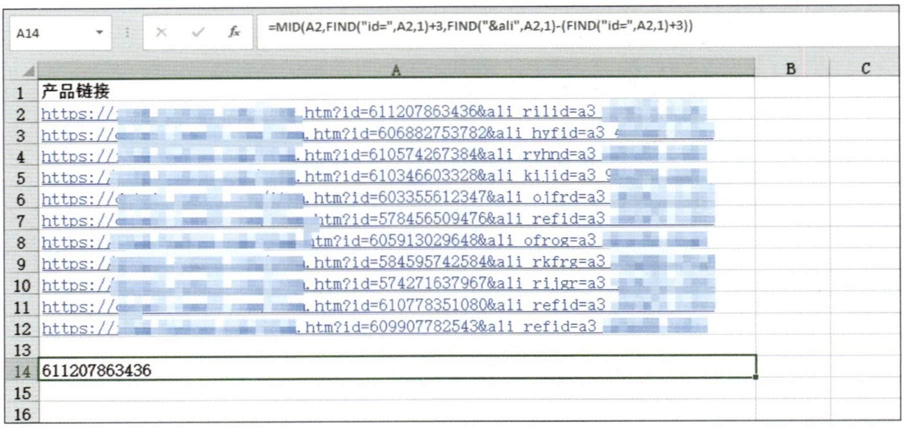

A14 =MID(A2,FIND("id=",A2,1)+3,FIND("&ali",A2,1)-(FIND("id=",A2,1)+3))

	A	B	C
1	产品链接		
2	https://[illegible].htm?id=611207863436&ali rilid=a3 [illegible]		
3	https://[illegible].htm?id=606882753782&ali hyfid=a3 [illegible]		
4	https://[illegible].htm?id=610574267384&ali ryhnd=a3 [illegible]		
5	https://[illegible].htm?id=610346603328&ali kijid=a3 [illegible]		
6	https://[illegible].htm?id=603355612347&ali ojfrd=a3 [illegible]		
7	https://[illegible]htm?id=578456509476&ali refid=a3 [illegible]		
8	https://[illegible]tm?id=605913029648&ali ofrog=a3 [illegible]		
9	https://[illegible].htm?id=584595742584&ali rkfrg=a3 [illegible]		
10	https://[illegible].htm?id=574271637967&ali rijgr=a3 [illegible]		
11	https://[illegible].htm?id=610778351080&ali refid=a3 [illegible]		
12	https://[illegible].htm?id=609907782543&ali refid=a3 [illegible]		
13			
14	611207863436		
15			
16			

图 2-70 利用 FIND 函数和 MID 函数提取 A2 单元格中的产品 ID

在该公式中，FIND("id=",A2,1)+3 代表 id 号第 1 位数字的位置，其中，"id=" 是每一个 id 号前面都有的字符，“A2”是查找 id 号的范围，“1”是指定查找的字符即“i”，所以公式“FIND("id=",A2,1)”的计算结果是“i”的位置，而 id 号的位置是在“i”的后面三位，因此“FIND("id=",A2,1)+3”就是 id 号首位数字的位置。“FIND("&ali",A2,1)”是 id 号后一位数字的位置即“&ali”，id 号后面一位数字的位置减去 id 号首尾数字可以得出 id 号的长度即所占字符数，再将 FIND 函数套用进 MID 函数就可以提取出完整的 id 号。

2.3.17 LEN、LENB函数

LEN/LENB 函数也是在处理产品链接和产品 ID 过程中应用比较频繁的函数。LEN/LENB 函数可以计算出每个产品链接或产品 ID 号有多少个字符。

LEN/LENB 函数用于返回文本串的字符数。LEN 函数按字符数计算，LENB 函数按字节数计算。

语法规则：

```
=LEN(text)
=LENB(text)
```

参数说明如下。

text：表示需要查找其长度的文本，空格作为字符进行计数。

如图 2-71 所示，假设想要知道 A2 单元格中的产品链接有多少个字符，选中任意一个空白单元格，输入公式“=LEN(A2)”，按“Enter”键得出计算结果为“73”，说明 A2 单元格中的字符数为 73。

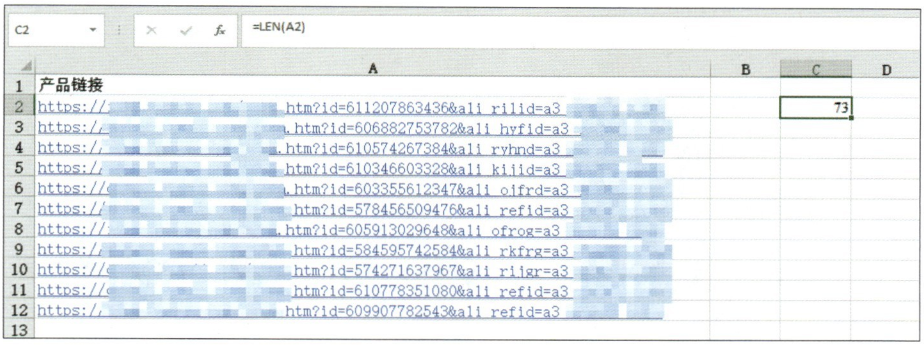

C2 =LEN(A2)

	A	B	C	D
1	产品链接			
2	https://[illegible]htm?id=611207863436&ali rilid=a3[illegible]		73	
3	https://[illegible].htm?id=606882753782&ali hyfid=a3[illegible]			
4	https://[illegible].htm?id=610574267384&ali ryhnd=a3[illegible]			
5	https://[illegible]htm?id=610346603328&ali kijid=a3[illegible]			
6	https://[illegible].htm?id=603355612347&ali ojfrd=a3[illegible]			
7	https://[illegible]htm?id=578456509476&ali refid=a3[illegible]			
8	https://[illegible].htm?id=605913029648&ali ofrog=a3[illegible]			
9	https://[illegible]htm?id=584595742584&ali rkfrg=a3[illegible]			
10	https://[illegible]htm?id=574271637967&ali rijgr=a3[illegible]			
11	https://[illegible]htm?id=610778351080&ali refid=a3[illegible]			
12	https://[illegible]htm?id=609907782543&ali refid=a3[illegible]			
13				

图 2-71 利用 LEN 函数计算文本的字符数

2.3.18 SUMPRODUCT函数

SUMPRODUCT 函数是把对应数组的元素相乘，最后返回各对应乘积之和的函数。

语法规则：

```
=SUMPRODUCT（array1,array2,array3, ...）
```

参数说明如下。

array1,array2,array3,...：表示数组参数，其相应元素需要进行相乘并求和。

下面通过几组数据来介绍 SUMPRODUCT 函数的基本操作。

01 如果输入的函数公式为“=SUMPRODUCT(A1,B2)”，返回的结果为“845”，即 A1 单元格与 B2 单元格的乘积，如图 2-72 所示。

A8 =SUMPRODUCT(A1,B2)

	A	B	C	D	E	F
1	13	15	54			
2	14	65	23			
3	31	76	67			
4	56	87	23			
5	68	12	115			
6	88	67	42			
7						
8	845					
9						
10						
11						

图 2-72 利用 SUMPRODUCT 函数计算 A1 单元格与 B2 单元格的乘积

02 如果输入的函数公式为“=SUMPRODUCT(A1:B2)”，返回的结果为“107”，即 A1:B2 单元格区域数据之和，如图 2-73 所示。

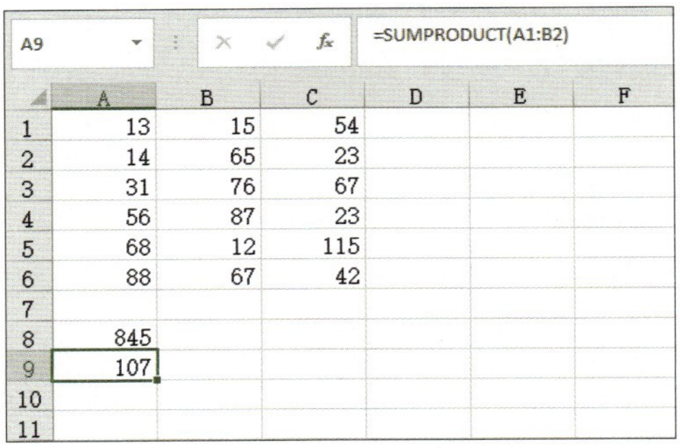

A9 =SUMPRODUCT(A1:B2)

	A	B	C	D	E	F
1	13	15	54			
2	14	65	23			
3	31	76	67			
4	56	87	23			
5	68	12	115			
6	88	67	42			
7						
8	845					
9	107					
10						
11						

图 2-73 利用 SUMPRODUCT 函数计算 A1:B2 单元格区域数据之和

03 如果输入的函数公式为“=SUMPRODUCT(A1:B1,B4:C4)”，返回的结果为“1476”，实际的计算过程为（A1×B4）+（B1×C4），如图 2-74 所示。

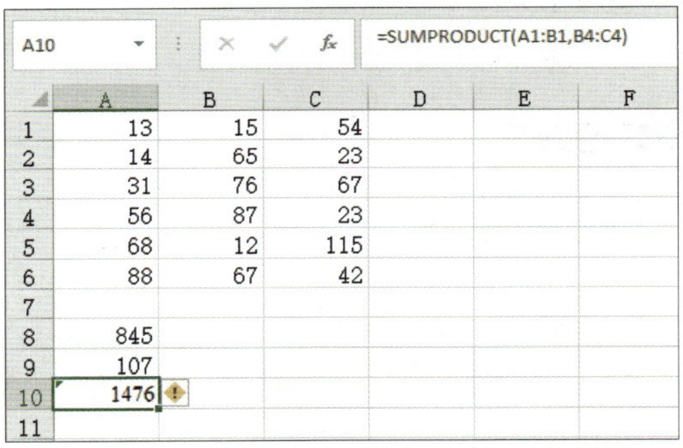

A10 =SUMPRODUCT(A1:B1,B4:C4)

	A	B	C	D	E	F
1	13	15	54			
2	14	65	23			
3	31	76	67			
4	56	87	23			
5	68	12	115			
6	88	67	42			
7						
8	845					
9	107					
10	1476					
11						

图 2-74 利用 SUMPRODUCT 函数计算两组单元格区域数据的乘积之和

2.4 高手支招

1. 公式中运算符号的优先顺序

在 Excel 中进行公式运算时，一般遵循从左到右的顺序。当公式中拥有多个运算符号时，Excel 将根据运算符号的优先级进行运算，对于同一优先级的运算符号，则按从左到右的顺序运算。各个运算符号的优先顺序如表 2-2 所示。

表 2-2 各个运算符号的优先顺序

顺序	运算符号类别	符号	说明
1	引用运算符	: _（空格）,	冒号、单个空格、逗号
2	算术运算符	-	负号
3	算术运算符	%	百分比
4	算术运算符	^	乘幂
5	算术运算符	* 和 /	乘号和除号
6	算术运算符	+ 和 -	加号和减号
7	文本运算符	&	链接文本
8	比较运算符	=,<,>,<=,>=,<>	比较两个值，包括等于、小于、大于、小于等于、大于等于、不等于

在 Excel 中，小括号可以改变运算的优先级，且小括号的优先级将高于表 2-2 中的所有运算符号。如果公式中使用多组小括号进行嵌套，其计算顺序由最内层的小括号逐级向外进行运算。另外，需要注意公式中的小括号必须成对出现。

例如，使用 AND 函数判断产品的价格是否大于等于 50 元且小于 60 元，应输入的公式为“=AND(B2>=50,B2<60)”，如图 2-75 所示。根据运算符号的优先顺序，“>=”符号与“<”符号属于相同优先级。按从左到右的顺序进行运算。先判断“B2>=50”返回 TRUE，再判断“TRUE<60”返回 FALSE。

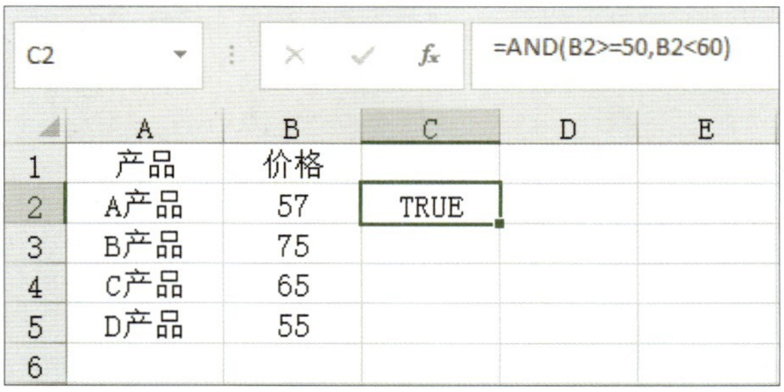

C2 =AND(B2>=50,B2<60)

	A	B	C	D	E
1	产品	价格			
2	A产品	57	TRUE		
3	B产品	75			
4	C产品	65			
5	D产品	55			
6					

图 2-75 使用 AND 函数判断产品的价格

2. WEEKNUM 函数在电商中的运用

前面介绍了使用 WEEKDAY 函数统计每个日期分别对应星期几，这里为大家介绍 WEEKNUM 函数。

WEEKNUM 函数用于返回一年中的第几周。

语法规则：

```
=WEEKNUM(serial_number,[return_type])
```

参数说明如下。

serial_number：表示一年中的日期。

return_type：数字，确定星期从哪一天开始计算，这里默认值为 1。

假设要计算 A2 单元格中的日期“2020 年 1 月 9 日”是 2020 年的第几周，需要输入公式“=WEEKNUM(A2,1)”，按“Enter”键得出计算结果，如图 2-76 所示。

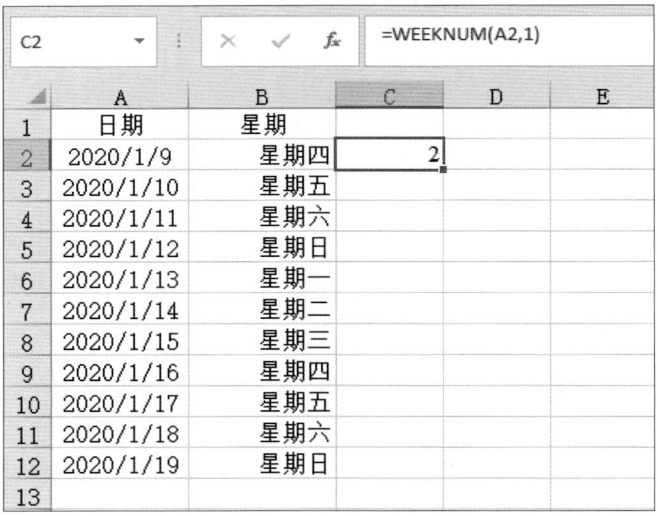

C2 =WEEKNUM(A2,1)

	A	B	C	D	E
1	日期	星期			
2	2020/1/9	星期四	2		
3	2020/1/10	星期五			
4	2020/1/11	星期六			
5	2020/1/12	星期日			
6	2020/1/13	星期一			
7	2020/1/14	星期二			
8	2020/1/15	星期三			
9	2020/1/16	星期四			
10	2020/1/17	星期五			
11	2020/1/18	星期六			
12	2020/1/19	星期日			
13					

图 2-76 WEEKNUM 函数的运用

例如，想要知道 2020 年 11 月 11 号是这一年中的第几周，直接输入公式“=WEEKNUM("2020/11/11",1)”即可。

第 3 章 Excel 数据透视表与图表的应用

Excel 中自带的数据透视表是一款非常强大的数据分析工具，它具有强大的数据透视和数据筛选功能，能够快速对Excel表中的各字段数据进行分类汇总和统计。另外，在进行数据分析时，使用 Excel 的图表工具将会使数据看起来更加直观，也更便于数据分析人员掌握数据所传递的重要信息。在利用 Excel 进行数据分析的过程中，合理运用数据透视表与图表这两种工具，能帮助数据分析人员有效提高工作的效率。

3.1 Excel 数据透视表的应用

Excel 数据透视表是一款功能十分强大的数据分析工具，可以快速对表格中的数据进行交叉分析、对比分析、结构分析、汇总分析等，并根据需求进行调整，生成报表。

3.1.1 认识Excel数据透视表

Excel 数据透视表是一种可以快速汇总、分析大量数据的交互式数据分析工具。使用 Excel 数据透视表，可以根据 Excel 表格中的不同字段从多个角度进行透视，并建立交叉表格，以便从不同层面掌握数据的汇总信息、分析结果及数据摘要。

Excel 数据透视表综合了数据排序、筛选、分类汇总等数据分析功能的优点，可以方便地调整数据分类汇总的方式，以多种方式灵活地展示数据的特征。在 Excel 数据透视表中，只需移动字段位置，即可变换出各种类型的报表。

另外，Excel 数据透视表具有很强的数据透视能力，可以深入分析数值数据，从大量看似无关的数据中寻找出它们背后的联系，将纷繁复杂的数据转化为有价值的信息，以便决策者利用关键信息做出正确决策。

3.1.2 实战：创建手淘搜索流量汇总数据透视表

要利用数据透视表进行数据分析，首先需要创建一张数据透视表。

下面以某店铺 2019 年的手淘搜索流量数据为例，如图 3-1 所示，创建一张手淘搜索流量汇总的数据透视表。

	A	B	C	D	E	F	G	H	I	J
1	月份	访客数	浏览量	搜索人数	搜索次数	收藏人数	收藏次数	加购人数	加购次数	
2	2019年1月	87,231	63,397	891	980	19,607	31,907	61,478	112,310	
3	2019年2月	89,080	78,633	764	879	18,006	29,924	57,882	106,990	
4	2019年3月	83,097	80,241	980	1,003	27,979	47,323	90,265	171,581	
5	2019年4月	72,923	65,787	798	884	27,861	47,555	86,202	163,342	
6	2019年5月	89,414	79,974	856	974	28,775	48,910	90,525	170,943	
7	2019年6月	79,141	67,551	797	802	28,756	48,205	99,456	191,926	
8	2019年7月	76,314	64,414	658	795	26,629	44,896	85,060	161,162	
9	2019年8月	78,414	59,314	433	634	25,722	43,728	84,373	159,944	
10	2019年9月	81,414	68,411	579	704	22,520	36,315	76,017	138,881	
11	2019年10月	85,115	69,874	994	1,002	33,463	54,274	86,854	156,849	
12	2019年11月	91,455	76,235	1,023	1,289	31,288	49,236	111,598	205,429	
13	2019年12月	64,554	62,577	413	725	26,525	38,665	68,636	126,366	

图 3-1 某店铺 2019 年的手淘搜索流量数据

创建手淘搜索流量汇总数据透视表的具体操作步骤如下。

01 在 Excel 表格中，选中需要插入数据透视表的数据源区域，在菜单栏的“插入”选项卡下，单击“数据透视表”按钮，如图 3-2 所示。

月份	访客数	浏览量	搜索人数	搜索次数	收藏人数	收藏次数	加购人数	加购次数
2019年1月	87,231	63,397	891	980	19,607	31,907	61,478	112,310
2019年2月	89,080	78,633	764	879	18,006	29,924	57,882	106,990
2019年3月	83,097	80,241	980	1,003	27,979	47,323	90,265	171,581
2019年4月	72,923	65,787	798	884	27,861	47,555	86,202	163,342
2019年5月	89,414	79,974	856	974	28,775	48,910	90,525	170,943
2019年6月	79,141	67,551	797	802	28,756	48,205	99,456	191,926
2019年7月	76,314	64,414	658	795	26,629	44,896	85,060	161,162
2019年8月	78,414	59,314	433	634	25,722	43,728	84,373	159,944
2019年9月	81,414	68,411	579	704	22,520	36,315	76,017	138,881
2019年10月	85,115	69,874	994	1,002	33,463	54,274	86,854	156,849
2019年11月	91,455	76,235	1,023	1,289	31,288	49,236	111,598	205,429
2019年12月	64,554	62,577	413	725	26,525	38,665	68,636	126,366

图 3-2　单击“数据透视表”按钮

02 弹出“创建数据透视表”对话框，确认选择的表或区域是否正确，选择放置数据透视表的位置，一般采用默认设置，然后单击“确认”按钮，如图 3-3 所示。

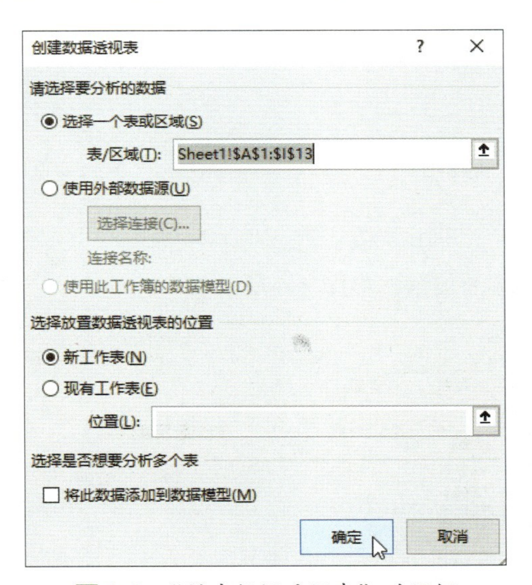

图 3-3　“创建数据透视表”对话框

03 这时工作表的右侧会出现一个“数据透视表字段”窗格，直接在窗格中选中“月”“搜索人数”和“搜索次数”选项，如图 3-4 所示。

【提示】

也可在“数据透视表字段”窗格中，直接将“月”拖入“行”区域中，将“搜索人数”和“搜索次数”拖入“值”区域中，并将其汇总方式设置为求和，这时“列”区域将会自动设置为“数值”。

图 3-4 设置数据透视表字段

04 如果只是查看对应访客数的搜索人数和搜索次数，在“数据透视表字段”窗格中，将“访客数”标签拖入“筛选”中，如图 3-5 所示。

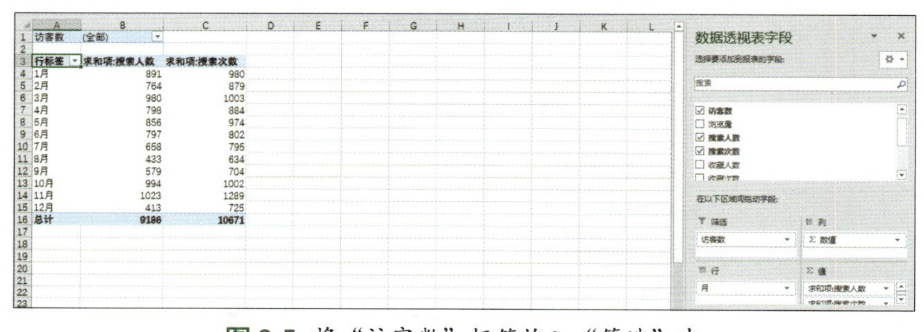

图 3-5 将“访客数”标签拖入“筛选”中

05 在左侧的数据透视表中，单击“访客数”单元格旁边的下拉按钮，在弹出的下拉列表中任意选择一个或几个访客数的数据，如图 3-6 所示。

图 3-6 在下拉列表中选择数据

06 单击“确定”按钮即可查看该访客数所对应的月份、搜索人数和搜索次数，如图 3-7 所示。

	A	B	C	D
1	访客数	76,314		
2				
3	行标签	求和项:搜索人数	求和项:搜索次数	
4	7月	658	795	
5	总计	658	795	
6				

图 3-7 查看访客数所对应的月份、搜索人数和搜索次数

3.1.3 实战：用数据透视表计算店铺每月的流量百分比

在进行电商数据分析时，有很多数据往往需要通过百分比的形式进行展现。下面仍然以某店铺的手淘搜索流量数据为例，创建一张以月份和访客数为维度的数据透视表，并通过数据透视表计算店铺每月的流量百分比，其具体的操作步骤如下。

01 利用图 3-1 中的数据作为数据源，创建一张以月份和访客数为维度的数据透视表。在“数据透视表字段”窗格中，选中“月”和“访客数”选项；或者将“月”拖入“行”区域中，将“访客数”拖入“值”区域中，并将其汇总方式设置为求和，如图 3-8 所示。

图 3-8 创建数据透视表

02 选中“访客数”一列的任意一个单元格并右击，在弹出的快捷菜单中选择“值显示方式”→“列汇总的百分比”选项，如图 3-9 所示。

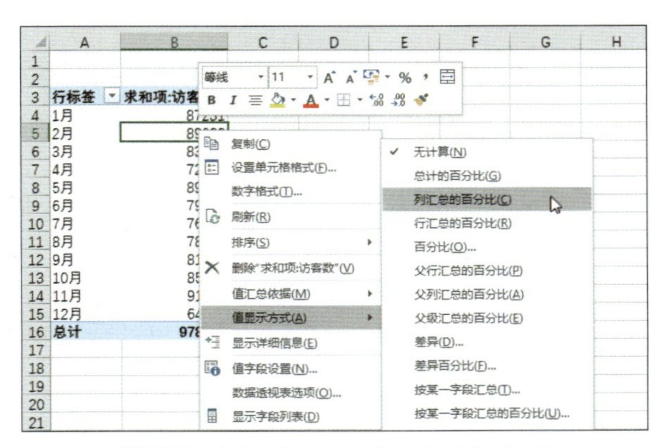

图 3-9 选择“列汇总的百分比”选项

03 结果如图 3-10 所示，访客数这一列的数据以百分比的形式进行展示。

	A	B	C
1			
2			
3	行标签	求和项:访客数	
4	1月	8.92%	
5	2月	9.11%	
6	3月	8.50%	
7	4月	7.46%	
8	5月	9.14%	
9	6月	8.09%	
10	7月	7.80%	
11	8月	8.02%	
12	9月	8.32%	
13	10月	8.70%	
14	11月	9.35%	
15	12月	6.60%	
16	总计	100.00%	
17			

图 3-10 该店铺每月的流量百分比占比情况

3.1.4 实战： 利用数据透视表同比/环比计算店铺访客数的增长趋势和情况

在进行电商数据分析时，通常需要通过同比数据和环比数据来了解店铺运营数据的增长趋势和情况。同比数据的计算与环比数据的计算原理相同，这里只为大家介绍如何利用数据透视表计算环比数据。利用数据透视表计算环比数据的具体操作步骤如下。

01 同样利用图 3-1 中的数据作为数据源，创建一张以月份和访客数为维度的数据透视表，如图 3-11 所示。

行标签	求和项:访客数
1月	87231
2月	89080
3月	83097
4月	72923
5月	89414
6月	79141
7月	76314
8月	78414
9月	81414
10月	85115
11月	91455
12月	64554
总计	978152

图 3-11 创建数据透视表

02 选中“访客数”一列的任意一个单元格并右击，在弹出的快捷菜单中选择“值显示方式”→“差异百分比”选项，如图 3-12 所示。

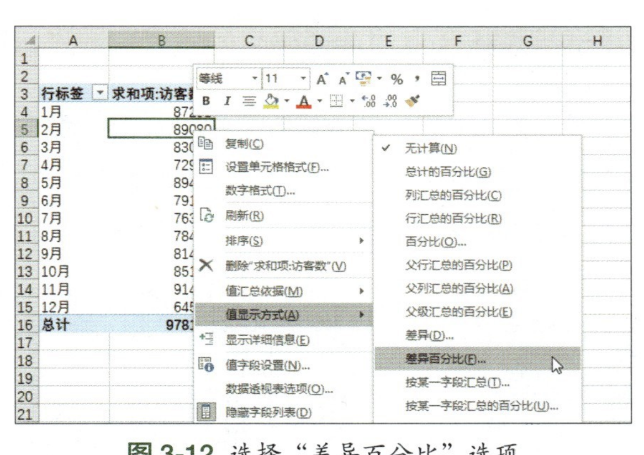

图 3-12 选择“差异百分比”选项

03 在弹出的“值显示方式”对话框中，设置“基本字段”为“月”，基本项为“上一个”，然后单击“确定”按钮，如图 3-13 所示。

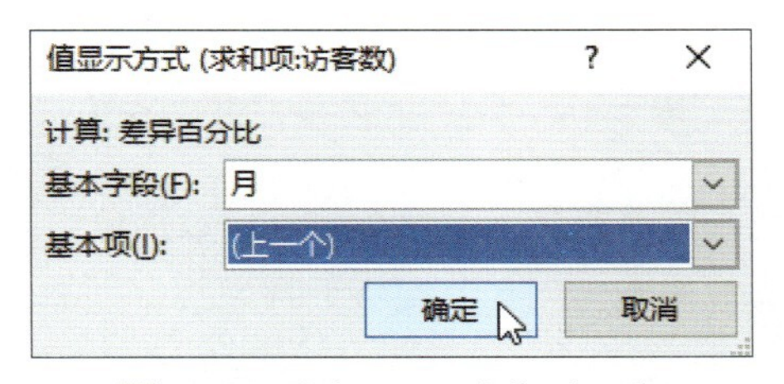

图 3-13 “值显示方式”对话框

04 结果如图 3-14 所示，可以直观地通过环比数据看到店铺访客数的增长趋势和情况。例如，与 1 月相比 2 月的访客数环比增长了 2.12%，但 3 月、4 月、6 月、7 月、12 月呈现的却是负增长。

	A	B	C
1			
2			
3	行标签	求和项:访客数	
4	1月		
5	2月	2.12%	
6	3月	-6.72%	
7	4月	-12.24%	
8	5月	22.61%	
9	6月	-11.49%	
10	7月	-3.57%	
11	8月	2.75%	
12	9月	3.83%	
13	10月	4.55%	
14	11月	7.45%	
15	12月	-29.41%	
16	总计		
17			

图 3-14 该店铺访客数的环比数据

3.1.5 实战：用数据透视表按季度对店铺商品的搜索次数进行数据分组统计

数据透视表的分组统计功能在进行电商数据分析时经常会被用到，如利用数据透视表按季度对店铺商品的搜索次数进行数据分组统计。下面将以某店铺每月的访客数据统计作为数据源，如图 3-15 所示，为大家介绍利用数据透视表进行数据分组统计的方法。

	A	B	C	D	E	F	G	H	I	J
1	月份	访客数	浏览量	搜索人数	搜索次数	收藏人数	收藏次数	加购人数	加购次数	
2	2019年1月	87,231	63,397	891	980	19,607	31,907	61,478	112,310	
3	2019年2月	89,080	78,633	764	879	18,006	29,924	57,882	106,990	
4	2019年3月	83,097	80,241	980	1,003	27,979	47,323	90,265	171,581	
5	2019年4月	72,923	65,787	798	884	27,861	47,555	86,202	163,342	
6	2019年5月	89,414	79,974	856	974	28,775	48,910	90,525	170,943	
7	2019年6月	79,141	67,551	797	802	28,756	48,205	99,456	191,926	
8	2019年7月	76,314	64,414	658	795	26,629	44,896	85,060	161,162	
9	2019年8月	78,414	59,314	433	634	25,722	43,728	84,373	159,944	
10	2019年9月	81,414	68,411	579	704	22,520	36,315	76,017	138,881	
11	2019年10月	85,115	69,874	994	1,002	33,463	54,274	86,854	156,849	
12	2019年11月	91,455	76,235	1,023	1,289	31,288	49,236	111,598	205,429	
13	2019年12月	64,554	62,577	413	725	26,525	38,665	68,636	126,366	
14										

图 3-15 店铺每月的访客数据统计

利用数据透视表按季度对店铺商品的搜索次数进行数据分组统计的具体操作步骤如下。

01 以图 3-15 中的数据作为数据源，创建一张数据透视表，在“数据透视表字段”窗格中，选中“日期”和“搜索次数”选项；或者将“月”拖入“行”区域中，将“搜索次数”拖入“值”区域中，并将其汇总方式设置为求和，如图 3-16 所示。

行标签	求和项:搜索次数
1月	980
2月	879
3月	1003
4月	884
5月	974
6月	802
7月	795
8月	634
9月	704
10月	1002
11月	1289
12月	725
总计	10671

图 3-16 创建数据透视表

02 选中“月份”一列的任意一个单元格并右击，在弹出的快捷菜单中选择“组合”选项，如图 3-17 所示。

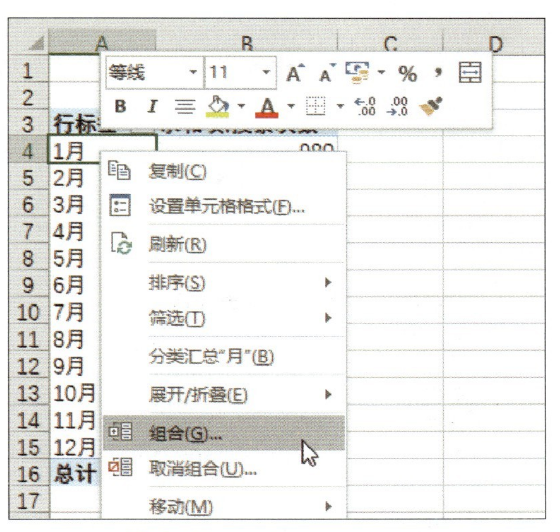

图 3-17　选择“组合”选项

03 在弹出的“组合”对话框中，设置“起始于”为“最小值”（即 2019/1），“终止于”为“最大值”（即 2019/12），“步长”为“季度”，然后单击“确定”按钮，如图 3-18 所示。

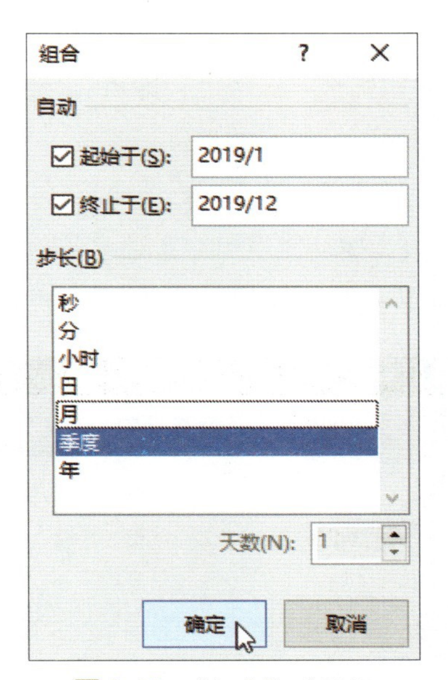

图 3-18　“组合”对话框

【提示】

在“组合”对话框中，一般默认“起始于”为“最小值”，“终止于”为“最大值”，数据分析人员可以根据实际需要进行填写。

04 单击“确定”按钮后，数据透视表中的行标签会自动按季度来划分，如图 3-19 所示。这样就可以很方便地看到 2019 年每个季度的搜索次数，数据分析人员还可以根据自己的需求进行计算百分比、插入表格等操作。

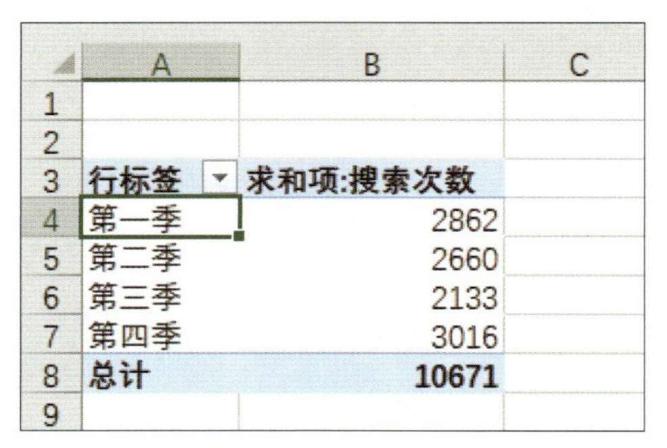

	A	B	C
1			
2			
3	**行标签**	**求和项:搜索次数**	
4	第一季	2862	
5	第二季	2660	
6	第三季	2133	
7	第四季	3016	
8	**总计**	**10671**	
9			

图 3-19 按季度来划分行标签

3.1.6 实战：使用切片器对数据进行筛选

在“数据透视表字段”窗格中有“报表筛选”“列标签”“行标签”“数值”4 个区域，如果将需要筛选的条件拖入“报表筛选”区域中，即可对该条件的数据进行筛选。但在实际操作中，一般很少使用“报表筛选”区域对数据进行筛选，大多数时候都是使用切片器对数据进行筛选的。

以图 3-16 创建的数据透视表为例，使用切片器对数据进行筛选的具体操作步骤如下。

01 在菜单栏的“插入”选项卡下，单击“筛选器”组中的“切片器”按钮，如图 3-20 所示。

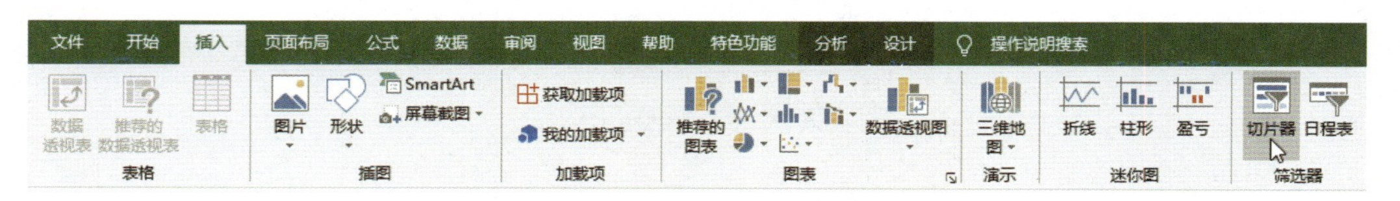

图 3-20 单击“切片器”按钮

02 弹出“插入切片器”对话框，选中“访客数”复选框，然后单击“确定”按钮，如图 3-21 所示。

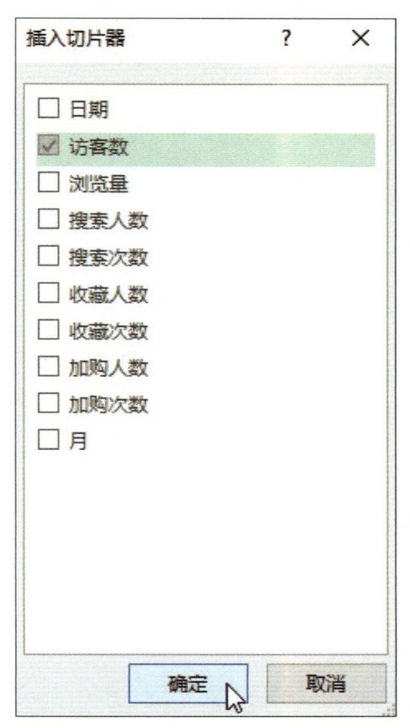

图 3-21 “插入切片器”对话框

03 在插入好的切片器中，单击任意一个“访客数”数据，就会显示相对应的月份和搜索次数，如图 3-22 所示。

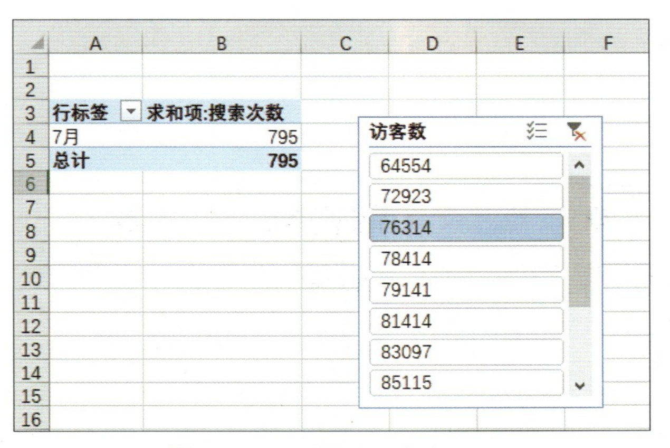

图 3-22 使用切片器筛选数据

3.2 Excel 图表的应用

图表是利用数据生成的各种图形，具有较好的视觉效果，能够使信息接收者直观地感受到数据的变化、影响因素及发展趋势等，为电商数据分析工作带来了便利性。

3.2.1 认识Excel图表

在进行电商数据分析工作时，如果只是利用 Excel 数据透视表来展示数据，往往很难一眼就看出数据之间的关系，从而找到数据分析和展示的重点。使用图表来展示数据，可以使原本复杂、抽象的数据更加具体、直观，也能够更好地展示数据之间的关系，便于信息接收者阅读和理解。

Excel 图表就是将工作表中的数据以图形化的方式进行显示，通过图表中数据系列的高低或长短来查看数据的差异、预测趋势等，以便于数据分析人员能够更好地对数据进行分析和比较。

1. Excel 图表的特点及基本作用

Excel 图表具有直观形象、种类丰富、实时更新和二维坐标等特点。Excel 图表不仅可以对数据之间那些细微的、不易阅读的内容进行区分，还可以利用不同的图表类型来表现数据之间的某种相对关系。例如，运用柱形图比较数据之间的多少关系，运用折线图反映数据之间的趋势关系，运用饼图表现数据之间的比例分配关系等。

2. Excel 图表的组成

Excel 所提供的图表类型非常丰富，不同的图表类型拥有不同的作用和适用范围。虽然图表的种类不同，但图表的组成部分大致都是相同的。一个完整的 Excel 图表主要由图表区、绘图区、坐标轴、图表标题、数据系列、网格线和图例等部分组成。图 3-23 为使用柱形图展示商品的销售额。

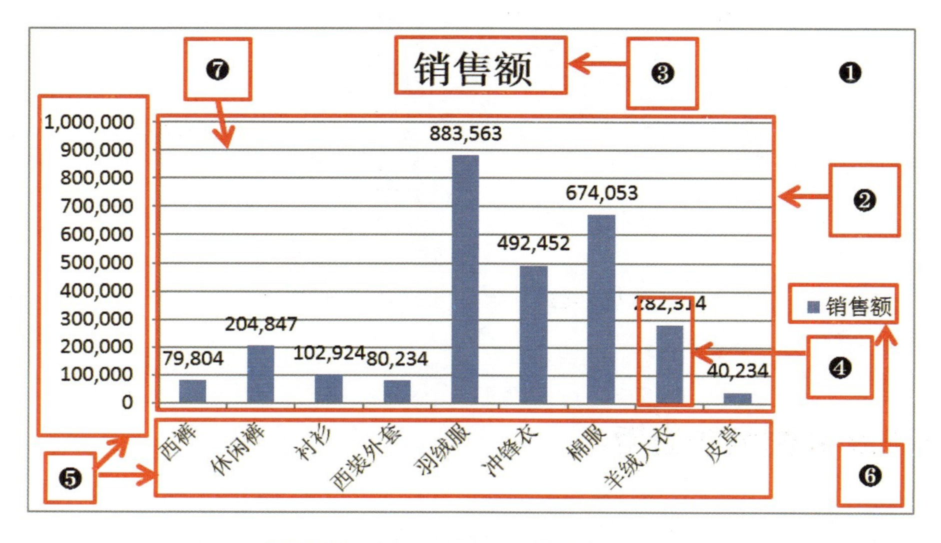

图 3-23 使用柱形图展示商品的销售额

❶ 图表区：在 Excel 中，图表是以一个整体的形式插入到表格中的，这个区域称为图表区。图表区是用来展示相应图表内容的，既包含具体的图表，又包含图表相关的元素。

❷ 绘图区：图表区中显示图形的区域，用于绘制图表序列和网格线，表示数据的图形元素也会出现在该区域中。

❸ 图表标题：图表上显示的名称，用来说明图表内容的文字。图表标题在图表区中以一个文本框的形式呈现，可以对其进行各种调整或修饰。

❹ 数据系列：在数据区域中，同一列（或同一行）数值数据的集合构成一组数据系列，也就是图表中相关数据点的集合。图表中可以有一组到多组数据系列，多组数据系列之间通常采用不同的图案、颜色或符号来区分。在各数据系列数据点上还可以标注出该系列数据的具体值，即数据标签。

❺ 坐标轴：标识数值大小及分类的垂直线和水平线，坐标轴分为垂直坐标轴（*Y* 轴）和水平坐标轴（*X* 轴）。垂直坐标轴（*Y* 轴）为数值轴，用于确定图表中数值的刻度值；水平坐标轴（*X* 轴）为分类轴，主要用于显示文本标签。

❻ 图例：用于指示图表中系列区域的符号、颜色或形状定义数据系列所代表的内容。图例包括图例标示和图例项两部分内容，其中，图例标示代表数据系列的图案，即不同颜色的小方块；图例项是与图例标示对应的数据系列名称，一种图例标识只能对应一种图例项。

❼ 网格线：贯穿绘图区的线条，用于估算数据系列所示值。

3.2.2 Excel基本图表样式的应用

Excel图表的类型非常丰富，总结起来大致可以分为 5 大类，即饼图、柱形图、折线图、散点图和条形图。其他的图表样式基本都是在这 5 种图表样式的基础上演变而成的，因此下面将针对 Excel 图表的这 5 种基本样式进行详细讲解。

实战：使用饼图展示淘宝男装市场几个子类目的占比情况

在 Excel 图表中，饼图主要用于表现数据系列的构成和占比情况。例如，使用饼图展示淘宝男装市场几个子类目的占比情况。淘宝男装几个子类目的销售额如图 3-24 所示，通过比较这几个子类目的销售额，可以分析出男装子类目中哪类产品销量比较高，以便商家及时对产品进行更替，选出最佳的主推产品。

	A	B	C
1	产品类目	销售额	
2	西裤	79804	
3	休闲裤	204847	
4	衬衫	102924	
5	西装外套	80234	
6	羽绒服	883563	
7	冲锋衣	492452	
8	棉服	674053	
9	羊绒大衣	282314	
10	皮草	40234	
11			

图 3-24 淘宝男装几个子类目的销售额

使用饼图展示淘宝男装市场几个子类目占比情况的具体操作步骤如下。

01 选中表格中需要插入图表的数据，在菜单栏的“插入”选项卡下，单击“图表”组中的“饼图”按钮，插入一个饼图，如图 3-25 所示。

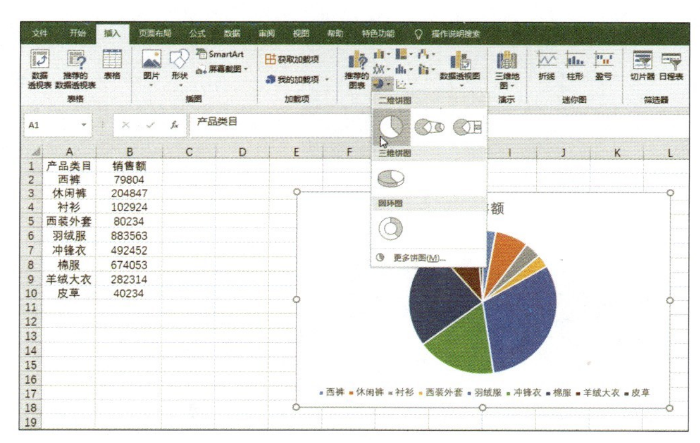

图 3-25 插入饼图

02 这时在工作表中生成了一个基本的饼图，如图 3-26 所示，但该饼图不能很直观地看出哪一扇属于哪一个子类，每个子类目的占比是多少，所以还需要对饼图进行一些调整。

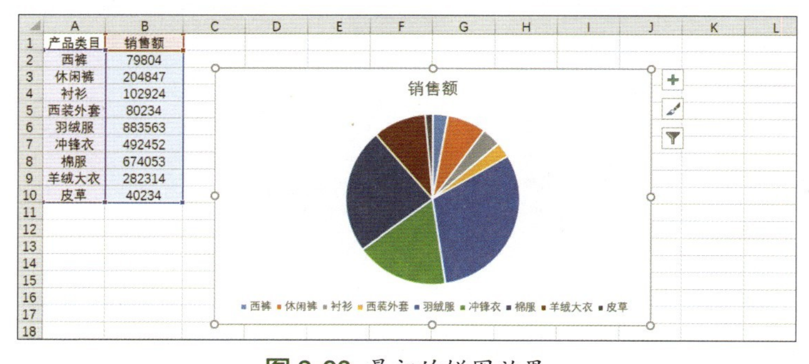

图 3-26 最初的饼图效果

03 想要图表更清晰明了，可以在饼图上添加具体的数据标签，选中饼图并右击，在弹出的快捷菜单中选择“添加数据标签”选项，如图 3-27 所示，即可把每类产品的销售额显示出来。

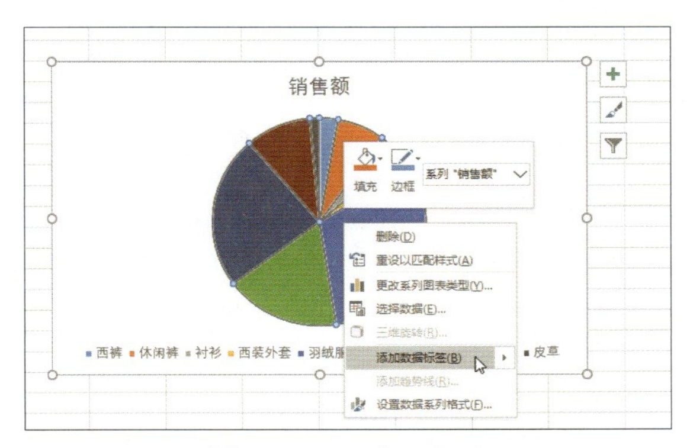

图 3-27　添加数据标签

04 再次选中饼图并右击，在弹出的快捷菜单中选择“设置数据标签格式”选项，如图 3-28 所示。

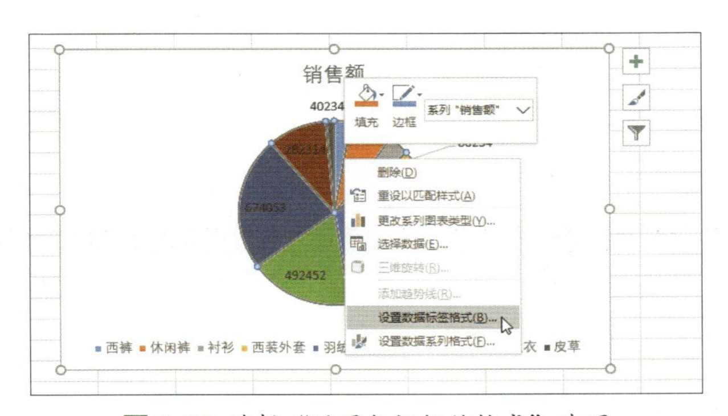

图 3-28　选择“设置数据标签格式”选项

05 弹出“设置数据标签格式”窗格，在“标签选项”中取消选中“值”选项，选中“类别名称”和“百分比”选项，如图 3-29 所示。

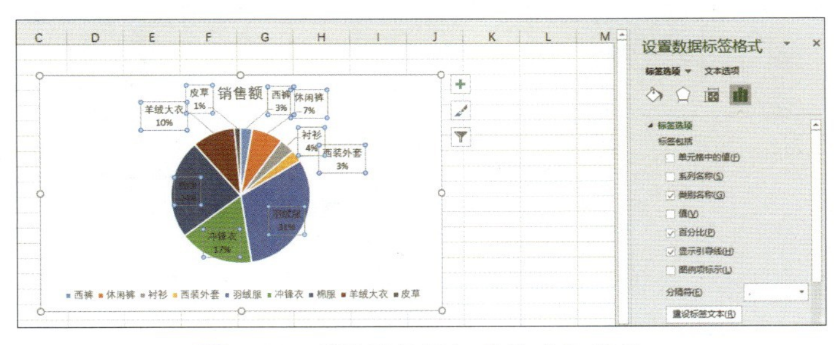

图 3-29　“设置数据标签格式”窗格

06 设置完成后，单击“关闭”按钮，即可看到调整后的饼图效果，如图 3-30 所示。

产品类目	销售额
西裤	79804
休闲裤	204847
衬衫	102924
西装外套	80234
羽绒服	883563
冲锋衣	492452
棉服	674053
羊绒大衣	282314
皮草	40234

图 3-30 调整后的饼图效果

实战：使用柱形图展示男装市场几个子类目的市场容量构成

在 Excel 图表中，柱形图主要用来表示某一时间段内数据的变化情况或比较各项数据之间的差异。下面以图 3-24 所示的淘宝男装几个子类目的销售额数据为例，使用柱形图展示男装市场几个子类目的市场容量构成，具体操作步骤如下。

01 选中表格中需要插入图表的数据，在菜单栏的“插入”选项卡下，单击“图表”组中的“柱形图”按钮，插入一个柱形图，如图 3-31 所示。

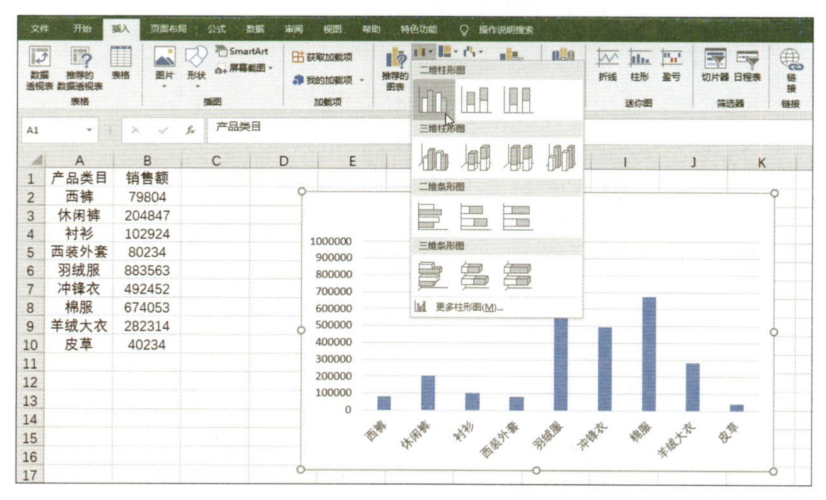

图 3-31 插入柱形图

02 在柱形图上添加具体的数据标签，选中柱形图区域并右击，在弹出的快捷菜单中选择“添加数据标签”选项，如图 3-32 所示，即可把每类产品的销售额显示出来。

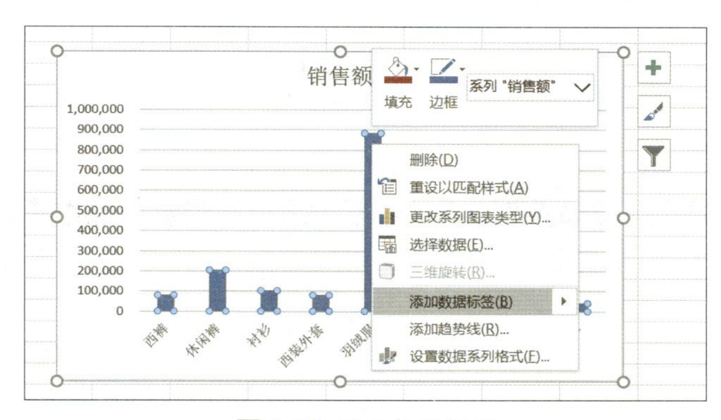

图 3-32　添加数据标签

03 设置完成后的柱形图效果，如图 3-33 所示。

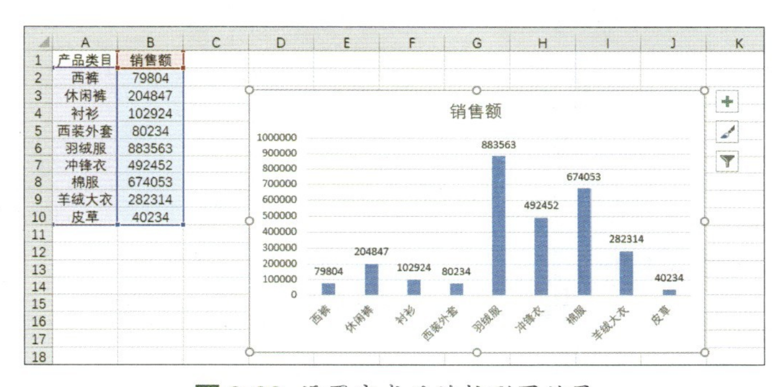

	A	B
1	产品类目	销售额
2	西裤	79804
3	休闲裤	204847
4	衬衫	102924
5	西装外套	80234
6	羽绒服	883563
7	冲锋衣	492452
8	棉服	674053
9	羊绒大衣	282314
10	皮草	40234

图 3-33　设置完成后的柱形图效果

实战：使用折线图展示女装打底裤类目的市场容量变化趋势

在 Excel 图表中，折线图适用于显示在相等时间间隔下数据的变化趋势，可以通过时间维度来分析各项数据的历史变化和未来趋势。图 3-34 为女装打底裤类目近两年的销量数据。

	A	B	C
1	月份	销量	
2	2018年1月	132310	
3	2018年2月	96990	
4	2018年3月	5581	
5	2018年4月	1342	
6	2018年5月	943	
7	2018年6月	456	
8	2018年7月	162	
9	2018年8月	266	
10	2018年9月	98881	
11	2018年10月	346849	
12	2018年11月	455429	
13	2018年12月	323547	
14	2019年1月	103556	
15	2019年2月	35252	
16	2019年3月	653	
17	2019年4月	696	
18	2019年5月	143	
19	2019年6月	34	
20	2019年7月	12	
21	2019年8月	185	
22	2019年9月	1064	
23			

图 3-34　女装打底裤类目近两年的销量数据

下面将以女装打底裤类目近两年的销量数据作为数据源，使用折线图表示女装打底裤类目近两年的销量变化趋势。具体操作步骤：选中表格中需要插入图表的数据，在菜单栏的“插入”选项卡下，单击“图表”组中的“折线图”按钮，插入一个折线图，如图 3-35 所示。

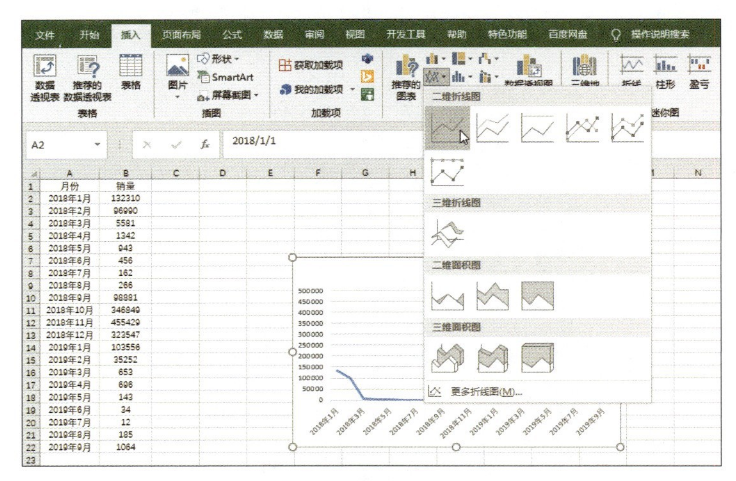

图 3-35 插入折线图

插入折线图后的效果如图 3-36 所示，从折线图中可以明显看出，打底裤的销售高峰期主要集中 10 月、11 月和 12 月，上升期在 8 月和 9 月，从 11 月开始销量逐渐呈现下降趋势。

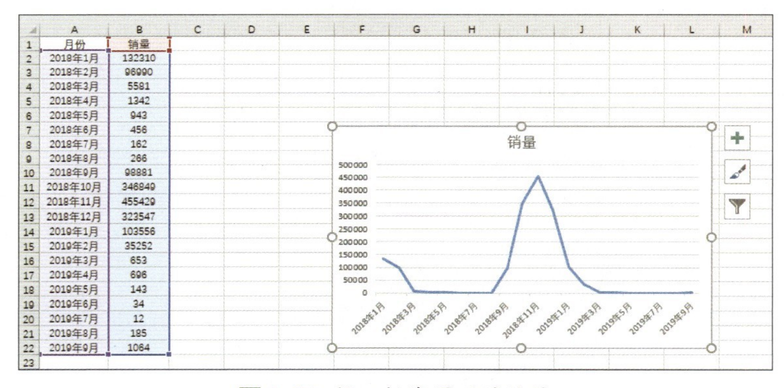

图 3-36 插入折线图后的效果

实战：使用散点图展示产品点击量和成交量的情况

在 Excel 图表中，散点图和折线图类似，用于显示一个或多个数据系列在某种条件下的变化趋势。与折线图相比，散点图除了显示数据的变化趋势外，更多的是用于分析数据之间的相关性和分布特性。例如，使用散点图展示产品点击量和成交量的情况，判断哪些产品该下架，哪些产品该补货。首先将某店铺产品的点击量和成交量数据整理到 Excel 表格中，如

图 3-37 所示。

	A	B	C	D
1	产品	点击量	成交量	
2	A产品	2890	89	
3	B产品	2991	120	
4	C产品	1680	67	
5	D产品	1798	76	
6	E产品	1777	53	
7	F产品	1568	77	
8				

图 3-37 某店铺产品的点击量和成交量数据

下面将以某店铺产品的点击量和成交量数据为例，使用散点图展示产品点击量和成交量的情况，具体操作步骤如下。

01 选中点击量和成交量所在的数据区域，在菜单栏的“插入”选项卡下，单击“图表”组中的“散点图”按钮，插入一个散点图，如图 3-38 所示。

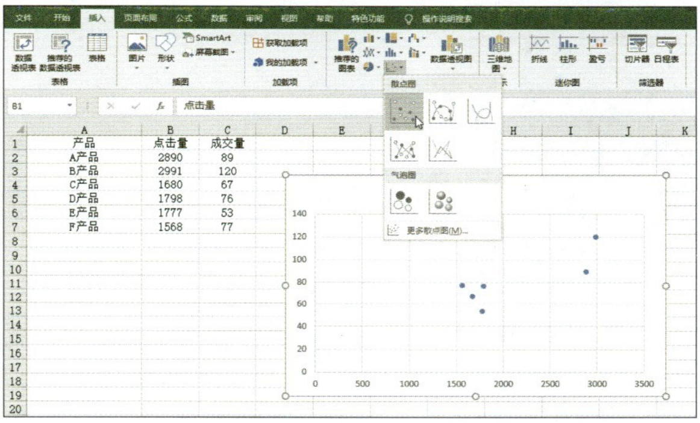

图 3-38 插入散点图

02 选中图表中任意一个散点并右击，在弹出的快捷菜单中选择“添加数据标签”选项，如图 3-39 所示，即可为每一个散点添加数据标签。

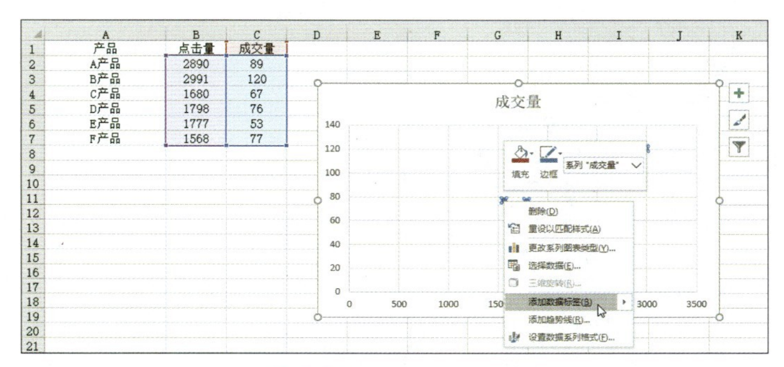

图 3-39 添加数据标签

03 再次选中图表中任意一个散点并右击，在弹出的快捷菜单中选择“设置数据标签格式”选项，如图 3-40 所示。

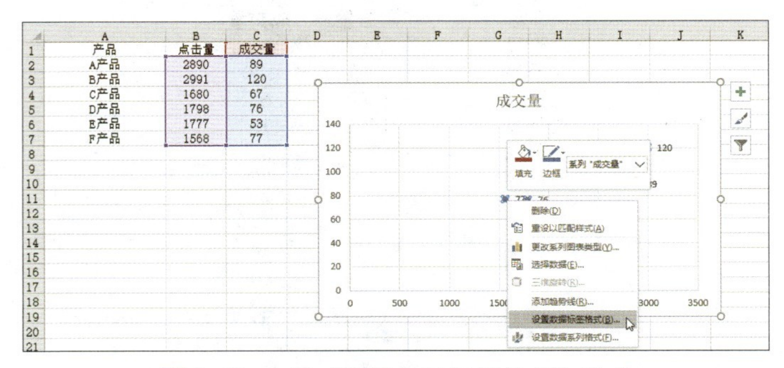

图 3-40 选择“设置数据标签格式”选项

04 弹出“设置数据标签格式”窗格，在“标签选项”中选中“单元格中的值”选项，这时会弹出“数据标签区域”对话框，选择对应的数据标签区域（这里为 A2:A7 单元格区域），单击“确定”按钮，如图 3-41 所示。

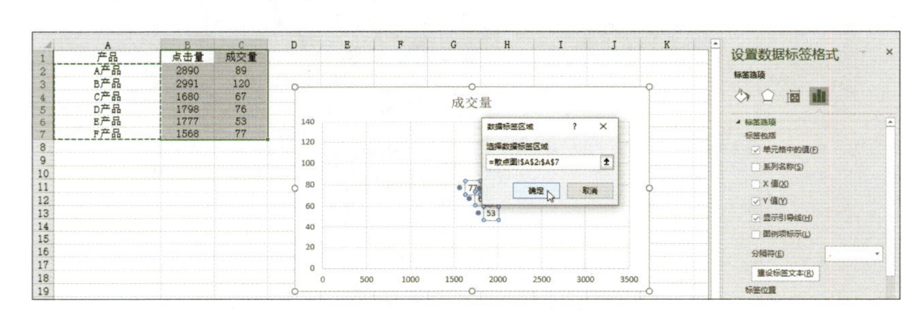

图 3-41 设置数据标签格式

05 为了图表的美观，还可以在“设置数据标签格式”窗格的“标签选项”中取消选中“Y 值”选项，然后将图表标题修改为“产品点击量和成交量的情况分析”，最终的散点图效果如图 3-42 所示。

产品	点击量	成交量
A产品	2890	89
B产品	2991	120
C产品	1680	67
D产品	1798	76
E产品	1777	53
F产品	1568	77

产品点击量和成交量的情况分析

图 3-42 最终的散点图效果

实战：使用条形图展示男装市场几个子类目的销售额

在 Excel 图表中，条形图主要用于比较不同数据之间的差异情况。条形图在外观上与柱形图非常相似，只是一个是横向展示，一个是纵向展示。

以图 3-24 所示的淘宝男装几个子类目的销售额数据作为数据源，使用条形图展示男装市场几个子类目的销售额。具体操作步骤：选中表格中需要插入图表的数据，在菜单栏的“插入”选项卡下，单击“图表”组中的“条形图”按钮，插入一个条形图，如图 3-43 所示。

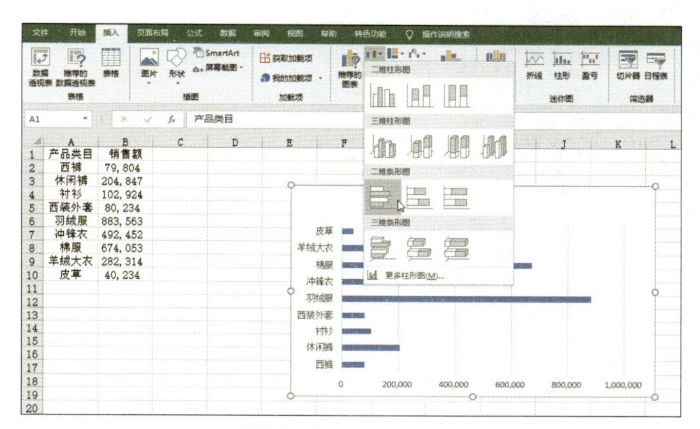

图 3-43 插入条形图

插入条形图后的整体效果如图 3-44 所示。

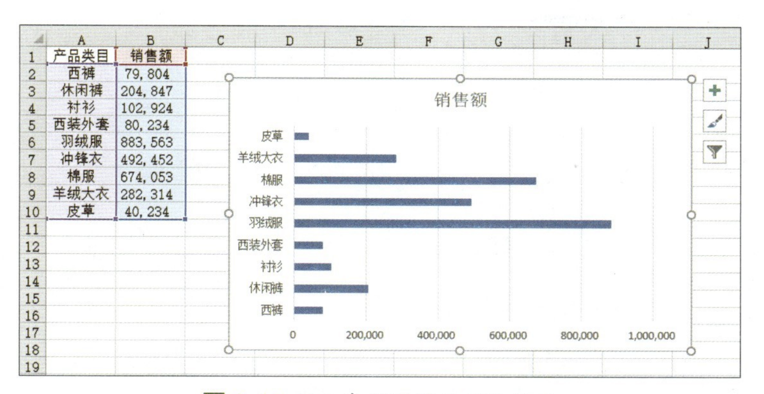

图 3-44 插入条形图后的整体效果

3.2.3 Excel特殊图表样式的应用

在 Excel 图表中，除了以上 5 种常见的基本图表类型外，还有一些特殊的图表样式，如双坐标图、漏斗图、波士顿矩阵图、帕累托图等。下面介绍这些特殊图表样式的应用。

实战：使用双坐标图展示关键词的访客数和转化率的趋势

在进行电商数据分析时，数据的关联性分析非常重要。以某产品的关键词数据为例，如图 3-45 所示，在分析产品关键词时，如果要分析每个关键词的访客数和转化率的趋势及它们之间的关联性，就需要使用双坐标图来展示数据。

	A	B	C	D	E	F	G	H	I	J
1	统计日期	关键词	访客数	浏览量	跳失率	下单买家数	下单转化率	支付金额	支付件数	
2	2019/1/3	工兵铲	159	524	53.09%	2	1.26%	936	2	
3	2019/1/3	军刀	157	307	68.75%	1	0.64%	243.1	1	
4	2019/1/3	户外生存刀	118	219	76.27%	0	0.00%	0	-	
5	2019/1/3	军工铲	64	228	48.44%	4	6.25%	926	2	
6	2019/1/3	刀	63	132	69.84%	0	0.00%	0	-	
7	2019/1/3	特种兵刀	60	98	85.48%	0	0.00%	0	-	
8	2019/1/3	户外刀	58	109	75.00%	0	0.00%	0	-	
9	2019/1/3	野外生存刀	52	61	84.62%	0	0.00%	0	-	
10	2019/1/3	兵工铲	51	196	58.82%	1	1.96%	708	1	
11	2019/1/3	刀具 防身	38	63	84.21%	0	0.00%	0	-	
12	2019/1/3	工兵铲 多功能	34	64	70.59%	0	0.00%	0	-	
13	2019/1/3	生存刀	32	64	64.71%	0	0.00%	0	-	
14	2019/1/3	蝴蝶刀	31	56	64.52%	0	0.00%	0	-	
15	2019/1/3	丛林生存刀	30	76	73.33%	0	0.00%	0	-	
16	2019/1/3	直刀	28	44	82.14%	0	0.00%	0	-	
17										

图 3-45 某产品的关键词数据

使用双坐标图展示关键词的访客数和转化率的趋势，具体的操作步骤如下。

01 选中表格中的所有数据，插入一个数据透视表，在“数据透视表字段”窗格中，将“关键词”拖入“行”中，将“访客数”和“下单转化率”拖入“值”中，并将其汇总方式设置为求和，如图 3-46 所示。

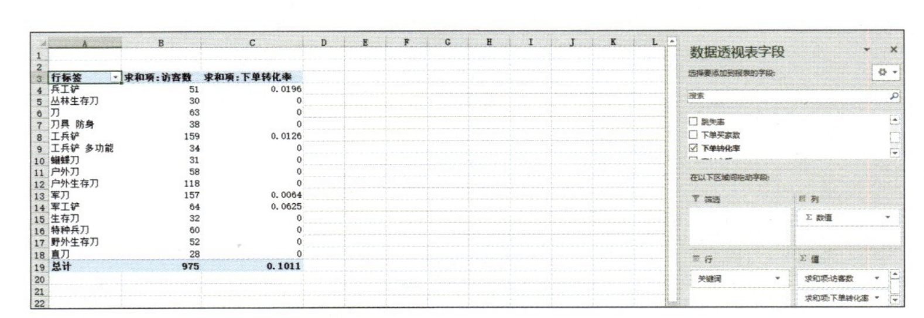

行标签	求和项:访客数	求和项:下单转化率
兵工铲	51	0.0196
丛林生存刀	30	0
刀	63	0
刀具 防身	38	0
工兵铲	159	0.0126
工兵铲 多功能	34	0
蝴蝶刀	31	0
户外刀	58	0
户外生存刀	118	0
军刀	157	0.0064
军工铲	64	0.0625
生存刀	32	0
特种兵刀	60	0
野外生存刀	52	0
直刀	28	0
总计	975	0.1011

图 3-46 插入数据透视表

02 在数据透视表中插入一个折线图，如图 3-47 所示。

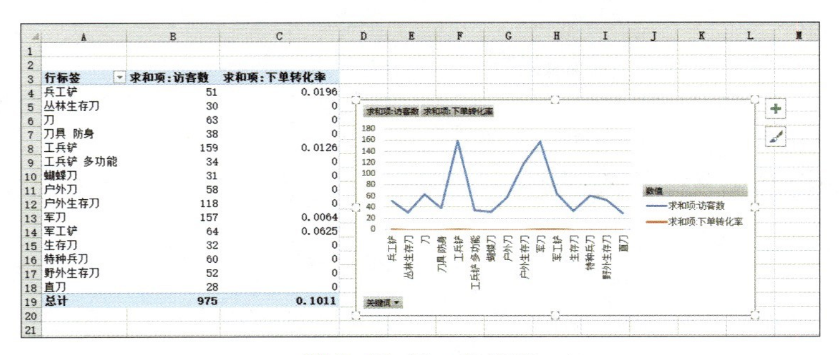

行标签	求和项:访客数	求和项:下单转化率
兵工铲	51	0.0196
丛林生存刀	30	0
刀	63	0
刀具 防身	38	0
工兵铲	159	0.0126
工兵铲 多功能	34	0
蝴蝶刀	31	0
户外刀	58	0
户外生存刀	118	0
军刀	157	0.0064
军工铲	64	0.0625
生存刀	32	0
特种兵刀	60	0
野外生存刀	52	0
直刀	28	0
总计	975	0.1011

图 3-47 插入折线图

通过图 3-47 中的折线图可以看到转化率数据无法展示出来，因为访客数的数值最高能达到一百多，但是转化率的数值最高才零点几，二者差距太大，放在同一个图表中根本无法查看和对比，如果要制作两个图表又太麻烦，这时就可以使用双坐标图来解决这一问题。

03 选中一条折线并右击，在弹出的快捷菜单中选择“更改系列图表类型”选项，如图 3-48 所示。

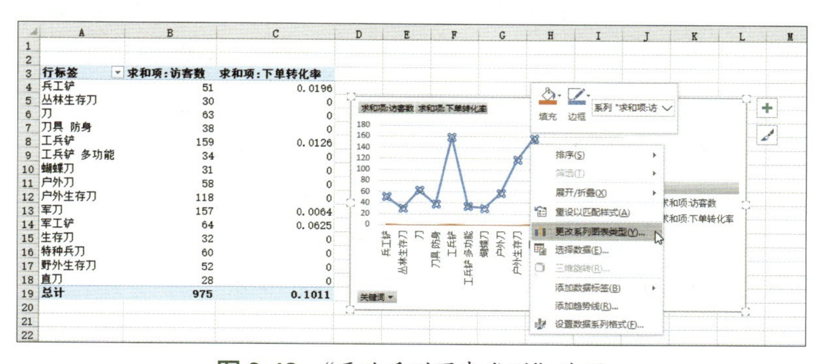

行标签	求和项:访客数	求和项:下单转化率
兵工铲	51	0.0196
丛林生存刀	30	0
刀	63	0
刀具 防身	38	0
工兵铲	159	0.0126
工兵铲 多功能	34	0
蝴蝶刀	31	0
户外刀	58	0
户外生存刀	118	0
军刀	157	0.0064
军工铲	64	0.0625
生存刀	32	0
特种兵刀	60	0
野外生存刀	52	0
直刀	28	0
总计	975	0.1011

图 3-48 “更改系列图表类型”选项

04 在弹出的“更改图表类型”对话框中，选择“组合图”选项，在下单转化率后面选中“次坐标轴”选项，如图 3-49 所示。

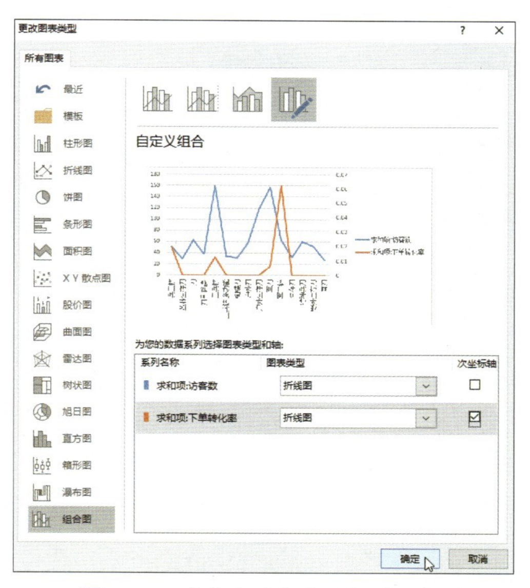

图 3-49 “更改图表类型”对话框

05 单击“确定”按钮，即可清楚地看到图表中有两条折线、两个坐标轴，如图 3-50 所示。其中，蓝色的折线和左边的坐标轴代表访客数的数据，橙色折线和右边的坐标轴代表下单转化率的数据。

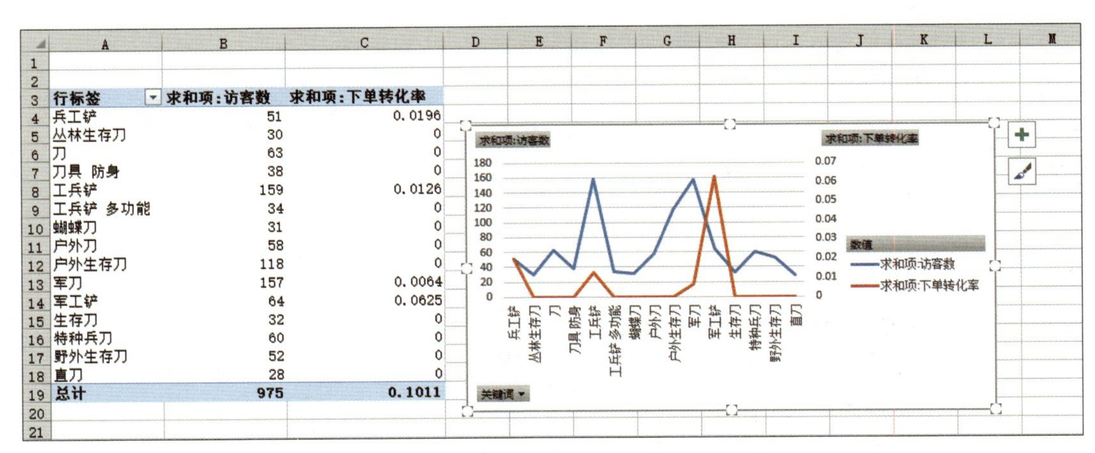

行标签	求和项：访客数	求和项：下单转化率
兵工铲	51	0.0196
丛林生存刀	30	0
刀	63	0
刀具 防身	38	0
工兵铲	159	0.0126
工兵铲 多功能	34	0
蝴蝶刀	31	0
户外刀	58	0
户外生存刀	118	0
军刀	157	0.0064
军工铲	64	0.0625
生存刀	32	0
特种兵刀	60	0
野外生存刀	52	0
直刀	28	0
总计	975	0.1011

图 3-50 双坐标图的最终效果

实战：使用漏斗图展示店铺买家的转化率和流失率的情况

在进行电商数据分析时，数据分析人员可以通过漏斗图来直观、清晰地展现出店铺买家的转化率和流失率的情况，如图 3-51 所示。

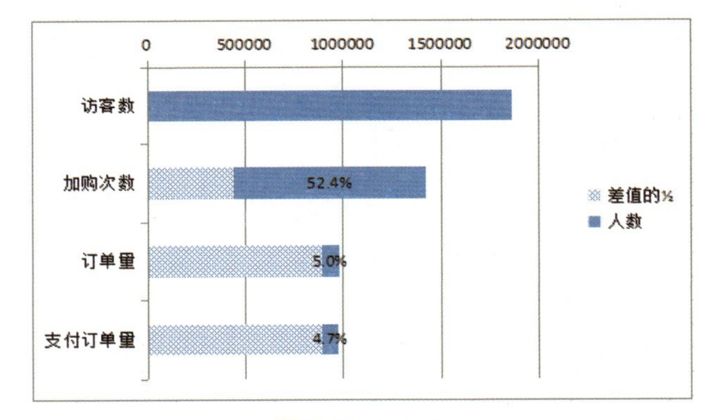

图 3-51 漏斗图

图表中竖轴分别是访客数、加购次数、订单量和支付订单量；横轴表示具体的人数，每个节点的人数为 50 万个。图表中数据标签代表的是转化率，在访客数的基础上转化为加购次数的转化率为 52.4%，转化为订单量的转化率为 5.0%，转化为支付订单量的转化率为 4.7%。

通过图表中一系列数据的展示，可以清楚地知道在买家购买过程中每个环节的转化率，即顾客的流失率。图表中，深蓝色的部分为每个环节的有效转化量，浅蓝色部分及与其相对称的右边空白部分为店铺的流失量，用百分比来替代就是转化率和流失率。下面就来重点学习一下如何制作漏斗图。

01 将制作图表所需的原始数据整理到 Excel 表格中，其中包括访客数、加购次数、订单量和支付订单量等关键数据，如图 3-52 所示。

	A	B	C	D	E	F
1	时间	访客数	加购次数	订单量	支付订单量	
2	2019/1/31	112, 310	87, 231	8, 723	8, 023	
3	2019/2/28	106, 990	89, 080	8, 908	8, 158	
4	2019/3/31	171, 581	83, 097	8, 307	7, 807	
5	2019/4/30	163, 342	72, 923	7, 223	6, 523	
6	2019/5/31	170, 943	89, 414	9, 414	8, 614	
7	2019/6/30	191, 926	79, 141	7, 141	6, 241	
8	2019/7/31	161, 162	76, 314	6, 314	5, 914	
9	2019/8/31	159, 944	78, 414	8, 414	8, 014	
10	2019/9/30	138, 881	81, 414	8, 114	7, 914	
11	2019/10/31	156, 849	85, 115	5, 115	4, 815	
12	2019/11/30	205, 429	91, 455	9, 455	9, 055	
13	2019/12/31	126, 366	64, 554	6, 554	6, 154	
14						

图 3-52　制作漏斗图所需的数据源

02 对数据进行初步整理和加工，使数据简单明了，便于分析。插入一个数据透视表，将“访客数”“加购次数”“订单量”和“支付订单量”依次拖入“值”区域中，并将其汇总方式设置为求和；然后把默认在“列”区域中的“值”选项拖入“行”区域中，如图 3-53 所示。

图 3-53　插入数据透视表

03 把数据透视表中所得的数据复制粘贴到新的工作表中，计算出制作漏斗图需要使用到的差值和转化率，如图 3-54 所示。

	A	B	C	D	E
1		人数	差值的½	转化率	
2	访客数	1865723			
3	加购次数	978152	443785. 5	52. 4%	
4	订单量	93682	886020. 5	5. 0%	
5	支付订单量	87232	889245. 5	4. 7%	
6					

图 3-54　整理数据透视表中的数据并计算差值和转化率

访客数、加购次数、订单量和支付订单量这 4 个数据项之间的关系通常为访客数＞加购次数＞订单量＞支付订单量。要使制作的漏斗图能够表示出转化率和流失率的情况及相应的差异，就需要计算加购次数、订单量、支付订单量与访客数的差值。由于漏斗图是基于条形图创建的，计算出的差值均等地分布在漏斗图的两端，条形图只能展示差值的 1/2，所以这里需要计算的是访客数与加购次数（订单量、支付订单量）之间差值的 1/2。例如，加购次数差值的 1/2=（访客数的人数 – 加购次数的人数）÷ 2=（1865723–978152）÷ 2=443785.5，其他几项数据以此类推。

转化率的计算很简单，每个环节的转化率为所在环节的人数除以访客数。例如，加购次数的转化率 = 加购次数的人数 ÷ 访客数 × 100%=978152 ÷ 1865723 × 100%=52.4%，其他几项数据以此类推。访客数是第一组数据，所以它的转化率可以不用计算。

04 选中 A1:C5 单元格区域，插入一个堆积条形图，如图 3-55 所示。该图表中，蓝色部分为人数，橙色部分为差值。

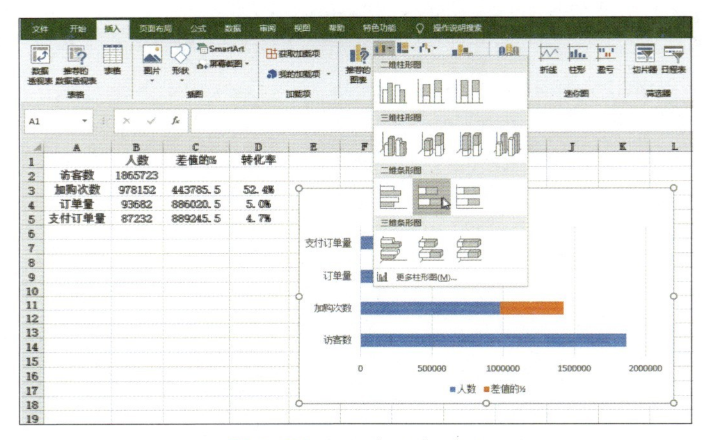

图 3-55 插入堆积条形图

05 选中图表中的垂直坐标轴区域并右击，在弹出的快捷菜单中选择“设置坐标轴格式”选项，如图 3-56 所示。

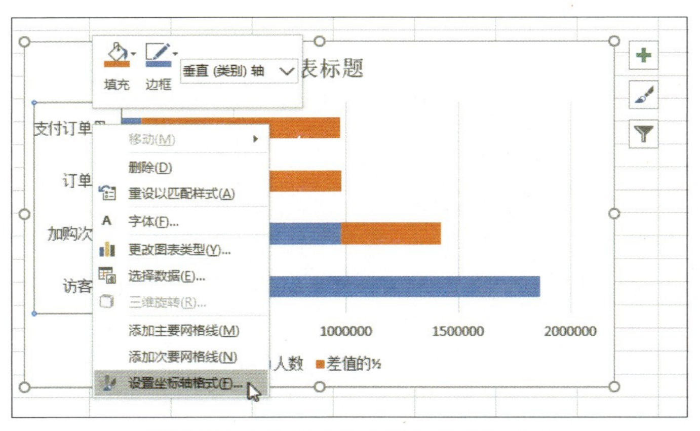

图 3-56 选择“设置坐标轴格式”选项

06 在弹出的“设置坐标轴格式”窗格中，选中“逆序类别”复选框，图表的绘图区域即可完成一个倒转，即垂直坐标轴中“访客数”在最上面，“支付订单量”在最下面，如图 3-57 所示。

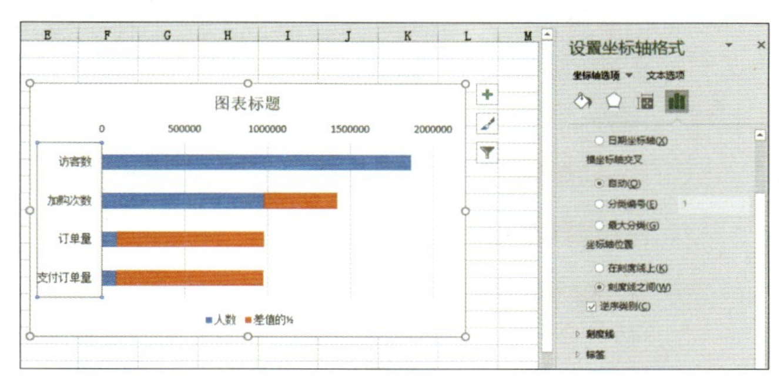

图 3-57　倒转垂直坐标轴

07 选中图表中的条形图区域并右击，在弹出的快捷菜单中选择“选择数据”选项，如图 3-58 所示。

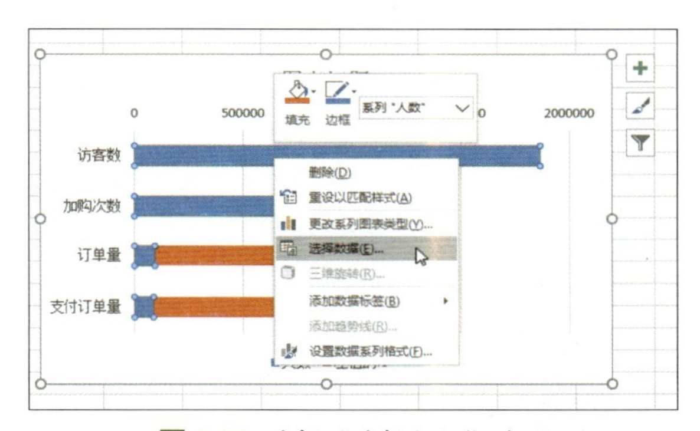

图 3-58　选择“选择数据”选项

08 在弹出的“选择数据源”对话框中，单击“图例项（系列）”区域下的“下移”按钮，把“人数”往下移，然后单击“确定”按钮，如图 3-59 所示。

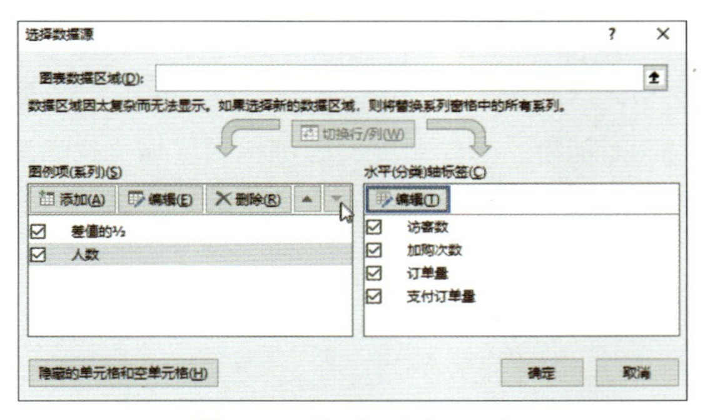

图 3-59　将“人数”下移

09 为了更为直观地查看转化率这一数据，可以在图表中添加转化率的数据标签。选中图表中的条形图区域并右击，在弹出的快捷菜单中选择“添加数据标签”选项，如图 3-60 所示。

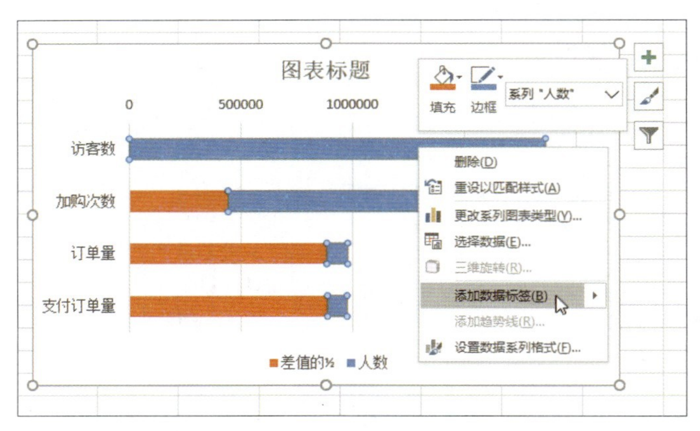

图 3-60 选择“添加数据标签”选项

10 这时，图表中显示的数据标签为人数，需要把人数标签更换为转化率标签，再次选中图表中的条形图区域并右击，在弹出的快捷菜单中选择“设置数据标签格式”选项，如图 3-61 所示。

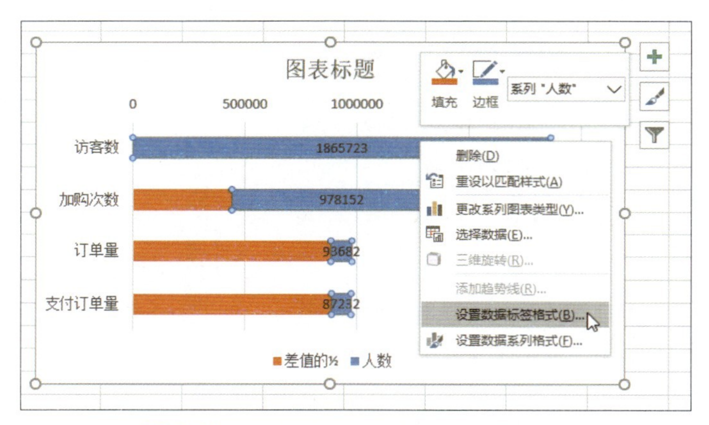

图 3-61 选择“设置数据标签格式”选项

11 弹出“设置数据标签格式”窗格，在“标签选项”中选中“单元格中的值”复选框，这时会弹出“数据标签区域”对话框，选择对应的数据标签区域（这里为 D2:D5 单元格区域），单击“确定”按钮，如图 3-62 所示。

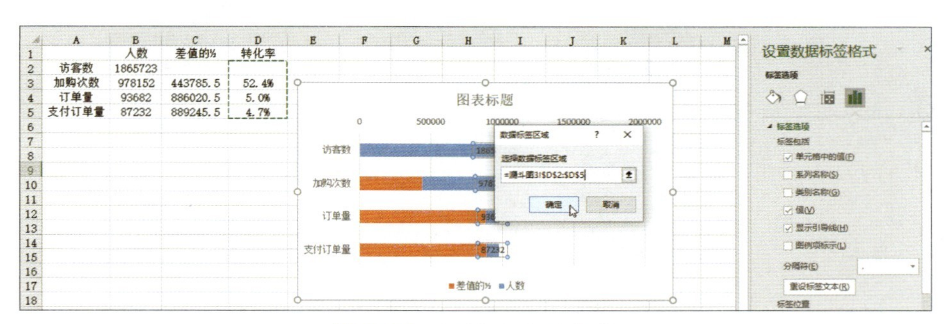

图 3-62 设置数据标签格式

12 在“设置数据标签格式”窗格的“标签选项”中取消选中“值”选项，一个带有转化率数据标签的漏斗图就制作完成了，如图 3-63 所示。

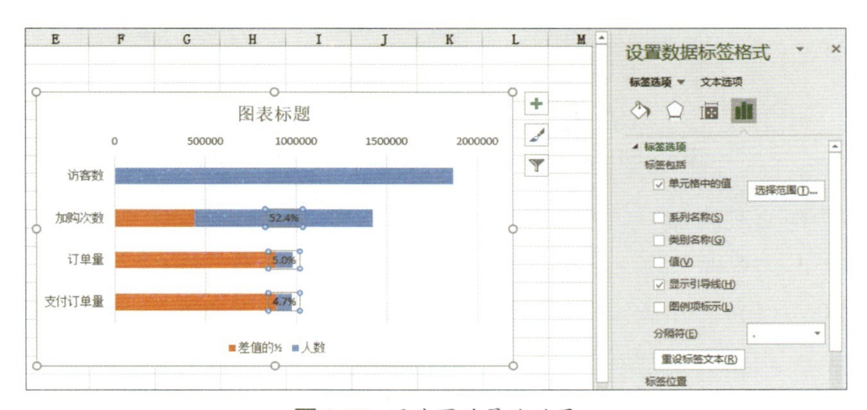

图 3-63 漏斗图的最终效果

实战：使用波士顿矩阵图展示 9 月份服装子类目的市场占有率和环比增长率情况

在电商运营的过程中，不同的时间、季节变化，甚至时事热点都有可能对产品的销售构成影响，商家需要根据市场需求的变化适时调整产品结构，以达到营利的目的。波士顿矩阵是一种规划企业产品组合的方法，能够有效地对产品的市场需求和产品结构进行分析。数据分析人员可以利用波士顿矩阵图来分析市场占有率和环比增长率情况，从而掌握不同产品的市场需求变化。

下面以服装子类目 8 月和 9 月的市场占有率数据为例，如图 3-64 所示，使用波士顿矩阵图展示服装子类目的市场占有率和环比增长率情况。

	A	B	C	D
1	服装子类目8月和9月的市场占有率			
2	行业名称	8月	9月	
3	西装	0.53%	1.84%	
4	夹克衫	7.12%	8.88%	
5	皮草	0.41%	0.19%	
6	毛呢大衣	2.15%	4.15%	
7	衬衫	12.29%	15.29%	
8	皮衣	0.55%	0.72%	
9	冲锋衣	1.39%	2.89%	
10	羽绒服	0.81%	2.81%	
11	棉服	0.76%	2.76%	
12	毛衣	2.46%	9.46%	
13	针织衫	4.70%	12.01%	
14	马甲	0.11%	0.21%	
15	牛仔裤	9.84%	4.58%	
16	T恤	18.20%	7.82%	
17	风衣	2.73%	4.30%	
18	皮裤	0.38%	0.11%	
19	短裤	12.01%	3.56%	
20	牛仔外套	1.36%	10.30%	
21	汉服	1.33%	1.56%	
22	唐装	0.67%	1.67%	
23	背心	9.68%	3.68%	
24	运动裤	11.29%	6.29%	
25				

图 3-64 服装子类目 8 月和 9 月的市场占有率数据

01 在表格中的 D 列增加一列环比增长率并计算 9 月的环比增长率，9 月的环比增长率 =（9 月的市场占有率 -8 月的市场占有率）÷ 8 月的市场占有率。选中 D3 单元格，输入公式“=(C3-B3)/B3”，按“Enter”键得出计算结果，并快速填充 D4:D24 单元格区域的公式，如图 3-65 所示。

D3 =(C3-B3)/B3

	A	B	C	D	E
1	服装子类目8月和9月的市场占有率				
2	行业名称	8月	9月	环比增长率	
3	西装	0.53%	1.84%	247.17%	
4	夹克衫	7.12%	8.88%	24.72%	
5	皮草	0.41%	0.19%	-53.66%	
6	毛呢大衣	2.15%	4.15%	93.02%	
7	衬衫	12.29%	15.29%	24.41%	
8	皮衣	0.55%	0.72%	30.91%	
9	冲锋衣	1.39%	2.89%	107.91%	
10	羽绒服	0.81%	2.81%	246.91%	
11	棉服	0.76%	2.76%	263.16%	
12	毛衣	2.46%	9.46%	284.55%	
13	针织衫	4.70%	12.01%	155.53%	
14	马甲	0.11%	0.21%	90.91%	
15	牛仔裤	9.84%	4.58%	-53.46%	
16	T恤	18.20%	7.82%	-57.03%	
17	风衣	2.73%	4.30%	57.51%	
18	皮裤	0.38%	0.11%	-71.05%	
19	短裤	12.01%	3.56%	-70.36%	
20	牛仔外套	1.36%	10.30%	657.35%	
21	汉服	1.33%	1.56%	17.29%	
22	唐装	0.67%	1.67%	149.25%	
23	背心	9.68%	3.68%	-61.98%	
24	运动裤	11.29%	6.29%	-44.29%	
25					

图 3-65 计算 9 月的环比增长率

02 选中 9 月的市场占有率和环比增长率的数据区域，插入一个散点图，如图 3-66 所示。

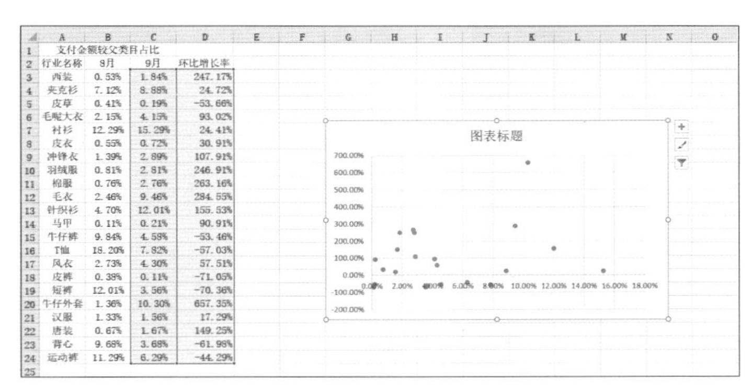

	A	B	C	D
1	支付金额较父类目占比			
2	行业名称	8月	9月	环比增长率
3	西装	0.53%	1.84%	247.17%
4	夹克衫	7.12%	8.88%	24.72%
5	皮草	0.41%	0.19%	-53.66%
6	毛呢大衣	2.15%	4.15%	93.02%
7	衬衫	12.29%	15.29%	24.41%
8	皮衣	0.55%	0.72%	30.91%
9	冲锋衣	1.39%	2.89%	107.91%
10	羽绒服	0.81%	2.81%	246.91%
11	棉服	0.76%	2.76%	263.16%
12	毛衣	2.46%	9.46%	284.55%
13	针织衫	4.70%	12.01%	155.53%
14	马甲	0.11%	0.21%	90.91%
15	牛仔裤	9.84%	4.58%	-53.46%
16	T恤	18.20%	7.82%	-57.03%
17	风衣	2.73%	4.30%	57.51%
18	皮裤	0.38%	0.11%	-71.05%
19	短裤	12.01%	3.56%	-70.36%
20	牛仔外套	1.36%	10.30%	657.35%
21	汉服	1.33%	1.56%	17.29%
22	唐装	0.67%	1.67%	149.25%
23	背心	9.68%	3.68%	-61.98%
24	运动裤	11.29%	6.29%	-44.29%

图 3-66 插入散点图

【提示】

【提示】在选择数据区域时，只选择数值的部分，标题部分不需要选中，本例中选择 C3:D24 单元格区域即可。

为了更清晰、直观地展现这两组数据，可以调整散点图的坐标轴，使其以 4 个象限的形式进行展现。将 9 月的市场占有率和环比增长率各设一个平均值，高于 9 月占比平均值的在第一、四象限，反之则在第二、三象限；高于环比增长率平均值的在第一、二象限，反之则在第三、四象限。

03 在 C25 单元格输入公式“=AVERAGE(C3:C24)”，在 D25 单元格输入公式“=AVERAGE(D3:D24)”，分别计算出 9 月市场占有率和环比增长率的平均值，如图 3-67 所示。

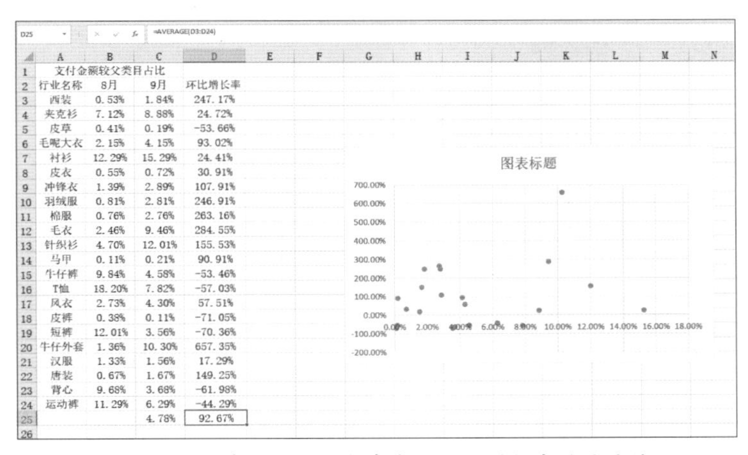

	A	B	C	D
1	支付金额较父类目占比			
2	行业名称	8月	9月	环比增长率
3	西装	0.53%	1.84%	247.17%
4	夹克衫	7.12%	8.88%	24.72%
5	皮草	0.41%	0.19%	-53.66%
6	毛呢大衣	2.15%	4.15%	93.02%
7	衬衫	12.29%	15.29%	24.41%
8	皮衣	0.55%	0.72%	30.91%
9	冲锋衣	1.39%	2.89%	107.91%
10	羽绒服	0.81%	2.81%	246.91%
11	棉服	0.76%	2.76%	263.16%
12	毛衣	2.46%	9.46%	284.55%
13	针织衫	4.70%	12.01%	155.53%
14	马甲	0.11%	0.21%	90.91%
15	牛仔裤	9.84%	4.58%	-53.46%
16	T恤	18.20%	7.82%	-57.03%
17	风衣	2.73%	4.30%	57.51%
18	皮裤	0.38%	0.11%	-71.05%
19	短裤	12.01%	3.56%	-70.36%
20	牛仔外套	1.36%	10.30%	657.35%
21	汉服	1.33%	1.56%	17.29%
22	唐装	0.67%	1.67%	149.25%
23	背心	9.68%	3.68%	-61.98%
24	运动裤	11.29%	6.29%	-44.29%
25			4.78%	92.67%

图 3-67 计算 9 月市场占有率和环比增长率的平均值

04 选中图表中的横坐标轴区域并右击，在弹出的快捷菜单中选择“设置坐标轴格式”选项，如图 3-68 所示。

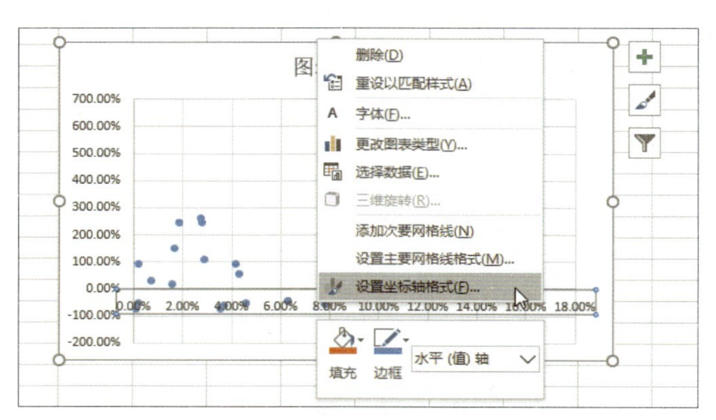

图 3-68 选择“设置坐标轴格式”选项

05 弹出“设置坐标轴格式”窗格，在“坐标轴值”文本框中输入横坐标与纵坐标的交叉值，因为市场占有率的平均值为 4.78%，所以将横坐标与纵坐标的交叉值设置为 0.05，如图 3-69 所示。

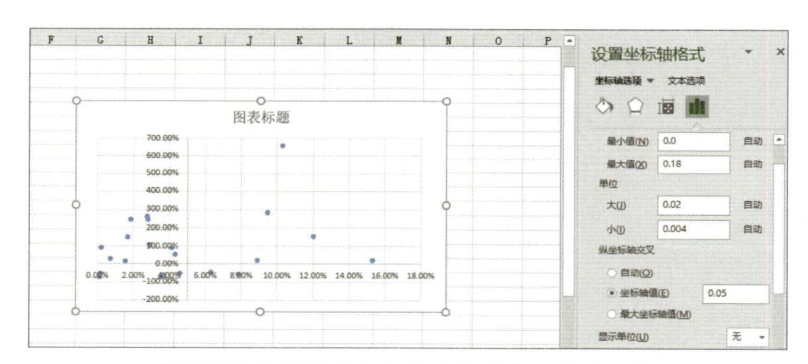

图 3-69 设置横坐标与纵坐标的交叉值（一）

06 同理，因为 9 月环比增长率的平均值为 92.67%。按同样的方法选中图表中的纵坐标轴区域并右击，在弹出的快捷菜单中选择“设置坐标轴格式”选项，然后在弹出的“设置坐标轴格式”窗格中，将纵坐标与横坐标的交叉值设置为 0.9，如图 3-70 所示。

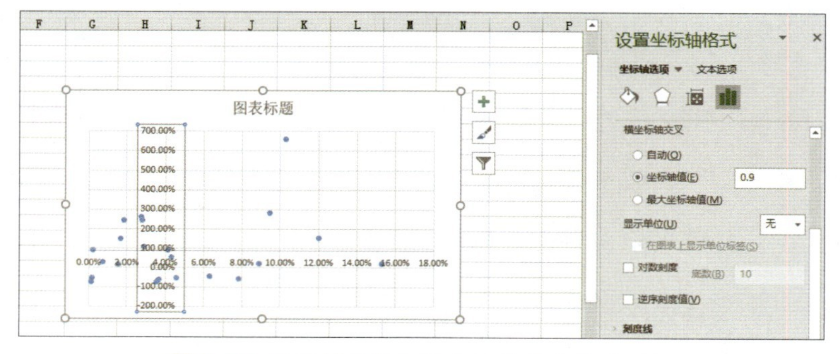

图 3-70 设置横坐标与纵坐标的交叉值（二）

07 为了更清晰地突出每个散点，还需要对散点图进行细化，删除坐标的数值。选中横坐标轴区域并右击，在弹出的快捷菜单中选择“设置坐标轴格式”选项，在弹出的“设置坐标轴格式”窗格中，将“标签位置”设置为“无”，如图 3-71 所示。

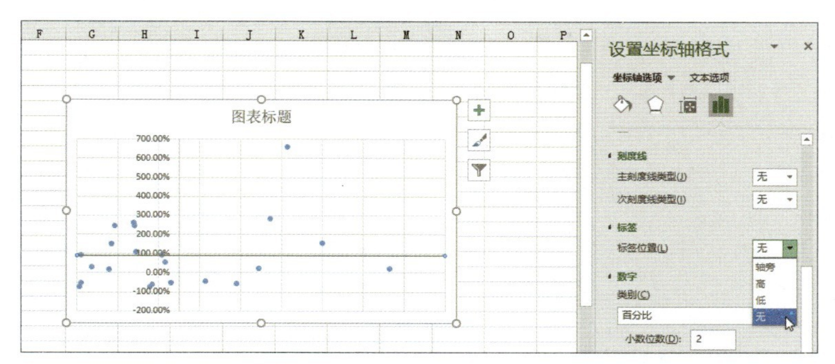

图 3-71 删除横坐标轴的数值

08 按照同样的方法，删除纵坐标轴的数值，如图 3-72 所示。

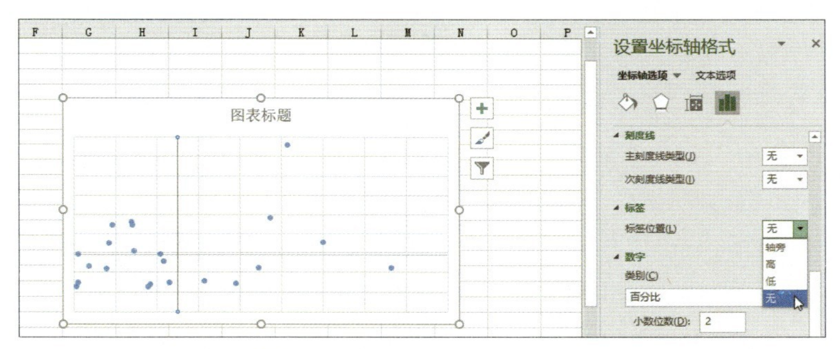

图 3-72 删除纵坐标轴的数值

09 选中网格区域中的任意一条横线并右击，在弹出的快捷菜单中选择“设置网格线格式”选项，如图 3-73 所示。

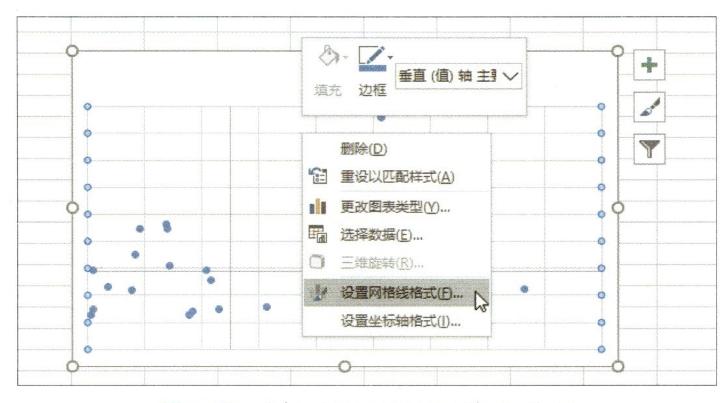

图 3-73 选择“设置网格线格式”选项

10 在弹出“设置主要网格线格式”窗格中将“线条”设置为“无线条”，如图 3-74 所示。

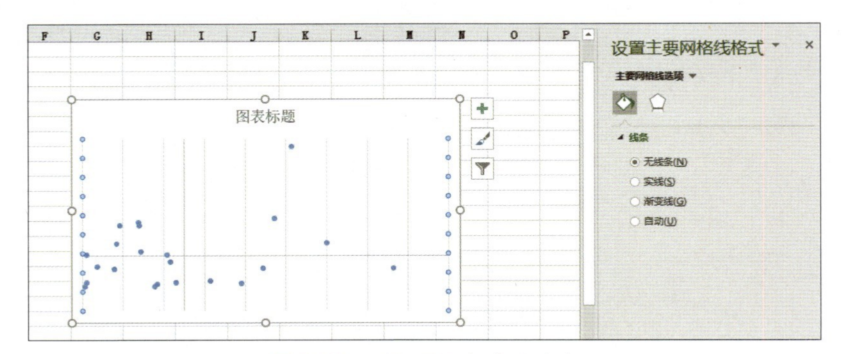

图 3-74 删除网格线中的横线

11 按照同样的方法删除网格线中的竖线，如图 3-75 所示。

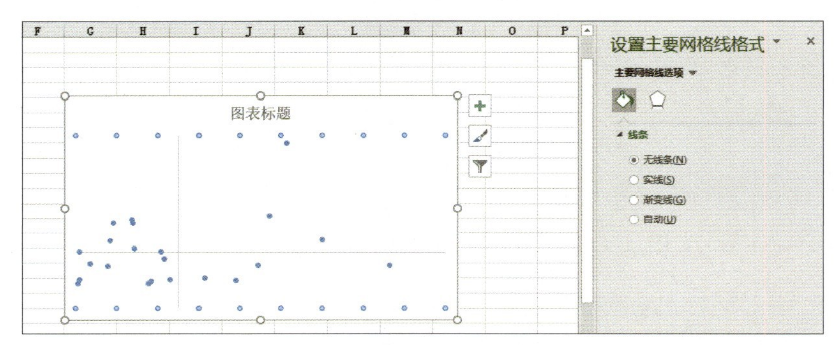

图 3-75 删除网格线中的竖线

12 选中图表中任意一个散点并右击，在弹出的快捷菜单中选择“添加数据标签”选项，即可为所有散点添加数据标签，如图 3-76 所示。

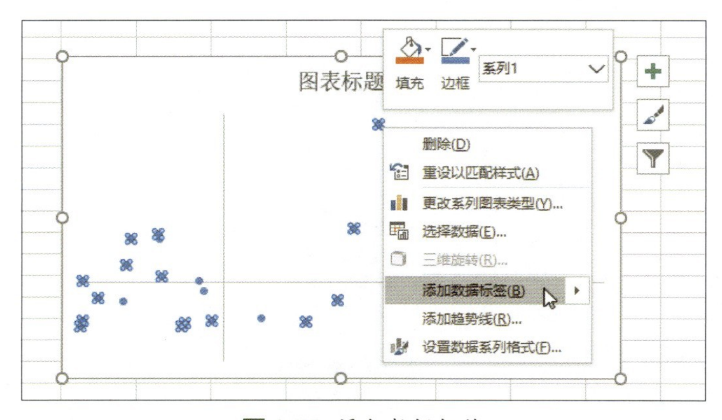

图 3-76 添加数据标签

13 再次选中图表中任意一个散点并右击，在弹出的快捷菜单中选择“设置数据标签格式”选项，如图 3-77 所示。

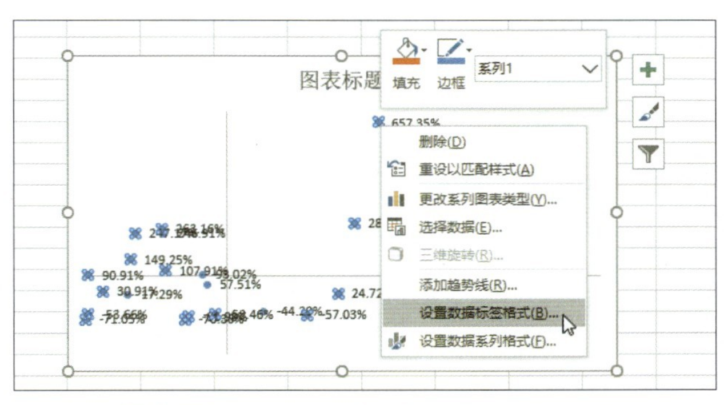

图 3-77　选择“设置数据标签格式”选项

14 弹出“设置数据标签格式”窗格，在“标签选项”中选中“单元格中的值”复选框，这时会弹出“数据标签区域”对话框，选择对应的数据标签区域（这里为 A3:A24 单元格区域），单击“确定”按钮，如图 3-78 所示。

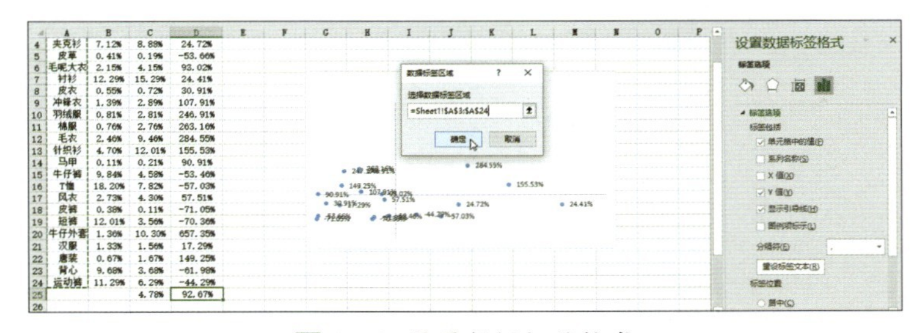

图 3-78　设置数据标签格式

15 为了图表的美观，在“设置数据标签格式”窗格的“标签选项”中取消选中“Y 值”；然后插入相应的文本，并修改图表标题，最终的图表效果如图 3-79 所示。

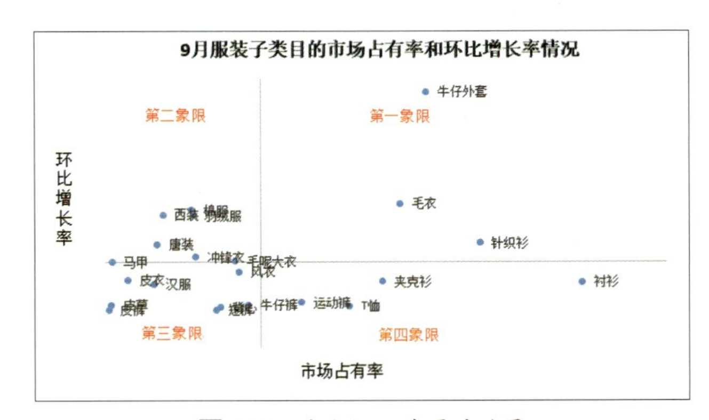

图 3-79　波士顿矩阵图的效果

在第一象限的产品是当季主打的产品，其市场占有率和增长率都很高；第二象限的产品其市场占有率较低，但增长很快，可能成为下一阶段的主打产品；第三象限的产品是在市场占有率和增长率方面都比较低的产品，属于快要淘汰的产品，这部分产品可以做好下架的准备；第四象限的产品，其市场占有率较高，但增长率较低，这部分产品的市场比较成熟，但销量的增长速度较慢，可以适当降低这类产品的投入。

实战：使用帕累托图展示主要影响店铺流量的产品情况

帕累托图是根据发生频率大小顺序绘制的直方图，在电商数据分析过程中，数据分析人员可以使用帕累托图展示主要影响店铺流量的产品情况。下面以采集到的某店铺产品访客数据为例来制作帕累托图，如图 3-80 所示。

	A	B	C
1	产品ID	访客数	
2	id249951	98574	
3	id352666	83097	
4	id233566	81414	
5	id245334	79141	
6	id233333	78414	
7	id282595	56314	
8	id294532	48994	
9	id824725	42680	
10	id339341	35743	
11	id542535	16777	
12	id349155	12215	
13			

图 3-80 某店铺产品访客数据

【提示】

帕累托图需要先将分类项目按数据多少由大到小排列，所以采集的访客数据应该按降序排列。

01 制作帕累托图需要先计算出访客数的累积占比数据，累积占比 = 累积访客数 ÷ 总访客数。在“访客数”列后面添加一列“累积占比”，选中 C2 单元格，输入公式“=SUM($B$2:B2)/SUM($B$2:$B$12)”，按“Enter”键得出计算结果，并快速填充 C3:C12 单元格区域的公式，即计算出所有访客数的累积占比，如图 3-81 所示。

C2　=SUM($B$2:B2)/SUM($B$2:$B$12)

	A	B	C	D	E	F
1	产品ID	访客数	累积占比			
2	id249951	98574	15.56%			
3	id352666	83097	28.68%			
4	id233566	81414	41.54%			
5	id245334	79141	54.03%			
6	id233333	78414	66.41%			
7	id282595	56314	75.30%			
8	id294532	48994	83.04%			
9	id824725	42680	89.78%			
10	id339341	35743	95.42%			
11	id542535	16777	98.07%			
12	id349155	12215	100.00%			
13						
14						

图 3-81　计算访客数的累积占比

02 选中表格中所有数据区域，在菜单栏的“插入”选项卡下，单击“图表”组中的“组合图”按钮，插入一个组合图，图表类型选择“簇状柱形图 - 次坐标轴上的折线图”，如图 3-82 所示。

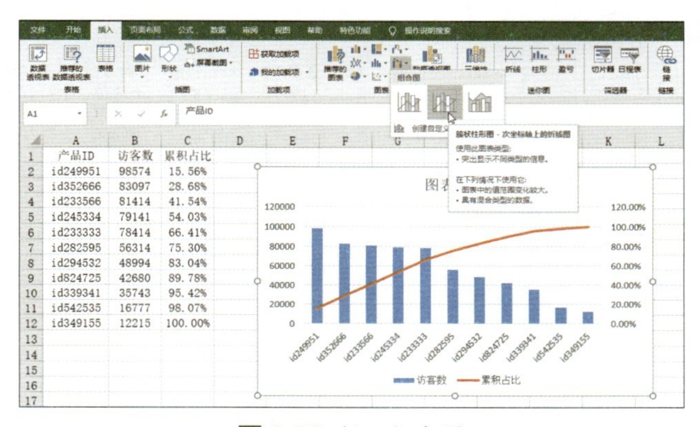

图 3-82　插入组合图

03 帕累托图的最终效果，如图 3-83 所示。数据分析人员也可以根据自己的需要调整图片效果。

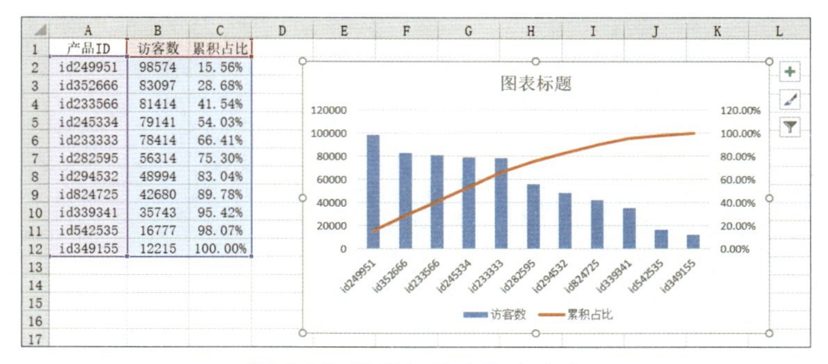

图 3-83　帕累托图的最终效果

在图表中，主坐标轴表示的是访客数，次坐标轴表示的是累积占比，横轴为产品 ID，使用帕累托图可以有效分析主要影响店铺流量的产品情况。

3.3 高手支招

1. 高亮显示指定单元格所在的行和列

很多时候在进行电商数据分析时，由于表格中的数据众多，常常让人看得眼花缭乱，需要查看某一单元格所在的行或列时，不免会出现看错行或看错列的情况。这时可以使用高亮来突出显示需要查看的某一列或某一行数据，以便数据分析人员能够及时、准确地找到需要分析的数据。下面将以某店铺的流量数据为例，如图 3-84 所示，为大家讲解如何高亮显示指定单元格所在的列和行。

日期	访客数	浏览量	搜索人数	搜索次数	收藏人数	收藏次数	加购人数	加购次数
2019/1/1	87231	63397	891	980	19607	31907	61478	71123
2019/1/2	89080	78633	764	879	18006	29924	57882	66990
2019/1/3	83097	80241	980	1003	27979	47323	66265	78769
2019/1/4	72923	65787	798	884	27861	47555	52802	53342
2019/1/5	89414	79974	856	974	28775	48910	50525	60943
2019/1/6	79141	67551	797	802	28756	48205	42456	45926
2019/1/7	76314	64414	658	795	26629	44896	45060	48162
2019/1/8	78414	59314	433	634	25722	43728	38873	42944
2019/1/9	81414	68411	579	704	22520	36315	29017	31881
2019/1/10	85115	69874	994	1002	33463	54274	47854	51849
2019/1/11	91455	76235	1023	1289	31288	49236	39598	40429
2019/1/12	64554	62577	413	725	26525	38665	27636	30866

图 3-84 某店铺的流量数据

01 选中表格中的数据，在菜单栏的“开始”选项卡下，单击“样式”组中的“条件格式”按钮，在弹出的下拉菜单中依次选择“突出显示单元格规则”→“其他规则”选项，如图 3-85 所示。

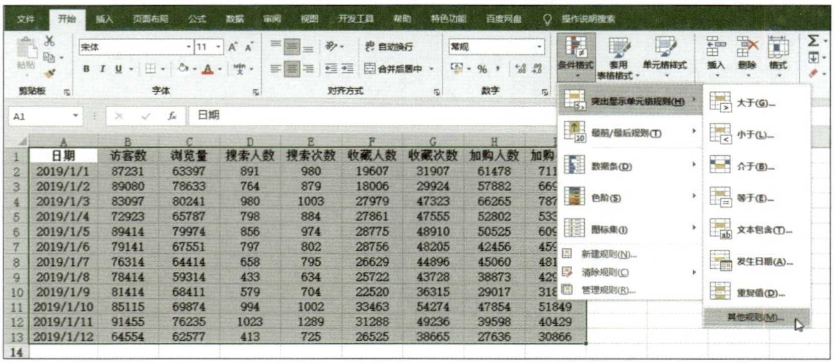

图 3-85 单击“条件格式”按钮

02 弹出“新建格式规则”对话框，在“选择规则类型”列表框中选择“使用公式确定要设置格式的单元格”，并在下方“为符合此公式的值设置格式”中输入公式“=(ROW()=CELL("row"))+(COLUMN()=CELL("col"))”，如图 3-86 所示。

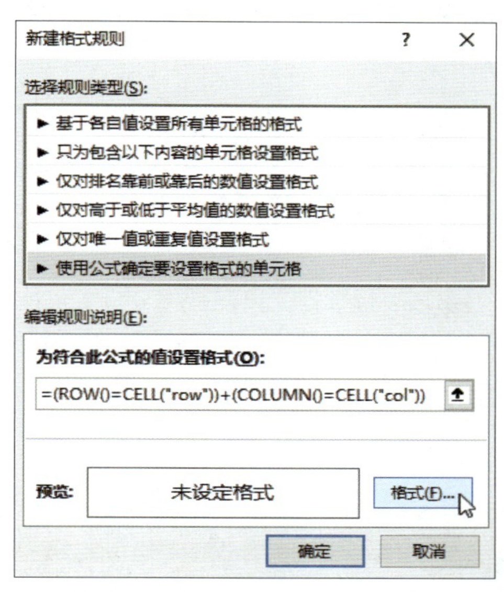

图 3-86　“新建格式规则”对话框

03 单击“格式”按钮，在弹出的“设置单元格格式”对话框中，选择“填充”选项卡并在其中选择合适的填充颜色，这里将单元格的填充颜色设置为“绿色”，然后单击“确定”按钮，如图 3-87 所示。

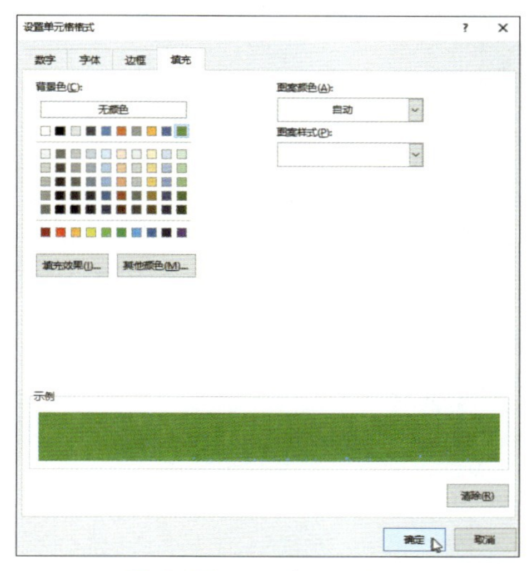

图 3-87　设置单元格格式

04 返回“新建格式规则”对话框后单击“确定”按钮，即可看到单元格格式设置完成后的表格效果，如图 3-88 所示。

日期	访客数	浏览量	搜索人数	搜索次数	收藏人数	收藏次数	加购人数	加购次数
2019/1/1	87231	63397	891	980	19607	31907	61478	71123
2019/1/2	89080	78633	764	879	18006	29924	57882	66990
2019/1/3	83097	80241	980	1003	27979	47323	66265	78769
2019/1/4	72923	65787	798	884	27861	47555	52802	53342
2019/1/5	89414	79974	856	974	28775	48910	50525	60943
2019/1/6	79141	67551	797	802	28756	48205	42456	45926
2019/1/7	76314	64414	658	795	26629	44896	45060	48162
2019/1/8	78414	59314	433	634	25722	43728	38873	42944
2019/1/9	81414	68411	579	704	22520	36315	29017	31881
2019/1/10	85115	69874	994	1002	33463	54274	47854	51849
2019/1/11	91455	76235	1023	1289	31288	49236	39598	40429
2019/1/12	64554	62577	413	725	26525	38665	27636	30866

图 3-88 单元格格式设置完成后的表格

05 选中需要查找的单元格，如 B3 单元格，然后按“F9”键即可高亮单元格所在整行和整列，如图 3-89 所示。

日期	访客数	浏览量	搜索人数	搜索次数	收藏人数	收藏次数	加购人数	加购次数
2019/1/1	87231	63397	891	980	19607	31907	61478	71123
2019/1/2	89080	78633	764	879	18006	29924	57882	66990
2019/1/3	83097	80241	980	1003	27979	47323	66265	78769
2019/1/4	72923	65787	798	884	27861	47555	52802	53342
2019/1/5	89414	79974	856	974	28775	48910	50525	60943
2019/1/6	79141	67551	797	802	28756	48205	42456	45926
2019/1/7	76314	64414	658	795	26629	44896	45060	48162
2019/1/8	78414	59314	433	634	25722	43728	38873	42944
2019/1/9	81414	68411	579	704	22520	36315	29017	31881
2019/1/10	85115	69874	994	1002	33463	54274	47854	51849
2019/1/11	91455	76235	1023	1289	31288	49236	39598	40429
2019/1/12	64554	62577	413	725	26525	38665	27636	30866

图 3-89 高亮指定单元格所在整行和整列

上述步骤可以同时高亮指定单元格所在的行和列，如果只需高亮单元格所在行，在第 2 步“新建格式规则”对话框中设置单元格格式时，输入公式“=ROW()=CELL("row")”即可高亮单元格所在行；同理，如果只需高亮单元格所在列，在第 2 步“新建格式规则”对话框中设置单元格格式时，输入公式“=column()=CELL("col")”，即可高亮单元格所在列。

2. 使用迷你图展现数据信息

在数据分析过程中，数据分析人员可以利用 Excel 的迷你图功能，将数据图缩小放入单元格内，以便快速对各项数据进行分析。下面将以某店铺的销售数据和流量数据为例，如图 3-90 所示，为大家讲解如何使用迷你图展现数据信息。

	A	B	C	D	E
1	日期	销售量	访客数	收藏人数	
2	2019/1/1	56123	87231	19607	
3	2019/1/2	52990	89080	18006	
4	2019/1/3	66769	83097	27979	
5	2019/1/4	42342	72923	27861	
6	2019/1/5	60943	89414	28775	
7	2019/1/6	45926	79141	28756	
8	2019/1/7	48162	76314	26629	
9	2019/1/8	42944	78414	25722	
10	2019/1/9	31881	81414	22520	
11	2019/1/10	51849	85115	33463	
12	2019/1/11	40429	91455	31288	
13	2019/1/12	30866	64554	26525	
14					

图 3-90 某店铺的销售数据和流量数据

01 选中需要放置迷你图的单元格，然后在菜单栏的“插入”选项卡下，单击“迷你图”组中的“折线”按钮，插入一个迷你折线图，如图 3-91 所示。

	A	B	C	D	E	F	G	H
1	日期	销售量	访客数	收藏人数				
2	2019/1/1	56123	87231	19607				
3	2019/1/2	52990	89080	18006				
4	2019/1/3	66769	83097	27979				
5	2019/1/4	42342	72923	27861				
6	2019/1/5	60943	89414	28775				
7	2019/1/6	45926	79141	28756				
8	2019/1/7	48162	76314	26629				
9	2019/1/8	42944	78414	25722				
10	2019/1/9	31881	81414	22520				
11	2019/1/10	51849	85115	33463				
12	2019/1/11	40429	91455	31288				
13	2019/1/12	30866	64554	26525				
14	迷你图							
15								

图 3-91 插入迷你图

02 在弹出的“创建迷你图”对话框中，选择数据范围“B2:B13”单元格区域，放置迷你图的位置已经选择好了，即 B14 单元格，如图 3-92 所示。

	A	B	C	D	E	F	G	H
1	日期	销售量	访客数	收藏人数				
2	2019/1/1	56123	87231	19607				
3	2019/1/2	52990	89080	18006				
4	2019/1/3	66769	83097	27979				
5	2019/1/4	42342	72923	27861				
6	2019/1/5	60943	89414	28775				
7	2019/1/6	45926	79141	28756				
8	2019/1/7	48162	76314	26629				
9	2019/1/8	42944	78414	25722				
10	2019/1/9	31881	81414	22520				
11	2019/1/10	51849	85115	33463				
12	2019/1/11	40429	91455	31288				
13	2019/1/12	30866	64554	26525				
14	迷你图							
15								

图 3-92 选择数据范围

03 单击“确定”按钮，即可得到“销售量”所在列的迷你折线图，如图 3-93 所示。数据分析人员还可以根据自己的需要调整迷你折线图的样式、坐标轴、编辑数据等。

	A	B	C	D	E
1	日期	销售量	访客数	收藏人数	
2	2019/1/1	56123	87231	19607	
3	2019/1/2	52990	89080	18006	
4	2019/1/3	66769	83097	27979	
5	2019/1/4	42342	72923	27861	
6	2019/1/5	60943	89414	28775	
7	2019/1/6	45926	79141	28756	
8	2019/1/7	48162	76314	26629	
9	2019/1/8	42944	78414	25722	
10	2019/1/9	31881	81414	22520	
11	2019/1/10	51849	85115	33463	
12	2019/1/11	40429	91455	31288	
13	2019/1/12	30866	64554	26525	
14	迷你图				
15					

图 3-93 获得“销售量”所在列的迷你折线图

04 按同样的方法操作，即可得到访客数和收藏人数的迷你图，如图 3-94 所示。

	A	B	C	D	E
1	日期	销售量	访客数	收藏人数	
2	2019/1/1	56123	87231	19607	
3	2019/1/2	52990	89080	18006	
4	2019/1/3	66769	83097	27979	
5	2019/1/4	42342	72923	27861	
6	2019/1/5	60943	89414	28775	
7	2019/1/6	45926	79141	28756	
8	2019/1/7	48162	76314	26629	
9	2019/1/8	42944	78414	25722	
10	2019/1/9	31881	81414	22520	
11	2019/1/10	51849	85115	33463	
12	2019/1/11	40429	91455	31288	
13	2019/1/12	30866	64554	26525	
14	迷你图				
15					

图 3-94 获得“访客数”和“收藏人数”的迷你图

通过迷你图，可以很方便地看到该店铺在 2019 年 1 月 1 日至 2019 年 1 月 12 日期间，销售量、访客数及收藏人数的数据变化趋势。

04 第 4 章 网店赚不赚钱，选品是关键

选品是电商运营过程中非常重要的一个环节，也是影响产品销量的主要因素之一。对于选品而言，最重要的是做好产品的市场行情分析，及时掌握市场发展的趋势，透过红海市场深挖商机，或不断开拓蓝海市场。同时，还要能洞察同行的运营策略，及时优化和调整自己店铺的产品运营战略。

4.1 选择适合网店的商品类目

商家要想吸引更多的流量，提高店铺的销售额，最关键的就是要选择好店铺经营的产品类目。在选择产品的市场类目时，商家要尽可能地去选择有市场、有价值、有优势的类目，这样才能为店铺带来更多的流量和销量，使店铺的经营事半功倍。

4.1.1 选择有市场的类目

商场如战场，商家想要获得更多的盈利，选择有市场的产品类目尤为重要。有市场往往意味着有需求，只要能够满足客户的需求，商家就能够赚取相应的利润。商家可通过百度指数来分析用户的搜索指数、资讯关注、需求图谱、相关词热度、地域分布、兴趣分布等内容，以此来分析市场行情。

例如，某商家准备经营手机类目的产品，于是他在开店前通过百度指数查询“华为”和“iphone”两个关键词的情况。通过对比分析两个手机品牌在 2020 年 3 月 24 日至 2020 年 4 月 22 日的搜索情况，可以看到在近 30 日内华为手机的整体日均搜索值要高于 iphone 手机，如图 4-1 所示。

图 4-1 两个手机品牌的搜索情况

在百度指数的人群画像中还可以看到搜索人群的人群属性分析，如图 4-2 所示。根据图中的数据显示，华为和 iphone 两个手机品牌的搜索人群中占比最高的是 20~29 岁这个年龄段，且男性搜索人数多于女性搜索人数。

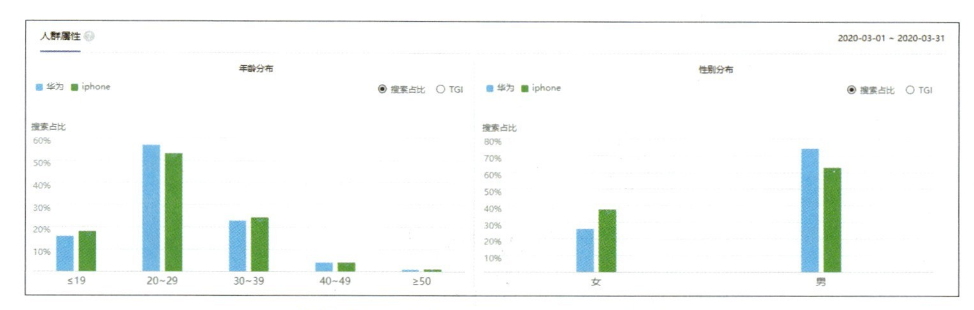

图 4-2　两个手机品牌的搜索人群属性

商家也可以通过百度指数的“行业排行”版块查看所属行业的品牌排行榜和产品排行榜。从手机行业排行品牌榜的搜索指数中看，iphone 手机的搜索指数要高于华为手机，如图 4-3 所示。

图 4-3　手机行业排行品牌榜的搜索指数

虽然百度指数是对所有百度用户搜索行为的呈现，不能完全表达用户的喜好指向，但依然具有一定参考价值。例如，一个用户通过百度搜索“华为手机”，虽然不能代表他一定就会购买华为手机，但至少说明他对华为手机有所关注。

4.1.2　选择有价值的类目

开网店的目的是赚钱、获利，因此，商家除了要选择有市场的类目外，还要选择有价值的类目，即有一定利润的类目。

根据相关数据显示，目前在网上销售的热门类目主要包括服装类、手机类、化妆品类、箱包类、流行饰品类及数码家电类等几大类目，如图 4-4 所示。

图 4-4 电商热门类目

1. 服装类

在众多网上销售的产品类目中，需求最大、赚钱最快的当属服装类目的产品。好看的服装在带给消费者美和享受的同时，也给商家带来了丰厚的利润。中国网购品类市场份额报告显示，服装是网上最畅销的产品。

2. 手机类

随着移动网络的迅速发展，手机在人们日常生活中的地位已经越来越重要了。所以，手机类目的产品也是网络销售中比较畅销的一类产品，而且手机产品的热销还带动了相关配件和充值卡等产品的销售。

3. 化妆品类

很多女性都爱购买化妆品类目的产品，而网络购物的主力又基本上是女性消费者，因此化妆品市场的前景也非常广阔。一般来说，消费者一旦觉得某家店铺里哪款化妆品特别好用，就会重复在该店购买。经营化妆品的网店“80% 的利润来自 20% 的老客户”，所以商家如果选择化妆品类目的产品进行销售，一定要做好老客户的维护工作，争取让每一个在店铺中消费的客户都能成为回头客。

4. 箱包类

箱包类目的产品在网上也是非常热销的产品。一般每个女孩至少有两三个包包，不同的场合使用不同的包包，如上课、上班用的大包包，逛街用的斜挎包包，约会用的精致小包包等。箱包类产品运输方便，且不会过期，非常适合通过网络进行销售。

5. 流行饰品类

流行饰品的市场非常大，女性的饰物数不胜数。在女性自己购买的同时，男性也会买来作为礼物，也有少许男性喜欢佩戴饰品。打算经营饰品类产品的商家，一定要紧跟时尚的步伐，产品的款式一定要做到新颖、时尚。

6. 数码家电类

如今在网上购买数码家电及相关配件的消费者越来越多了。数码家电类产品一般都具有很强的品牌效应，通常消费者购买该类目产品时都比较谨慎，会对不同品牌的产品进行反复比较后，选择价格合适的进行购买。

上述这些类目的消费群体较广，需求量较大，利润可观，商家可酌情选择。另外，想获得更多利润，找到优质货源和降低成本尤为关键。

4.1.3 选择有优势的类目

商家在选择类目时，除了考虑类目的市场要大、有一定的利润空间外，还应考虑是否具有优势，如货源优势、客户优势、品牌优势等。

例如，某商家在线下有一家经营地方特产的实体店，拥有大量外地客户。在此基础之上，商家又在线上开设了一家淘宝店铺，该店铺的经营优势就在于可以将老客户引入网店中来交易，轻松实现新品销售破零。

又例如，某商家住在一女鞋加工厂附近，如果该商家在网上经营女鞋类目的产品就具有很大的优势：一是不需要到处寻找货源，可以直接到厂家那里以批发价拿货；二是不需要考虑库存问题，可以减小资金压力。

4.2 市场容量分析

在进入一个行业之前，首先需要对该行业的市场容量进行分析，要知道该行业的市场容量，每年的销售额大致有多少等信息。商家只有知道了所处行业的市场容量，才能制订明确的经营目标，更好地进行店铺的推广与运营。下面将按照数据分析操作的整个流程对“餐饮具”各子类目的市场容量进行分析。

4.2.1 明确市场容量分析的目标与内容框架

明确分析目标和分析内容框架是数据分析的第一步，首先数据分析人员需要将市场容量分析的整个分析思路梳理清楚。

例如，要分析“餐饮具”各类目的市场容量，那么分析目标就是“餐饮具”市场子行业的市场容量分布情况。首先，数据分析人员要通过一些数据工具采集“餐饮具”市场每个子类目的成交数据；然后，将采集到的数据进行相应的处理；接着，以饼图的形式对数据进行展示；最后，对具体数据进行具体分析，不能只看绝对数。

4.2.2 采集餐饮具市场各子类目的成交数据

分析“餐饮具”市场下面每个子类目的市场容量，首先需要采集“餐饮具”市场每个子类目的成交数据，一般采集每个行业的子类目成交情况数据即可。采集子类目成交数据的方法有很多，这里以生意参谋为例进行讲解。

【提示】

为了提高工作效率，很多人会使用爬虫工具采集数据，但在生意参谋中是禁止使用爬虫工具的，因此这里主要讲解手动采集数据的方法。

在“生意参谋”中，单击“市场”选项卡，进入市场模块，在左侧导航栏中单击“市场大盘”选项，进入市场大盘页面，选择需要采集的数据日期和类目（这里需要采集的是 6 月的数据，采集的类目是“餐饮具”），如图 4-5 所示。

图 4-5 生意参谋中的市场大盘页面

【提示】

选择日期的时候建议以月为单位，以便于后面利用这些数据进行其他方面的数据分析。

在市场大盘页面中有一个子行业交易排行数据，它将淘宝平台中该类目下的所有子行业的成交数据都显示了出来，如图 4-6 所示。

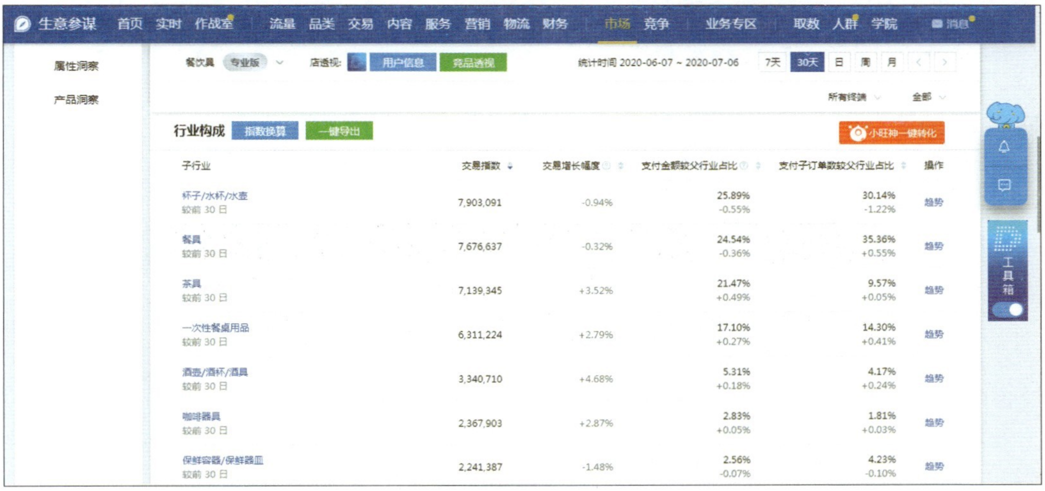

生意参谋 首页 实时 作战室 流量 品类 交易 内容 服务 营销 物流 财务 市场 竞争 业务专区 取数 人群 学院 消息
属性洞察
产品洞察
餐饮具 专业版
店透视 用户信息 竞品透视
统计时间 2020-06-07 ~ 2020-07-06
7天 30天 日 周 月
所有终端 全部
行业构成 指数换算 一键导出
小旺神一键转化
子行业 交易指数 交易增长幅度 支付金额较父行业占比 支付子订单数较父行业占比 操作
杯子/水杯/水壶 较前 30 日 7,903,091 -0.94% 25.89% -0.55% 30.14% -1.22% 趋势
餐具 较前 30 日 7,676,637 -0.32% 24.54% -0.36% 35.36% +0.55% 趋势
茶具 较前 30 日 7,139,345 +3.52% 21.47% +0.49% 9.57% +0.05% 趋势
一次性餐桌用品 较前 30 日 6,311,224 +2.79% 17.10% +0.27% 14.30% +0.41% 趋势
酒壶/酒杯/酒具 较前 30 日 3,340,710 +4.68% 5.31% +0.18% 4.17% +0.24% 趋势
咖啡器具 较前 30 日 2,367,903 +2.87% 2.83% +0.05% 1.81% +0.03% 趋势
保鲜容器/保鲜器皿 较前 30 日 2,241,387 -1.48% 2.56% -0.07% 4.23% -0.10% 趋势
工具箱

图 4-6 子行业交易排行

【提示】

在子行业交易排行中显示的成交数据，并不是每个子类目的成交金额，而是它的成交金额占比，所以这个数据存在一定的误差，不是实际数据，只能作为参考数据使用。

然后，将“餐饮具”市场各子类目的成交金额占比数据整理到 Excel 表格中，并在最后添加一列日期，如图 4-7 所示。

	A	B	C	D
1	行业名称	支付金额较父类目占比	月份	
2	杯子/水杯/水壶	25.89%	6月	
3	餐具	24.54%	6月	
4	茶具	21.47%	6月	
5	一次性餐桌用品	17.10%	6月	
6	酒壶/酒杯/酒具	5.31%	6月	
7	咖啡器具	2.83%	6月	
8	保鲜容器/保鲜器皿	2.56%	6月	
9				

图 4-7 将子行业交易数据整理到 Excel 表格中

【提示】

如果只是为了分析市场容量，可以不用添加日期列；如果后面还要进行市场趋势分析，建议添加日期列。另外，还建议以月为单位，把从 1 月到 12 月的数据全部都采集出来。

4.2.3 创建市场容量分析数据透视表

数据采集好以后，接下来要做的就是对数据进行处理。在 Excel 表格中插入一个数据透视表来进行数据处理，具体操作步骤如下。

01 在Excel表格中，选中收集好的成交数据，在菜单栏的“插入”选项卡下，单击“数据透视表”按钮，如图 4-8 所示。

行业名称	支付金额较父类目占比	月份
杯子/水杯/水壶	25.89%	6月
餐具	24.54%	6月
茶具	21.47%	6月
一次性餐桌用品	17.10%	6月
酒壶/酒杯/酒具	5.31%	6月
咖啡器具	2.83%	6月
保鲜容器/保鲜器皿	2.56%	6月

图 4-8 单击“数据透视表”按钮

02 默认创建数据透视表的区域，在弹出的“数据透视表字段”窗格中，将“行业名称”拖入“行”区域中；将“支付金额较父类目占比”拖入“值”区域中，并将其汇总方式设置为求和，如图 4-9 所示。

行标签	求和项:支付金额较父类目占比
保鲜容器/保鲜器皿	0.0256
杯子/水杯/水壶	0.2589
餐具	0.2454
茶具	0.2147
酒壶/酒杯/酒具	0.0531
咖啡器具	0.0283
一次性餐桌用品	0.171
总计	0.997

图 4-9 创建数据透视表

03 选中数据透视表中“支付金额较父类目占比”下面任一个数据并右击，在弹出的快捷菜单中选择“数字格式”选项，如图 4-10 所示。

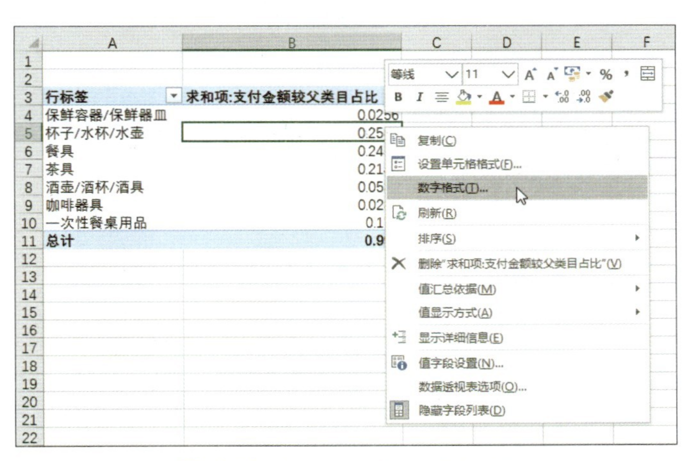

图 4-10　选择“数字格式”选项

04 弹出“设置单元格格式”对话框，在数据“分类”列表中选择“百分比”，设置“小数位数”为“2”，单击“确定”按钮，如图 4-11 所示。

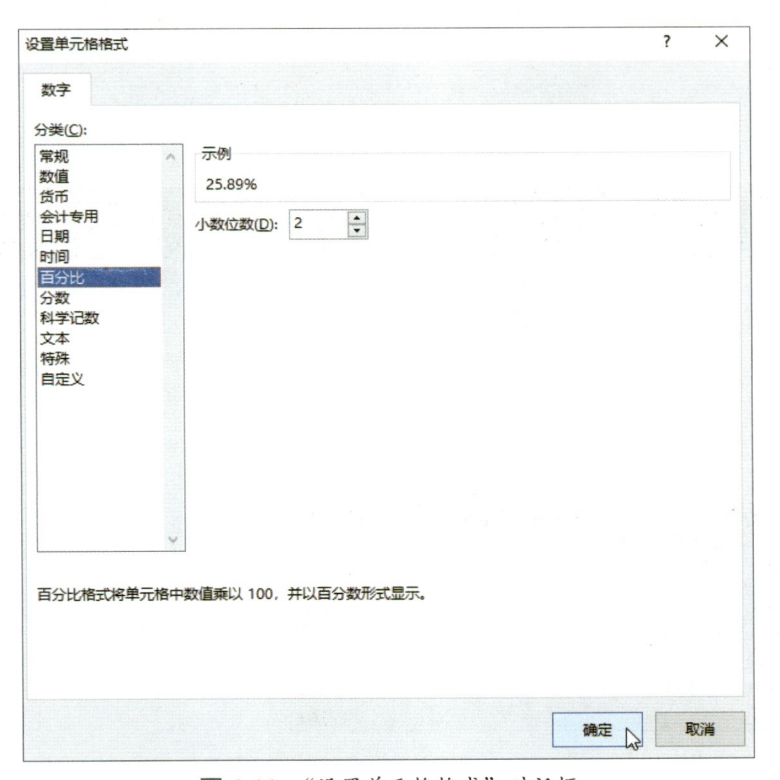

图 4-11　“设置单元格格式”对话框

05 设置好的数据透视表效果如图 4-12 所示。

	A	B	C
1			
2			
3	行标签	求和项:支付金额较父类目占比	
4	保鲜容器/保鲜器皿	2.56%	
5	杯子/水杯/水壶	25.89%	
6	餐具	24.54%	
7	茶具	21.47%	
8	酒壶/酒杯/酒具	5.31%	
9	咖啡器具	2.83%	
10	一次性餐桌用品	17.10%	
11	总计	99.70%	
12			

图 4-12 设置好的数据透视表效果

4.2.4 插入饼图展现子类目的市场占比情况

插入数据透视表后，为了更好地展示数据，还可以再插入一个数据透视图。插入数据透视图的方法如下。

01 在 Excel 表格中，选中之前创建好的数据透视表，在菜单栏的“插入”选项卡下，单击“图表”组中的“饼图”按钮，插入一个饼图，如图 4-13 所示。

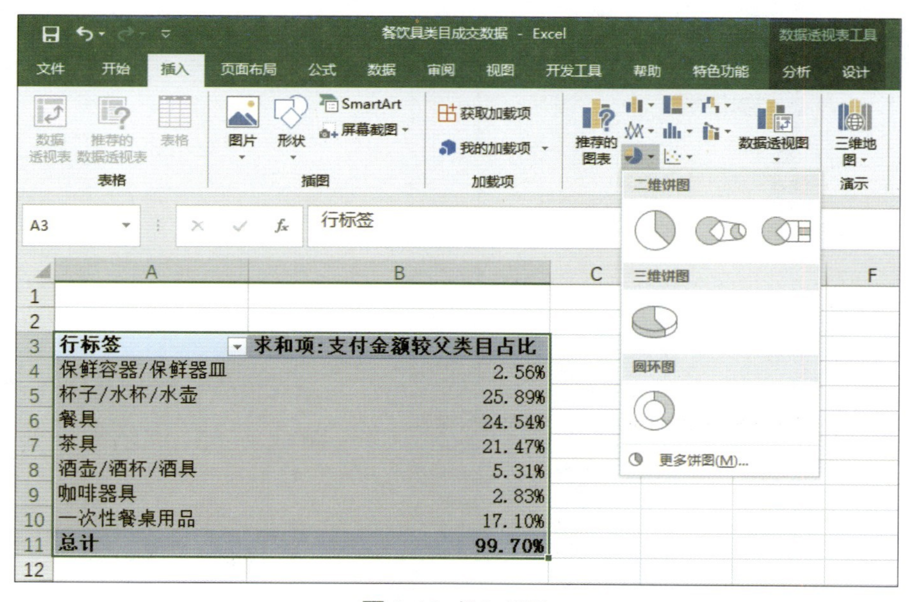

图 4-13 插入饼图

02 插入饼图后的效果如图 4-14 所示。如果只看饼图，可能大家还无法清楚地知道哪一扇属于哪一个子类，每个子类目的占比是多少，所以为了更清晰地展示数据，还需要对这个饼图进行一些调整，如删除右侧的图例，隐藏左上角的字段按钮，在饼图中显示类别名称和占比等。

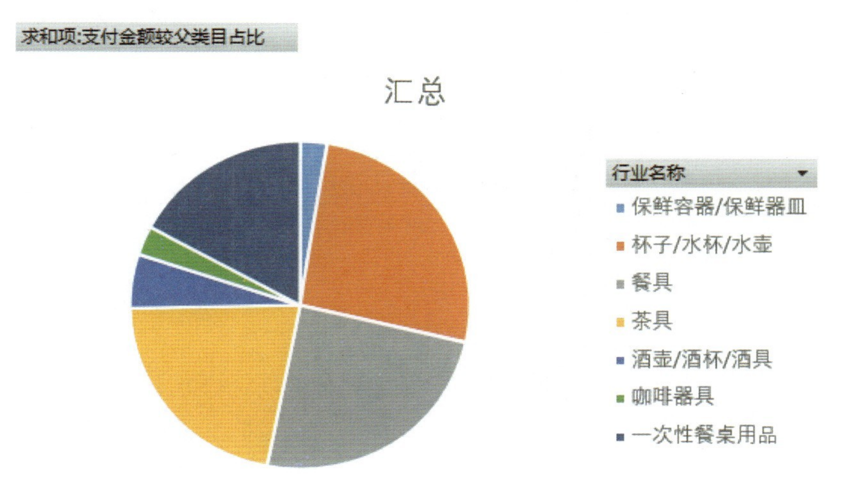

图 4-14 最初的饼图效果

03 选中数据透视图右侧的图例并右击，在弹出的快捷菜单中选择“删除”选项，将图例删除，如图 4-15 所示。

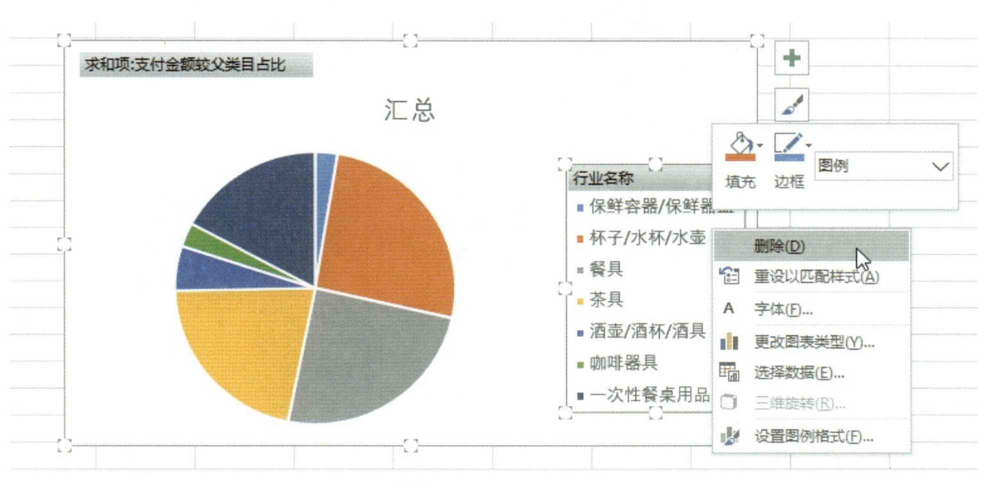

图 4-15 删除图例

04 选中数据透视图左上角的值字段按钮并右击，在弹出的快捷菜单中选择“隐藏图表上的值字段按钮”选项，将值字段按钮隐藏，如图 4-16 所示。

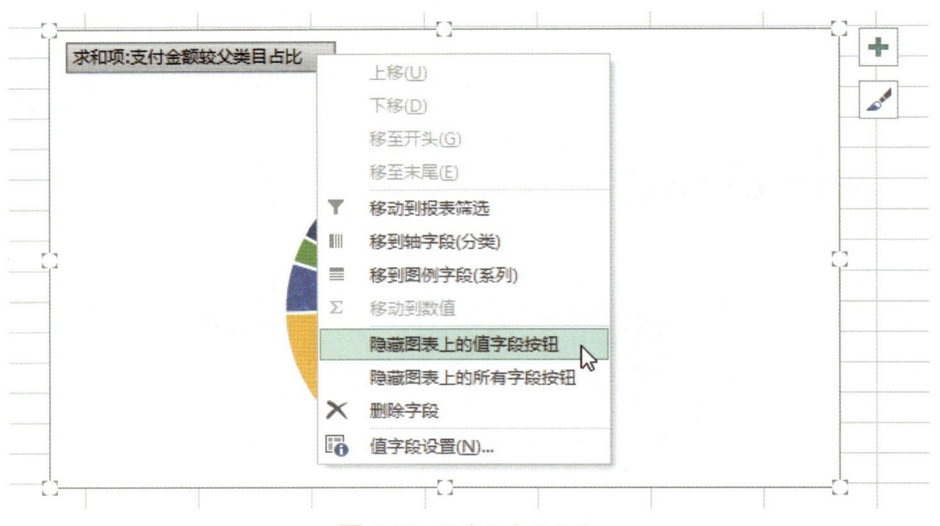

图 4-16 隐藏值字段按钮

05 选中饼图并右击，在弹出的快捷菜单中选择“添加数据标签”选项，如图 4-17 所示。

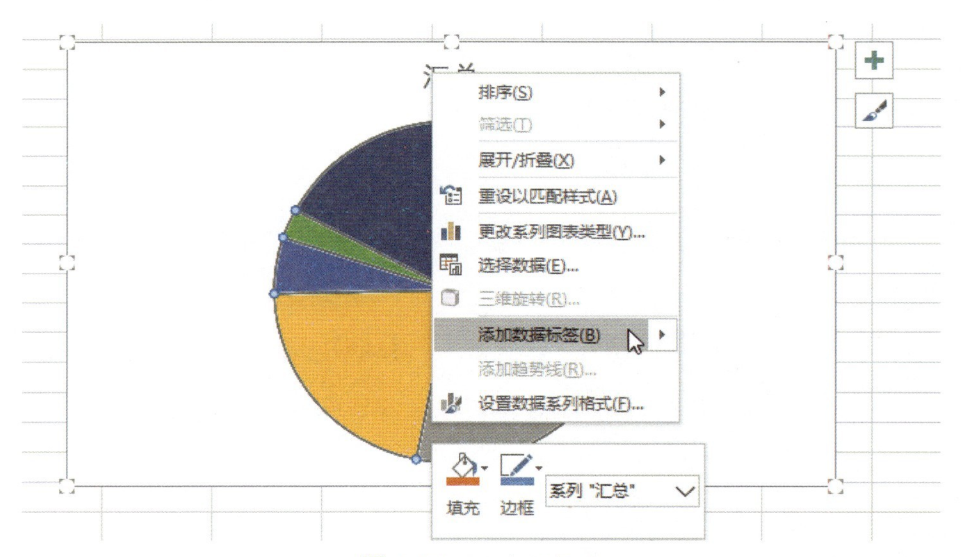

图 4-17 添加数据标签

06 再次选中饼图并右击，在弹出的快捷菜单中选择“设置数据标签格式”选项，如图 4-18 所示。

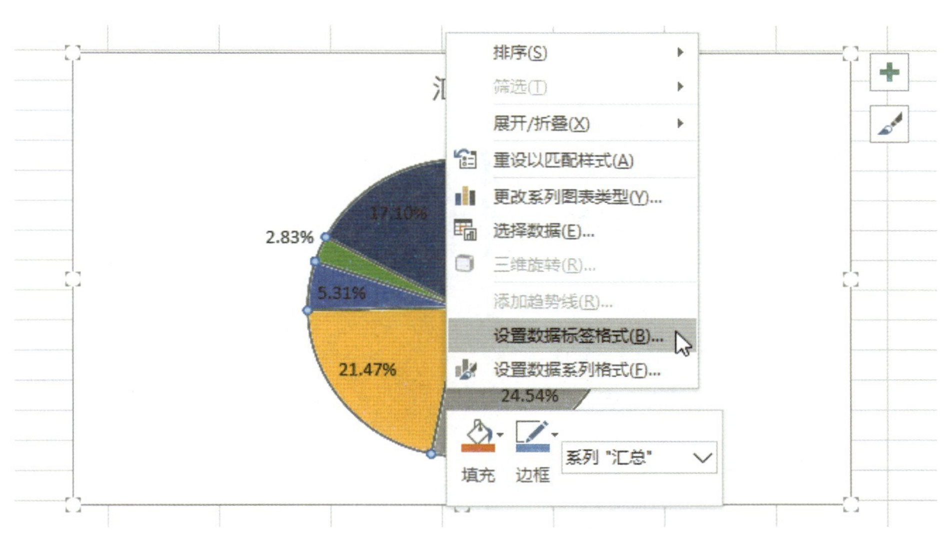

图 4-18　选择“设置数据标签格式”选项

07 弹出“设置数据标签格式”窗格，为了显示成交金额占比，在“标签选项”中取消选中“值”选项，选中“类别名称”和“百分比”选项，如图 4-19 所示。

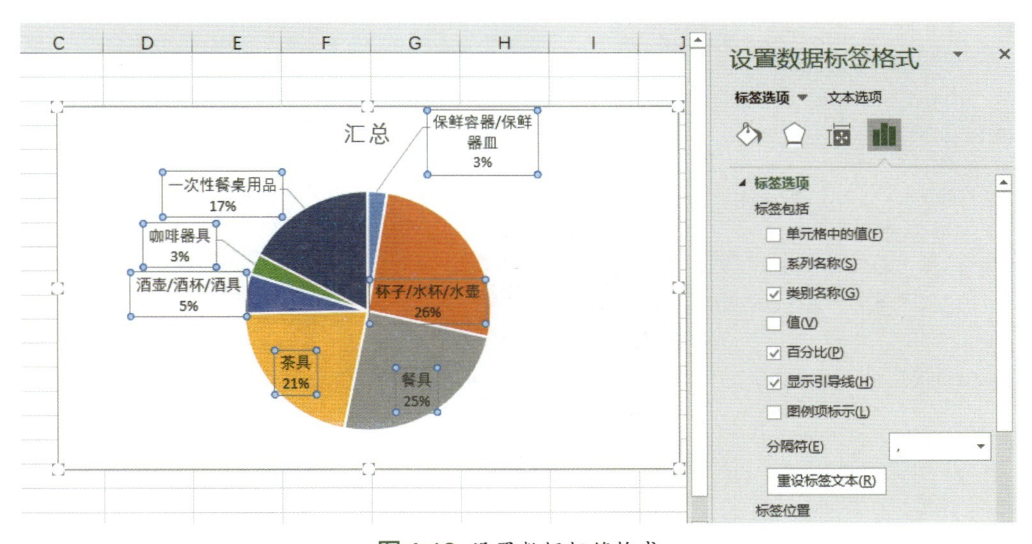

图 4-19　设置数据标签格式

08 将图表标题修改为“餐饮具市场容量分析”，调整后的饼图效果，如图 4-20 所示。

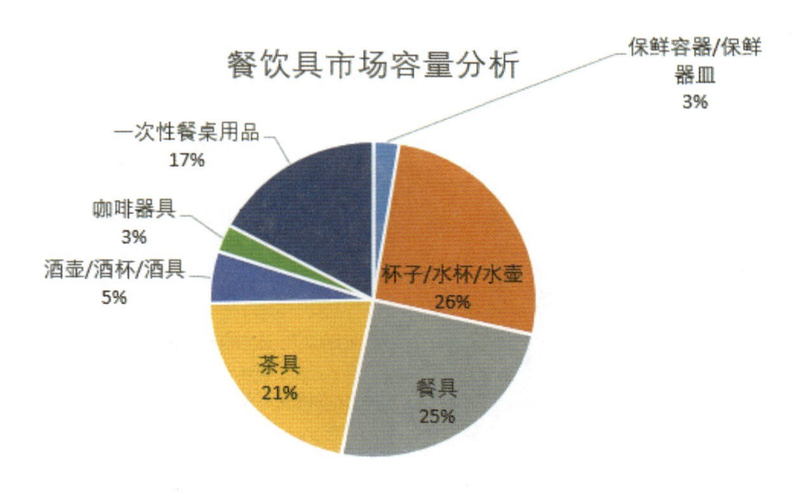

图 4-20 调整后的饼图效果

【提示】

如果饼图中的扇太多可能会影响数据的查看和分析，可以将该饼图修改为子母饼图。具体的操作：选中图表区域并右击，在弹出的快捷菜单中选择“更改图表类型”选项，如图 4-21 所示。

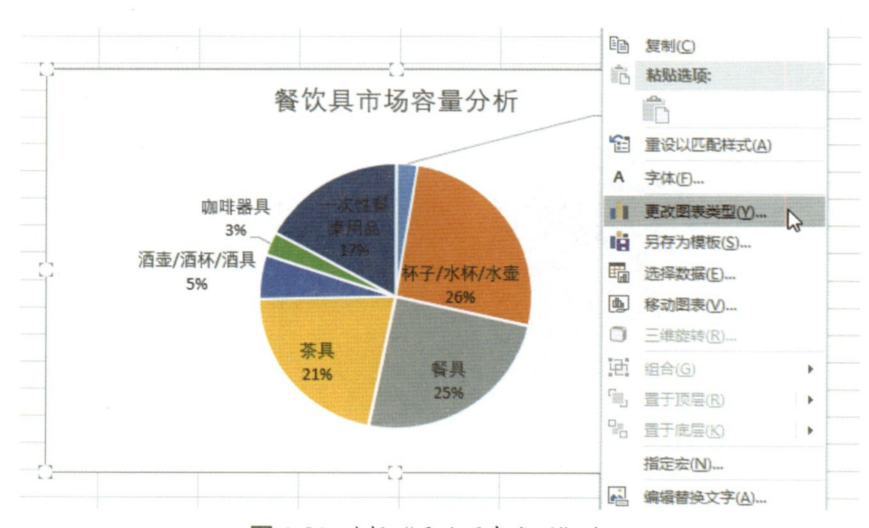

图 4-21 选择“更改图表类型”选项

弹出“更改图表类型”对话框，选择子母饼图，单击“确定”按钮，如图 4-22 所示。

图 4-22　“更改图表类型”对话框

完成后的子母饼图效果如图 4-23 所示。

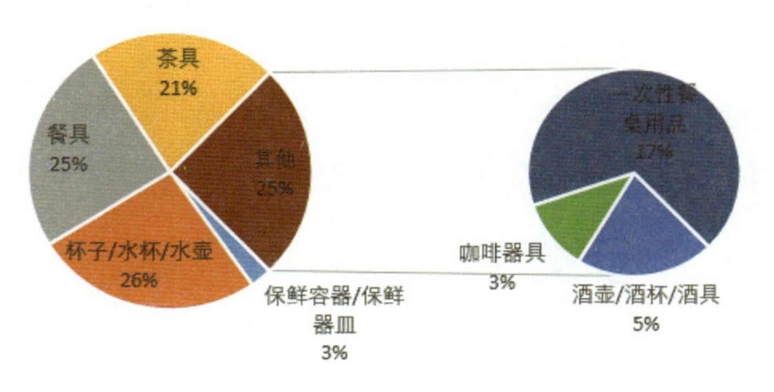

图 4-23　子母饼图的效果

4.2.5 根据市场容量取舍类目

在进行了数据采集、数据处理和数据展示后，接下来就要正式开始数据分析了。在进行数据分析时需要注意，看数据不能只看绝对数，并不是哪个数据比较大，就是说明它的市场容量大，要具体数据具体分析。

例如，图 4-20 中杯子 / 水杯 / 水壶的成交金额占比较高，达到了 26%。杯子 / 水杯 / 水壶的成交金额占比之所以这么高，是因为该类目是一个比较大的类目，还可以细分出很多子类目，如玻璃杯、塑料杯、陶瓷杯、保温杯、电水壶等。反观，保鲜容器 / 保鲜器皿类目则不一样，它已经是一个比较细分的类目了，所以它的市场容量要远远低于杯子 / 水杯 / 水壶类目的市场容量。

因此，分析数据时一定不能只看数据的表象，要根据实际情况进行分析。也就是说，当数据分析人员发现某一个类目容量比较大时，一定要认真思考它的数据为什么会比较大，是因为真的有那么大的需求量，还是因为其他原因导致的它数据较大。

4.3 市场趋势分析

电商市场的竞争异常激烈，如果只是简单地进行市场容量分析，确实可以知道行业的份额占比，但商家想要成功分到这份行业“蛋糕”，就还需要对该行业进行市场趋势分析，了解该行业的最佳切入点，掌握该行业的产品生命周期等情况。

4.3.1 明确市场趋势分析的目标与内容框架

下面将以女装行业各子类目为例进行市场趋势分析，分析的目标就是掌握女装行业的发展趋势。

数据分析人员通过市场趋势分析了解女装行业各子类目的生命周期，清楚地知道它什么时候开始萌芽，什么时候开始爆发，什么时候开始衰退。在萌芽时要赶快准备，在爆发时要快速引爆，在衰退时要提前收割。

例如，某商家经营的是羽绒服子类目的产品，但他从 1 月份才开始去进行产品规划，才开始投入大量的资金做推广，但这个时候已经过了羽绒服的最佳销售期了，所以该商家即使投入再多，也很难分到羽绒服这份“蛋糕”的市场份额。所以掌握所在行业的市场趋势，具备产品经营的时间观念非常重要。

4.3.2 采集女装市场各子类目的成交数据

在分析女装子类目市场容量时，首先还是通过“生意参谋”数据分析工具采集女装市场每个子类目的成交数据，并将这些数据整理到 Excel 表格中，同时添加月份列，如图 4-24 所示。

	A	B	C	D	E
1	行业名称	支付金额较父类目占比	卖家数占比	月份	
2	羽绒服	30.50%	30.25%	1月	
3	毛呢外套	14.22%	30.67%	1月	
4	毛衣	8.76%	35.15%	1月	
5	裤子	8.35%	28.10%	1月	
6	卫衣	7.15%	33.91%	1月	
7	连衣裙	5.30%	24.32%	1月	
8	羽绒服	15.74%	25.75%	2月	
9	毛呢外套	12.51%	29.80%	2月	
10	毛衣	9.11%	35.40%	2月	
11	裤子	14.02%	30.85%	2月	
12	卫衣	18.10%	48.94%	2月	
13	连衣裙	10.23%	28.75%	2月	
14	羽绒服	9.27%	19.25%	3月	
15	毛呢外套	10.13%	27.10%	3月	
16	毛衣	9.05%	33.14%	3月	
17	裤子	17.26%	33.47%	3月	
18	卫衣	23.96%	53.21%	3月	
19	连衣裙	15.68%	30.93%	3月	
20	羽绒服	4.32%	12.19%	4月	
21	毛呢外套	5.78%	20.88%	4月	
22	毛衣	7.11%	27.30%	4月	
23	裤子	19.13%	35.15%	4月	
24	卫衣	33.25%	56.97%	4月	
25	连衣裙	30.95%	39.80%	4月	

图 4-24　女装各子类目的成交数据

数据的采集方法在 4.2.2 小节中已经讲解过了，这里便不再赘述。另外，前文有强调过将数据整理到 Excel 表格中时要添加日期列，因为本节中将利用时间趋势进行数据分析。这里为了方便讲解，只采集了 1~6 月的女装子类目成交数据，但在实际分析时建议采集 1~12 月的全年数据。

4.3.3 创建市场趋势分析数据透视表

市场趋势分析的数据处理就是利用原始数据在 Excel 表格中创建一张商品数据趋势表，具体操作步骤如下。

01 在 Excel 表格中，选中收集好的成交数据，在菜单栏的“插入”选项卡“表格”选项组中单击“数据透视表”按钮，如图 4-25 所示。

行业名称	支付金额较父类目占比	卖家数占比	月份
羽绒服	30.50%	30.25%	1月
毛呢外套	14.22%	30.67%	1月
毛衣	8.76%	35.15%	1月
裤子	8.35%	28.10%	1月
卫衣	7.15%	33.91%	1月
连衣裙	5.30%	24.32%	1月
羽绒服	15.74%	25.75%	2月
毛呢外套	12.51%	29.80%	2月
毛衣	9.11%	35.40%	2月
裤子	14.02%	30.85%	2月
卫衣	18.10%	48.94%	2月
连衣裙	10.23%	28.75%	2月
羽绒服	9.27%	19.25%	3月
毛呢外套	10.13%	27.10%	3月
毛衣	9.05%	33.14%	3月
裤子	17.26%	33.47%	3月
卫衣	23.96%	53.21%	3月
连衣裙	15.68%	30.93%	3月
羽绒服	4.32%	12.19%	4月
毛呢外套	5.78%	20.88%	4月
毛衣	7.11%	27.30%	4月
裤子	19.13%	35.15%	4月
卫衣	33.25%	56.97%	4月
连衣裙	30.95%	39.80%	4月

图 4-25 单击“数据透视表”按钮

02 在弹出的“数据透视表字段列表”窗格中，将“月”拖入“行标签”中；将“行业名称”拖入“列标签”中；将“支付金额较父类目占比”拖入“数值”中，并将其汇总方式设置为求和，如图 4-26 所示。插入好的数据透视表效果如图 4-27 所示。

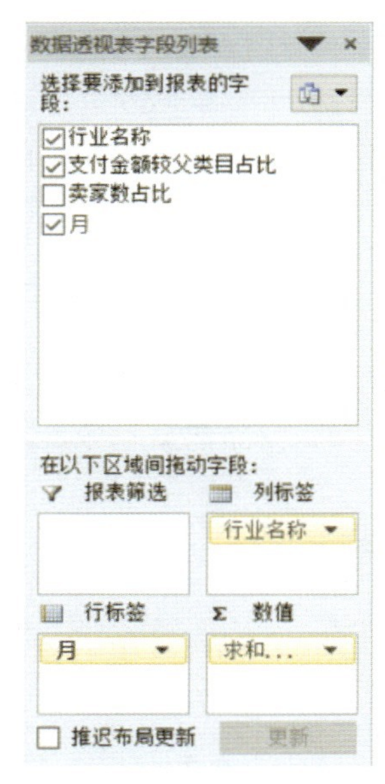

图 4-26 “数据透视表字段列表”窗格

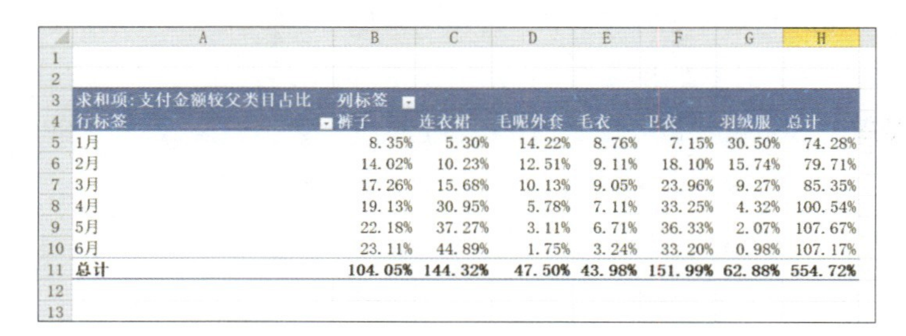

求和项:支付金额较父类目占比	列标签						
行标签	裤子	连衣裙	毛呢外套	毛衣	卫衣	羽绒服	总计
1月	8.35%	5.30%	14.22%	8.76%	7.15%	30.50%	74.28%
2月	14.02%	10.23%	12.51%	9.11%	18.10%	15.74%	79.71%
3月	17.26%	15.68%	10.13%	9.05%	23.96%	9.27%	85.35%
4月	19.13%	30.95%	5.78%	7.11%	33.25%	4.32%	100.54%
5月	22.18%	37.27%	3.11%	6.71%	36.33%	2.07%	107.67%
6月	23.11%	44.89%	1.75%	3.24%	33.20%	0.98%	107.17%
总计	**104.05%**	**144.32%**	**47.50%**	**43.98%**	**151.99%**	**62.88%**	**554.72%**

图 4-27 插入好的数据透视表效果

4.3.4 插入折线图展现市场商品趋势

一般选择通过折线图来展现市场商品趋势，因为折线图能够反映时间趋势。插入折线图的方法如下。

01 在 Excel 表格中，选中之前创建好的数据透视表，在菜单栏的“插入”选项卡下，单击图表列中的“折线图”按钮，插入一个折线图，如图 4-28 所示。

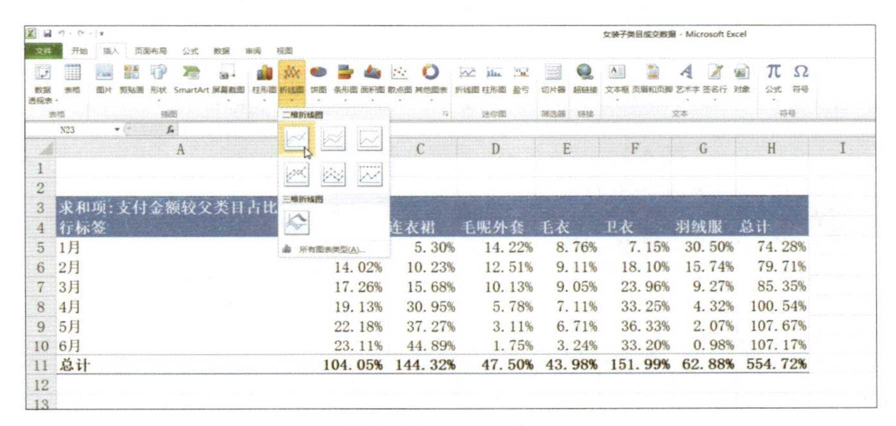

求和项:支付金额较父类目占比							
行标签		连衣裙	毛呢外套	毛衣	卫衣	羽绒服	总计
1月		5.30%	14.22%	8.76%	7.15%	30.50%	74.28%
2月	14.02%	10.23%	12.51%	9.11%	18.10%	15.74%	79.71%
3月	17.26%	15.68%	10.13%	9.05%	23.96%	9.27%	85.35%
4月	19.13%	30.95%	5.78%	7.11%	33.25%	4.32%	100.54%
5月	22.18%	37.27%	3.11%	6.71%	36.33%	2.07%	107.67%
6月	23.11%	44.89%	1.75%	3.24%	33.20%	0.98%	107.17%
总计	104.05%	144.32%	47.50%	43.98%	151.99%	62.88%	554.72%

图 4-28 插入折线图

02 插入折线图后的效果如图 4-29 所示。由于图中的线条太多，根本看不出各子类目的发展趋势，所以还需要对该数据透视图进行一些调整。

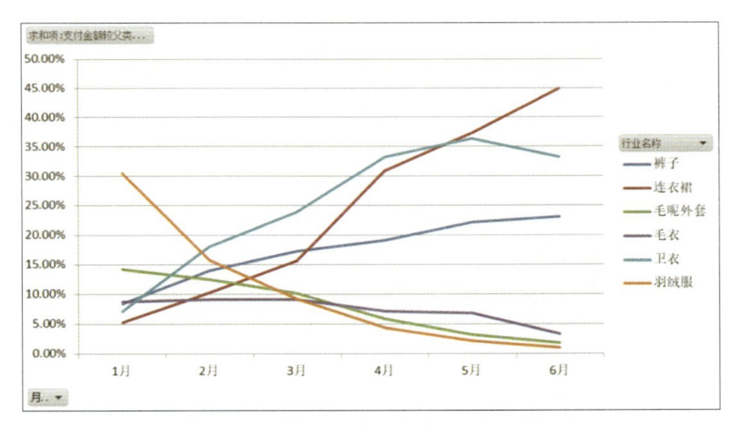

图 4-29 最初的折线图效果

03 选择数据透视图右侧的图例并右击，在弹出的快捷菜单中选择“删除”选项，将图例删除；然后隐藏值字段按钮和坐标轴按钮，选择数据透视图左侧的值字段按钮并右击，在弹出的快捷菜单中选择“隐藏图表上的值字段按钮”选项，将值字段按钮隐藏。坐标轴按钮的隐藏方法和值字段按钮一样。删除图例、隐藏按钮后的折线图效果如图 4-30 所示。

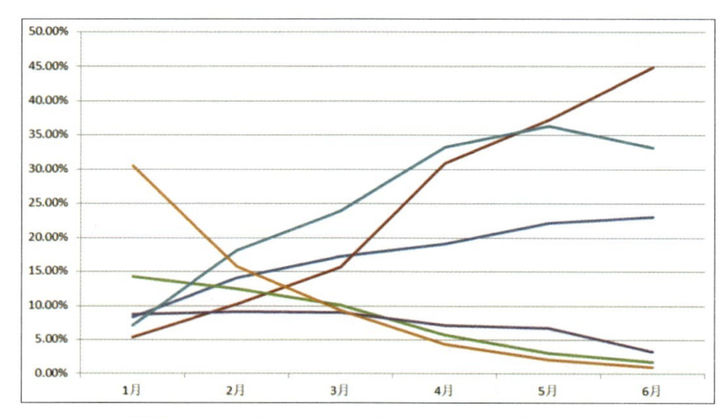

图 4-30 删除图例、隐藏按钮后的折线图效果

04 为了方便查看每个子类目的时间发展趋势，可以在数据透视图中插入一个切片器。选中数据透视图，在菜单栏的“插入”选项卡下“筛选器”组中单击“切片器”按钮，如图 4-31 所示。

图 4-31 单击“切片器”按钮

05 弹出“插入切片器”窗格，选中“行业名称”选项，单击“确定”按钮，如图 4-32 所示。插入切片器后就可以通过切片器控制数据透视图中的这些线条。例如，想分析裤子子类目的生命周期和时间发展趋势，可以直接单击切片器上的“裤子”，就可以清楚地看到该子类目的时间发展趋势了，如图 4-33 所示。

图 4-32 “插入切片器”窗格

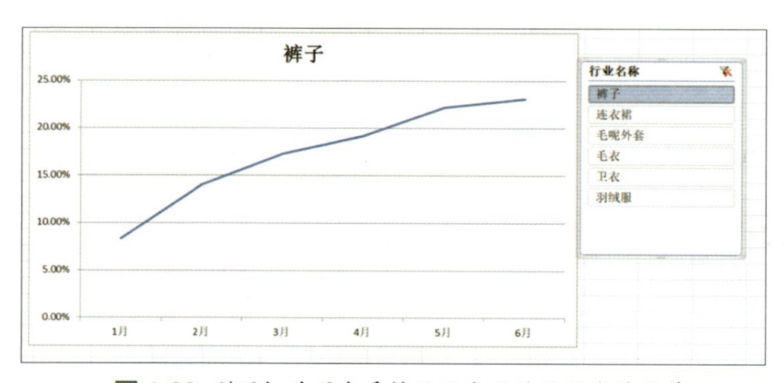

图 4-33 利用切片器查看裤子子类目的时间发展趋势

4.3.5 根据趋势预判类目销售前景

接下来正式开始进行市场趋势的数据分析。例如，羽绒服子类目的时间发展趋势，如图 4-34 所示。可以看到图中显示，1 月是羽绒服的销售高峰期，随后成交金额一路下滑，到 6 月份其支付金额占比跌至 0.98%。这也就说明了，如果想经营羽绒服子类目，一定要在 1 月之前就开始布局，1 月是将产品打爆的关键期，到了 1 月以后该子类目的产品开始进入衰退期，这时如果还大力投入资金进行推广，很有可能最后会出现亏损的情况。

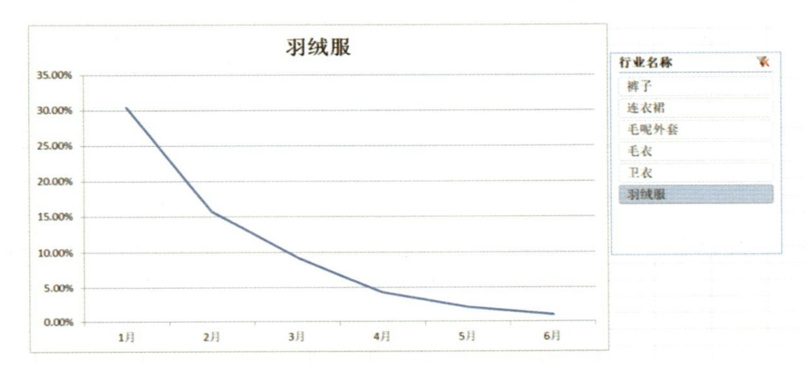

图 4-34　羽绒服子类目的时间发展趋势

市场趋势分析同样不能只看绝对值，要根据实际情况具体分析。例如，同时分析毛呢外套和毛衣两个子类目的时间发展趋势，如图 4-35 所示。图中蓝色线条代表毛呢外套的数据，红色线条代表毛衣的数据，可以看到在 1~3 月中毛呢外套的支付金额占比数据均高于毛衣的支付金额占比数据，那是否说明在 1~3 月中毛呢外套的需求量高于毛衣的需求量呢？其实不然，图中反映的是支付金额的占比数据，而支付金额是由销量和客单价这两个因素共同决定的。一般来说，毛呢外套的客单价往往要高于毛衣的客单价，所以有可能毛呢外套的销量没有毛衣的销量多，但最后支付金额的占比却比毛衣高。

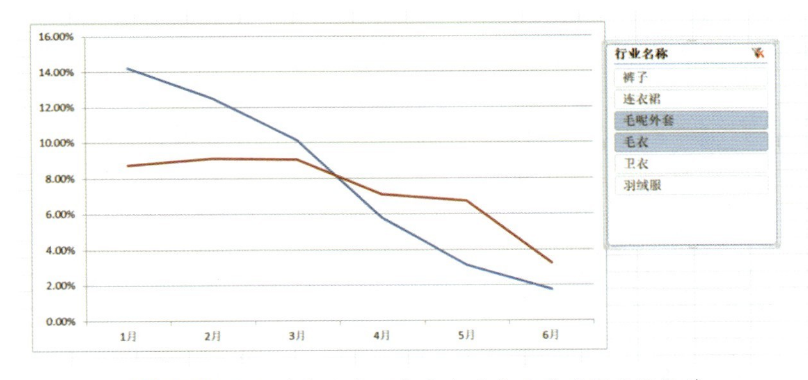

图 4-35　毛呢外套子类目和毛衣子类目的时间发展趋势

【提示】

如果要具体分析销量与月份的关系，采集数据时应该采集销量数据而非支付金额数据。

4.4 市场竞品分析

在掌握了某一行业的市场容量和市场趋势后，商家还需要对该行业的竞争态势进行分析。对竞争对手进行全方位的数据分析，对比其优缺点，然后发挥自身优势，只有这样才能在市场中分到一份属于自己的行业“蛋糕”。本节将以餐饮具的拉面碗类目为例，讲解市场竞品分析。

4.4.1 搜索趋势分析

分析行业搜索趋势，可以从某一子类目的访问数情况着手进行分析。例如，在“生意参谋”中，单击“市场”选项卡，进入市场模块，在左侧导航栏中选择“市场大盘”选项，进入市场大盘页面，选择查询日期和类目，即可查看该类目访问数的趋势图，如图 4-36 所示。从图中可以看出，该类目最近 30 天的访客数趋势较为平稳，只在 6 月 16 日至 6 月 19 日之间有小幅增长。

图 4-36 查看某类目访问数的趋势图

4.4.2 类目构成分析

类目构成分析非常重要，在淘宝平台上有一个搜索规则，即类目占比越大，说明人群越大，淘宝平台会优先展示热销类目，所以商家需要将产品放入热销类目下。如果商家选择切入一个新行业，对类目构成不熟悉，一旦将产品放错类目，就有可能影响店铺的自然搜索流量，因此，商家需要对类目的构成进行分析。

例如，在“生意参谋”的市场模块中，选择“搜索分析”→“类目构成”选项，进入“类目构成”的分析页面，在搜索框中输入产品类目词，如“拉面碗”，然后单击“搜索”按钮，并选择想要查询的数据日期范围，即可查看该搜索词相关的类目构成，如图 4-37 所示。

图 4-37　查看某搜索词相关的类目构成

从图 4-37 中可以看出，“拉面碗”这个类目词在“餐饮具”类目下占比最大，其点击人数占比达到 97.28%；而在子类目下点击人数占比最高的是“碗”，点击人数占比为 88.89%，其次是“盘”，点击人数占比为 4.75%。在这种情况下，当然应该将“拉面碗”放在点击人数占比最高的“碗”子类目下面。

假设，两个子类目的点击人数占比差距很小，如“餐具”的点击人数占比为 50%，“茶具”点击人数占比为 48%，还需要对这两个子类目的大盘数据进行分析。分析子类目大盘数据的操作步骤如下。

01 在“生意参谋”中，选择“市场”→“市场大盘”，进入市场大盘页面，先选择“餐具”子类目，并选择想要查询的数据日期范围，然后选择查看“搜索人气”的趋势图，如图 4-38 所示。

图 4-38 查看餐具子类目的搜索人气趋势图

02 在趋势图的上方，在当前行业中添加“茶具”子类目作为“餐具”子类目的对比行业，对两个子类目的搜索人气趋势进行对比分析，如图 4-39 所示。

图 4-39 对两个子类目的搜索人气趋势进行对比分析

通过图 4-39 中数据和趋势情况可以看出餐具的搜索人气要高于茶具的搜索人气，说明餐具子类目的潜力更大，在设置类目时应该尽量选择餐具子类目。

4.4.3 人群画像分析

分析市场竞品情况，还可以从搜索人群的人群画像入手进行分析。人群画像分析主要包括价格分析、性别分析、年龄分析和地域分析。

1. 价格分析

价格是影响产品销售的一个重要因素，不同人群对产品价格的期望值是不一样的。产品的价格也并非越低越好，如高端消费人群对于价格低廉的产品通常不是很感兴趣。因此，竞品分析必须要对竞品的价格进行分析。

数据分析人员可以通过“生意参谋”的市场模块进行竞品分析。具体的方法：在“生意参谋”的市场模块中，选择导航栏中的“搜索人群”选项，进入“搜索人群画像”页面，在该页面中查看搜索人群对产品的价格偏好数据。例如，搜索“拉面碗”这一类目词的人群，其产品的价格偏好数据，如图 4-40 所示。通过图中显示的数据，可以看到搜索人群最偏向的价格区间是 10~25 元，占比为 27.26%；其次是 25~40 元这一价格区间，占比为 20.64%；再其次是 40~70 元这一价格区间，占比为 17.34%。

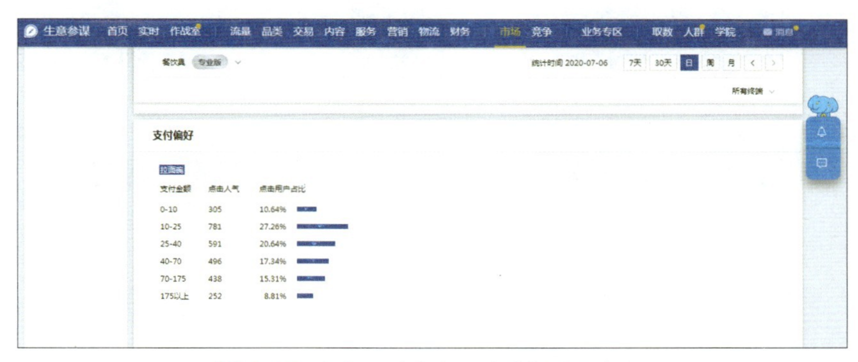

图 4-40　搜索人群对产品的价格偏好数据

2. 性别分析和年龄分析

在“生意参谋”市场模块的“搜索人群画像”页面中也可以对搜索人群进行性别分析和年龄分析。例如，“拉面碗”这一类目词的搜索人群性别和年龄情况，如图 4-41 所示。通过图中显示的数据，可以看到搜索人群主要为女性，搜索人群最多的年龄段主要为 18~24 岁。

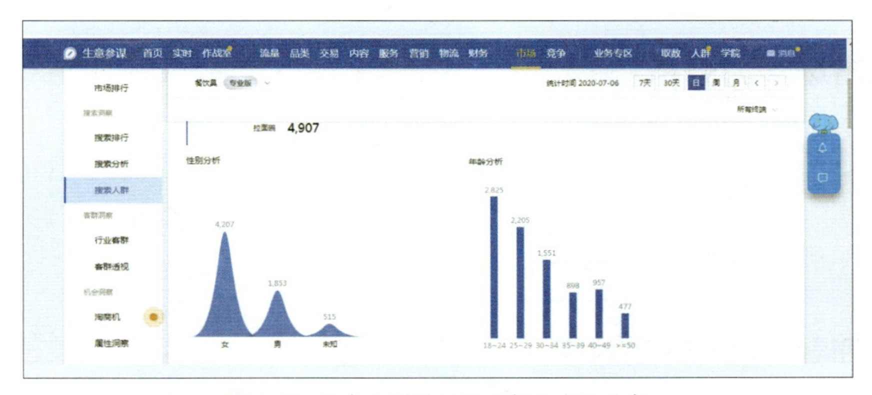

图 4-41　搜索人群的性别分析和年龄分析

如果不同年龄段的搜索人数差距很小，就需要根据产品的实际情况进行分析，思考自己的产品更适合哪个年龄段的人群。例如，商家经营的是手机类目的产品，查看类目搜索人群的年龄分析数据后，发现搜索人数最多的是 25~29 岁这个年龄段，但 18~24 岁这个年龄段的搜索人数也很多，与 25~29 岁这个年龄段的人数非常接近。而该商家主要经营的是性价比较高的中低端手机，产品的价格都在千元左右，更适合经济基础较弱的学生或职场新人使用，所以该子类目的定位应该是学生手机，针对的消费者年龄范围也应该在 18~24 岁这个年龄段。

3. 地域分析

搜索人群的地域分析对于竞品分析来说也很重要，如果能精准地把握潜在客户所在地域，就能极大地节省推广费用，提高投入产出比。另外，通过搜索人群的地域分析，有助于商家针对消费者的地域偏好对产品进行一些优化，如关键词优化、详情页优化等。同样，数据分析人员还是在“生意参谋”市场模块的“搜索人群画像”页面中对搜索人群的地域偏好进行分析，如图 4-42 所示。

图 4-42 搜索人群的地域分布数据

4.5 市场潜力分析

通过相关的市场数据分析，知道了某一行业的市场容量、市场趋势和市场竞争环境，但如果该行业未来根本没有发展空间，那商家的经营仍然会非常困难。所以，商家在选择经营类目时，对经营类目的市场潜力分析也非常重要。

4.5.1 明确目标与分析内容框架

市场潜力分析是围绕如何挖掘潜力市场这一目的进行的一系列分析。例如，某商家准备经营女鞋类目的产品，那么他就需要去考虑如何选择细分市场、如何选择子行业，而市场潜力分析的分析目的就是通过数据分析帮助商家挖掘潜力市场。

市场潜力分析主要分为 4 个部分进行分析，如图 4-43 所示。第 1 部分，分析类目下每个子行业的市场容量；第 2 部分，分析每一个行业的蛋糕指数；第 3 部分，分析行业的环比 / 同比增长趋势；第 4 部分，分析子行业的趋势。

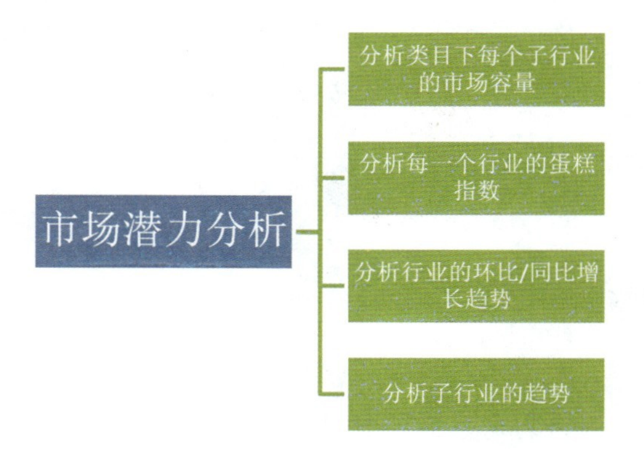

图 4-43　市场潜力分析的内容框架

4.5.2 分析类目下每个子行业的市场容量

市场潜力分析的第一步就是要先分析类目下每个子行业的市场容量，首先通过数据分析工具采集最近两年（2018 年和 2019 年）女鞋类目的成交数据和卖家数据，然后将其整理到 Excel 表格中，如图 4-44 所示。

	A	B	C	D	E	F	G
1	行业数据	成交量	卖家数	年份	月份		
2	低帮鞋	3543680	3590	2019	12		
3	靴子	7022444	3392	2019	12		
4	高帮鞋	466999	2001	2019	12		
5	凉鞋	80864	1292	2019	12		
6	拖鞋	217359	954	2019	12		
7	帆布鞋	579637	814	2019	12		
8	雨鞋	69494	90	2019	12		
9	低帮鞋	6804277	3588	2019	11		
10	靴子	15257660	3418	2019	11		
11	高帮鞋	950806	2048	2019	11		
12	凉鞋	182286	1450	2019	11		
13	拖鞋	259630	1080	2019	11		
14	帆布鞋	1090267	882	2019	11		
15	雨鞋	247289	98	2019	11		
16	低帮鞋	5537262	3561	2019	10		
17	靴子	5301292	3154	2019	10		
18	高帮鞋	475882	1931	2019	10		
19	凉鞋	107226	1737	2019	10		
20	拖鞋	213907	1256	2019	10		
21	帆布鞋	1176322	948	2019	10		
22	雨鞋	254419	95	2019	10		

图 4-44　2018—2019 年女鞋类目的成交数据和卖家数据

然后，按照前面所讲的市场容量分析的方法在图 4-44 的基础上创建数据透视表和数据透视图，如图 4-45 所示。

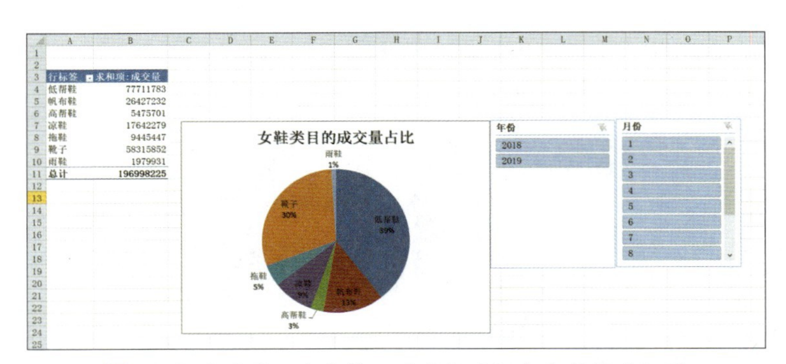

图 4-45 女鞋类目成交情况的数据透视表和数据透视图

通过女鞋类目成交情况的数据透视表和数据透视图可以分析出每一年、每一个月、每一个子行业的市场容量占比情况，可以清楚地知道哪些子行业的市场需求较大，哪些子行业的市场需求较小。

4.5.3 分析每一个行业的蛋糕指数

在挖掘潜力市场的过程中，除了要了解每个子行业的市场容量外，还需要了解市场容量和竞争卖家数之间的关系，这样抢到行业“蛋糕”的概率才会更大一些。

例如，某子行业有 100 万个成交量的市场容量，但有 1 万个商家，平均每个商家能够分到的成交量只有 100 个。如果该子行业的市场容量还是 100 万个成交量，但商家数只有 1000 个，平均每个商家就可以分到 1000 个成交量。因此，想要成功分到行业“蛋糕”，就需要深入分析市场容量和卖家数之间的关系，即分析每一个行业的蛋糕指数。

分析每一个行业的蛋糕指数的具体操作如下。

01 在图 4-44 的基础上插入一张数据透视表，在“数据透视表字段列表”窗格中，将“行业数据”拖入“行标签”中，如图 4-46 所示。

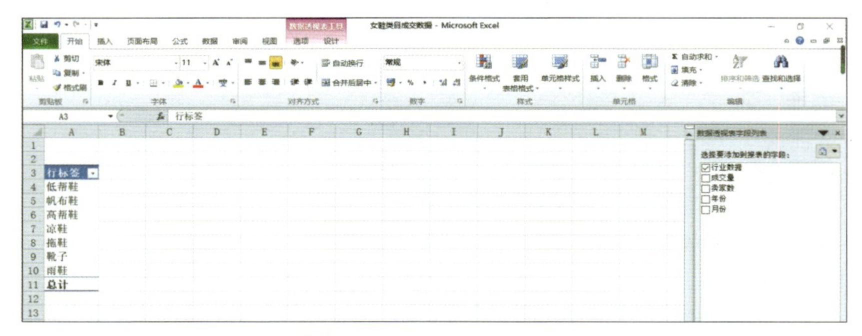

图 4-46 插入数据透视表

02 在菜单栏的“数据透视表工具”下选择“选项”选项卡，然后单击“计算”列中“域、项目和集”按钮，在弹出的下拉菜单中选择“计算字段”选项，如图 4-47 所示。

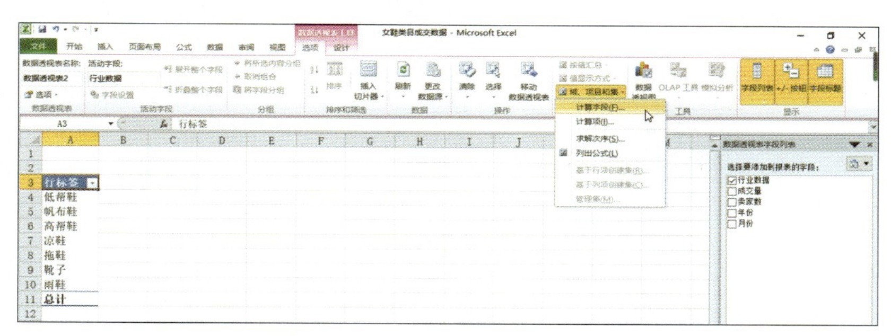

图 4-47　选择“计算字段”选项

03 弹出“插入计算字段”对话框，在“名称”中输入“蛋糕指数”，在“公式”中输入“=成交量 / 卖家数”，然后单击“确定”按钮，如图 4-48 所示。

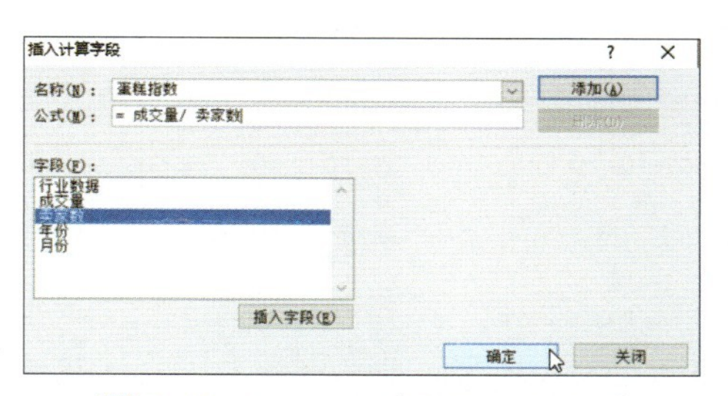

图 4-48　“插入计算字段”对话框

04 选中数据透视表，在菜单栏的“插入”选项卡下，单击“图表”列中的“其他图表”按钮，在弹出的下拉菜单中选择“雷达图”，插入一个蛋糕指数的雷达图，如图 4-49 所示。

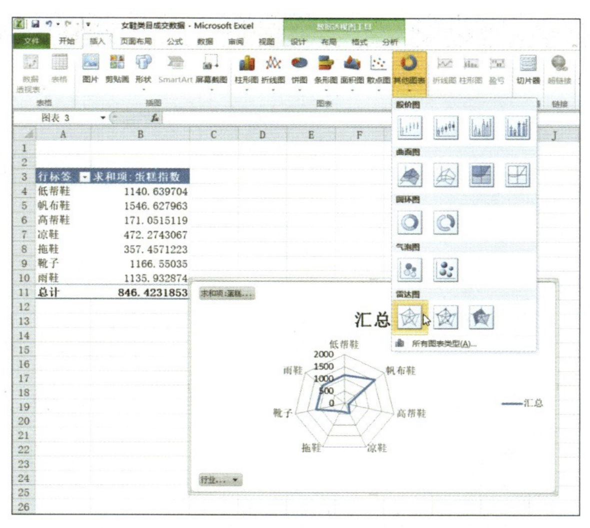

图 4-49　插入一个蛋糕指数的雷达图

05 为了图表的美观和分析的方便，需要对图表进行一些调整和优化，修改图表标题为“蛋糕指数雷达图”，删除图例，隐藏值字段按钮和坐标轴按钮，插入年份和月份的切片器，如图 4-50 所示。

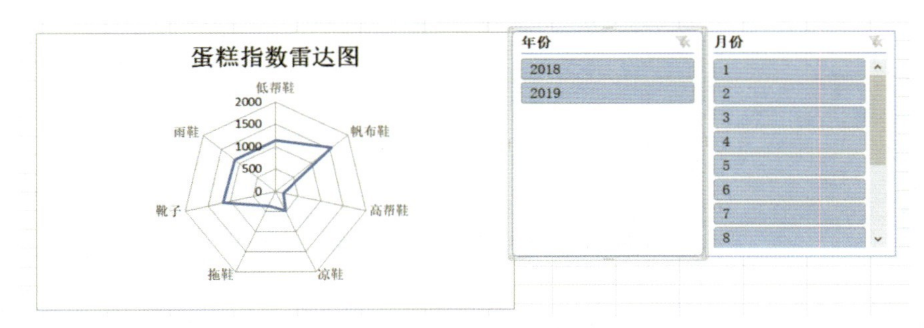

图 4-50 调整和优化后的蛋糕指数雷达图

蛋糕指数雷达图制作出来后，接下来就是对这个图进行具体的分析。先来看看蛋糕指数的公式：蛋糕指数 = 成交量 ÷ 卖家数。按数据高低来看，成交量有两种情况：一种是成交量高，说明它的市场容量大；另一种是成交量低，说明它的市场容量小。卖家数同样有两种情况：一种是卖家数多，说明它的竞争比较大；另一种是卖家数少，说明它的竞争比较小。

由此就可以得出一个结论：在行业市场容量比较大、竞争较小的情况下，蛋糕指数就比较大，说明该行业是具有潜力的蓝海行业。这类蓝海行业往往是商家最喜欢的行业，但这是最理想的一种状态，在实际的行业挖掘过程中出现这种理想状态的概率很低。一般蛋糕指数会出现 4 种情况，如表 4-1 所示。

表 4-1 蛋糕指数分析

行业情况	分析结果
蛋糕指数大，市场容量小	这种情况说明行业的竞争度较小，但需要对该行业的增长趋势做进一步分析，如果增长趋势比较大，那么该行业有可能是蓝海行业，商家应该及时把握住机会
蛋糕指数大，市场容量大	这种情况下需求大、竞争小，肯定是蓝海行业，商家选择该行业获利的机会很大
蛋糕指数小，市场容量大	这种情况下说明行业的竞争比较大，如果要选择该行业就要看商家自己是否有优势。如果能在竞争中占据一定优势，就可以选择该行业；如果没有竞争优势，则很难抢到这个行业的蛋糕
蛋糕指数小，市场容量小	如果行业的竞争很大，说明很多人在抢很小的一个份额，这种情况一般都属于那种短期爆发式的行业，但过了这段时间就会归于沉寂，所以不建议商家选择这类行业
	如果行业的需求较小，竞争也较小，面对这类行业，商家不要盲目选择，应继续观察该行业的发展趋势

在分析蛋糕指数的时候，要根据市场容量从上面 4 种情况进行分析。如果没有以市场容量为依据，单纯看蛋糕指数可能会被误导，因为蛋糕指数大，并不一定代表该行业就好，如果它的增长趋势越来越小，甚至没什么增长趋势，只能说明选择这个行业的商家很少。例如，某行业的市场容量只有 1 万个成交量，但却只有两三个商家经营，那么该行业的蛋糕指数也可能很大。

4.5.4 分析行业的环比/同比增长趋势

知道了行业的市场容量和蛋糕指数后，接下来就需要对该行业的环比 / 同比增长趋势进行一个整体的分析。特别是那种蛋糕指数大、市场容量小的子行业，这类行业属于即将爆发的蓝海行业，应该重点分析这类行业的同比和环比增长趋势。

先分析环比增长情况，具体的操作方法：在图 4-44 的基础上插入一张数据透视表，在“数据透视表字段列表”窗格中，将“年份”拖入“列标签”中，将“月份”拖入“行标签”中，将“成交量”拖入“数值”中，并将其汇总方式设置为求和，如图 4-51 所示。

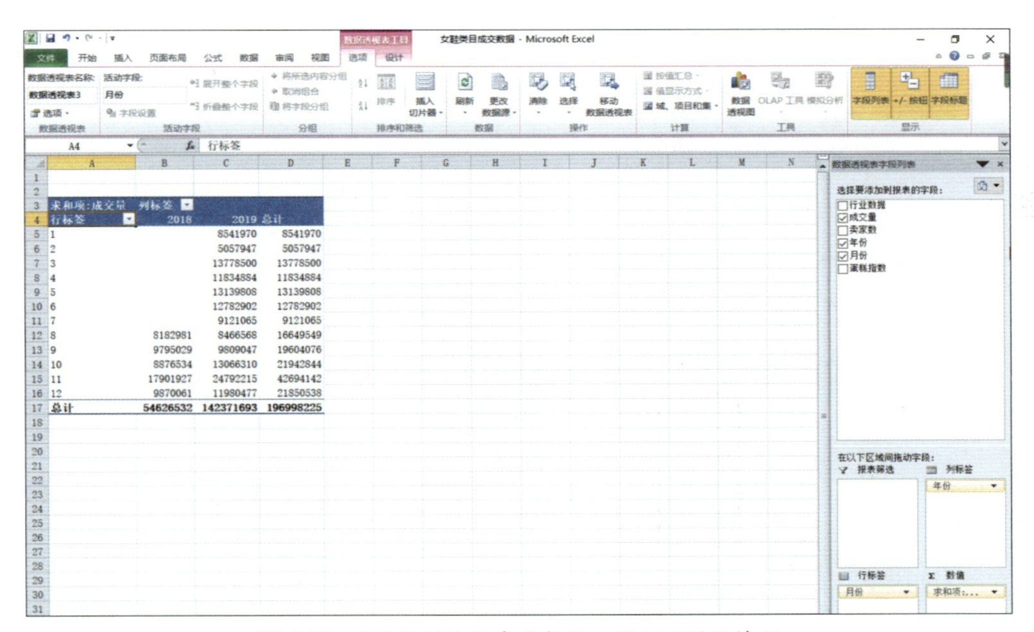

求和项:成交量	列标签		
行标签	2018	2019	总计
1		8541970	8541970
2		5057947	5057947
3		13778500	13778500
4		11834884	11834884
5		13139808	13139808
6		12782902	12782902
7		9121065	9121065
8	8182981	8466568	16649549
9	9795029	9809047	19604076
10	8876534	13066310	21942844
11	17901927	24792215	42694142
12	9870061	11980477	21850538
总计	54626532	142371693	196998225

图 4-51　通过数据透视表分析行业的环比增长情况

接下来以同比增长的方式将数据显示出来，具体操作步骤如下。

01 在图 4-51 数据透视表中，选中 B 列的数据（即 2018 年的成交数据）并右击，在弹出的快捷菜单中选择“值显示方式”→“差异百分比”选项，如图 4-52 所示。

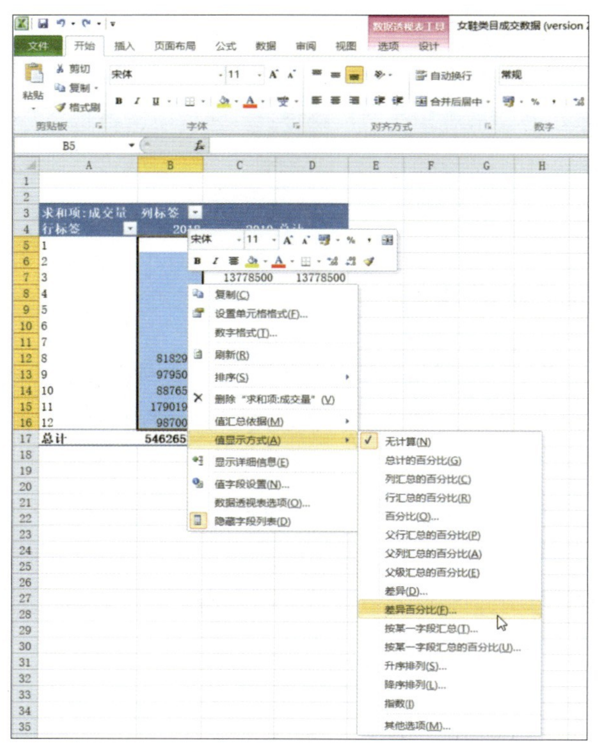

图 4-52 选择“差异百分比”选项

02 在弹出的对话框中，将“基本字段”设置为“年份”，将“基本项”设置为“上一个”，然后单击“确定”按钮，数据透视表中的数据就会以同比增长的方式显示，如图 4-53 所示。

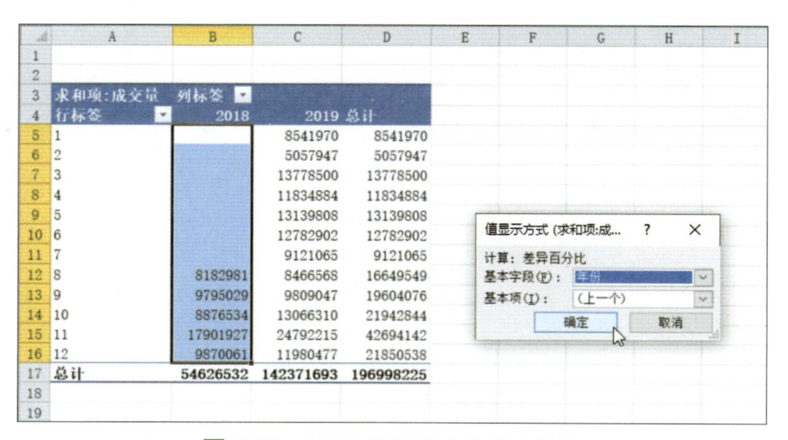

求和项:成交量	列标签		
行标签	2018	2019	总计
1		8541970	8541970
2		5057947	5057947
3		13778500	13778500
4		11834884	11834884
5		13139808	13139808
6		12782902	12782902
7		9121065	9121065
8	8182981	8466568	16649549
9	9795029	9809047	19604076
10	8876534	13066310	21942844
11	17901927	24792215	42694142
12	9870061	11980477	21850538
总计	54626532	142371693	196998225

图 4-53 以同比增长的方式显示数据

03 选中数据透视表，插入一个柱形图，然后插入一个“行业数据”的切片器，用于分析每个子行业的同比增长情况，如图 4-54 所示。

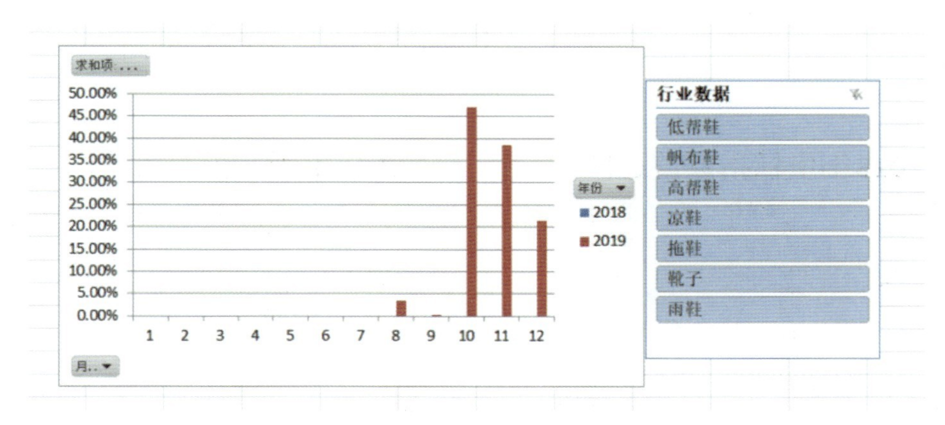

图 4-54 通过柱形图分析行业的同比增长情况

4.5.5 分析子行业的趋势

当对一个类目的市场容量、蛋糕指数和环比 / 同比增长情况有一个了解后，大致就能掌握该类目的潜力了，但最后还需要对该类目各子行业的趋势进行具体的分析，掌握子行业是否会受到季节因素的影响，什么时候是最佳切入期等。

例如，结合前面对女鞋类目进行市场容量分析、蛋糕指数分析和环比 / 同比增长趋势分析，可以发现在女鞋类目中低帮鞋是一个比较好的子行业。

首先，通过 2018 年和 2019 年的女鞋类目市场容量分析，如图 4-55 所示，可以发现低帮鞋行业的市场容量占比很大，且呈上升趋势。2018 年低帮鞋行业的市场容量占比为 36%，而 2019 年低帮鞋行业的市场容量占比为 41%，说明低帮鞋行业的市场容量一年比一年大。

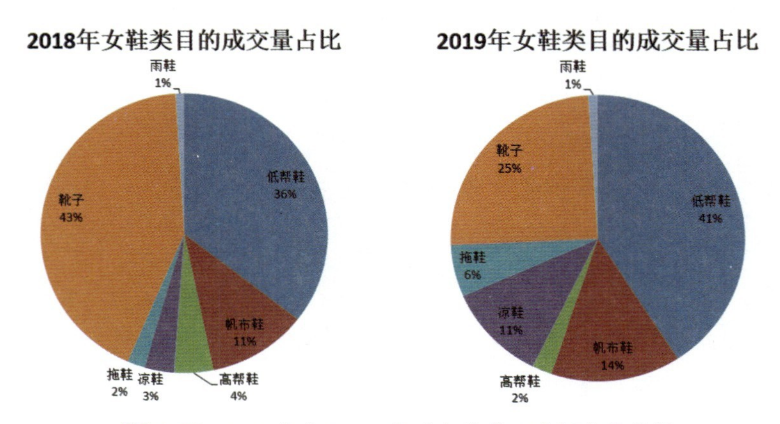

图 4-55 2018 年和 2019 年的女鞋类目市场容量分析

其次，通过 2018 年和 2019 年的女鞋类目蛋糕指数分析，可以发现低帮鞋子行业的蛋糕指数越来越大，说明这时该子行业的竞争还不算特别激烈，如图 4-56 所示。

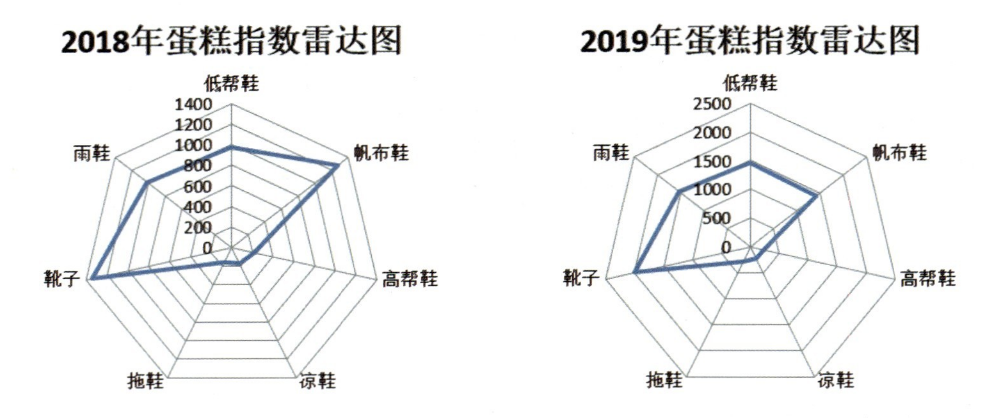

图 4-56 2018 年和 2019 年的女鞋类目蛋糕指数分析

最后，通过女鞋类目的环比 /同比增长趋势分析发现低帮鞋子行业的同比增长率一直在上升，且趋势越来越大，如图 4-57 所示。

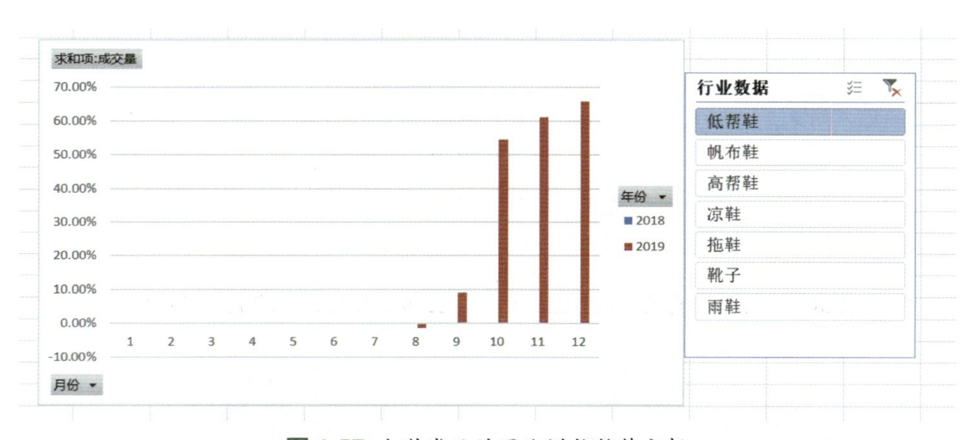

图 4-57 女鞋类目的同比增长趋势分析

【提示】

假设不考虑其他外在因素，低帮鞋这一子行业的数据趋势是比较好的，但这里的分析结果并不绝对，会存在一些误区，因为 2018 年的数据只采集了 8~12 月，所以在实际分析时还是应该尽可能采集全年的数据，这样才能更全面地进行数据分析，这里主要讲解的是数据分析的方法。

通过上述 3 项分析可以知道女鞋类目中低帮鞋行业的潜力比较大，如果商家选择要经营该子行业，还需要进一步分析整个女鞋类目的时间发展趋势。

具体的分析方法如下。

01 在图 4-44 的基础上插入一张数据透视表，在“数据透视表字段列表”窗格中，将“行业数据”拖入“列标签”中，将“月份”拖入“行标签”中，将“成交量”拖入“数值”中，并将其汇总方式设置为求和，如图 4-58 所示。

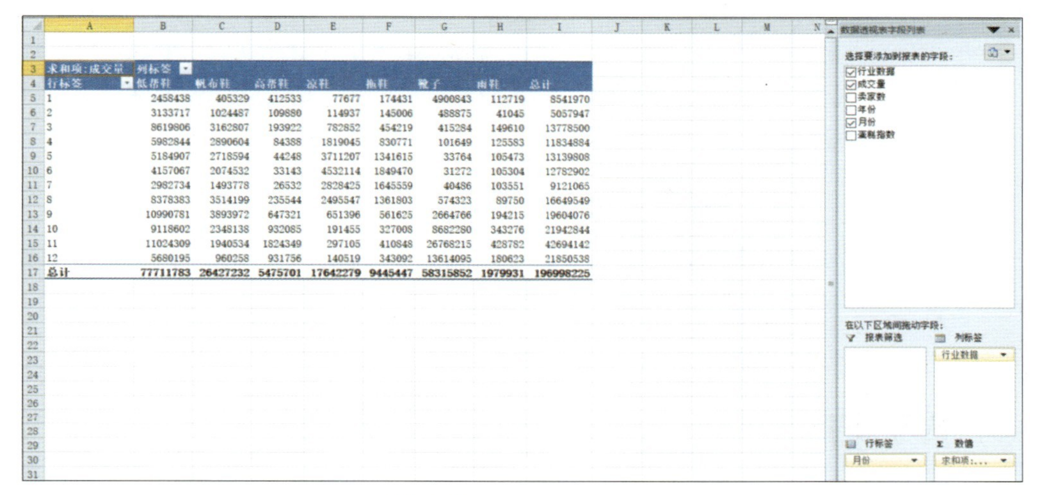

求和项:成交量	列标签							
行标签	低帮鞋	帆布鞋	高帮鞋	凉鞋	拖鞋	靴子	雨鞋	总计
1	2458438	405329	412533	77677	174431	4900843	112719	8541970
2	3133717	1024487	109880	114937	145006	488875	41045	5057947
3	8619806	3162807	193922	782852	454219	415284	149610	13778500
4	5982844	2890604	84388	1819045	830771	101649	125583	11834884
5	5184907	2718594	44248	3711207	1341615	33764	105473	13139808
6	4157067	2074532	33143	4532114	1849470	31272	105304	12782902
7	2982734	1493778	26532	2828425	1645559	40486	103551	9121065
8	8378383	3514199	235544	2495547	1361803	574323	89750	16649549
9	10990781	3893972	647321	651396	561625	2664766	194215	19604076
10	9118602	2348138	932085	191455	327008	8682280	343276	21942844
11	11024309	1940534	1824349	297105	410848	26768215	428782	42694142
12	5680195	960258	931756	140519	343092	13614095	180623	21850538
总计	77711783	26427232	5475701	17642279	9445447	58315852	1979931	196998225

图 4-58　插入数据透视表

02 选中数据透视表，插入一个折线图，再插入一个“行业数据”和“年份”的切片器，如图 4-59 所示。

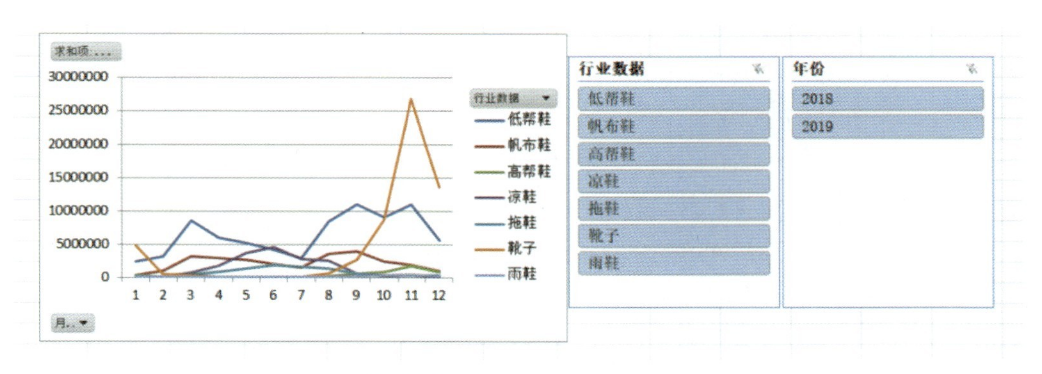

图 4-59　插入折线图和切片器

这里查看低帮鞋行业 2019 年的时间发展趋势，如图 4-60 所示，可看到低帮鞋行业在 2019 年出现了两个成交高峰，分别是 3 月和 11 月。如果说冬季是靴子的销售旺季，夏季是凉鞋的销售旺季，春秋两季正好就是低帮鞋的销售旺季，所以 3 月、4 月、9 月、10 月都是低帮鞋的销售旺季。而 11 月份已经要进入冬季了，为什么该月的成交量还会出现增长的情况，因为在 11 月有双 11 促销活动，这也是影响该子行业成交量的关键因素。

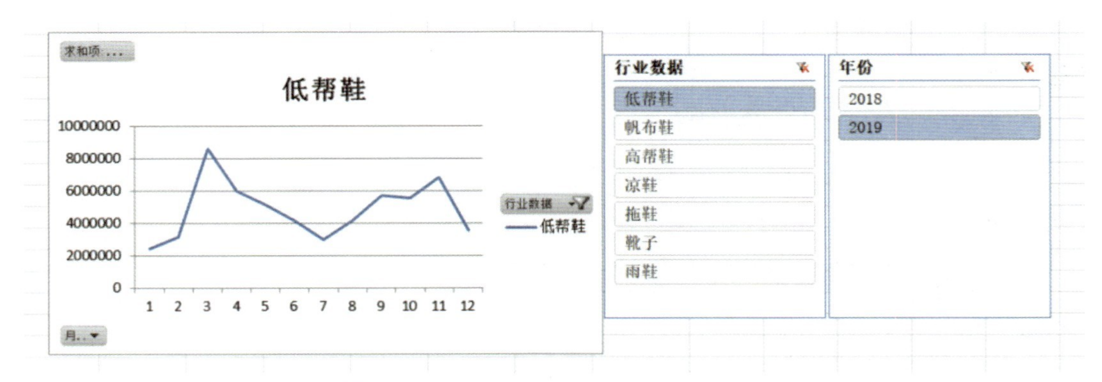

图 4-60 低帮鞋行业 2019 年的发展趋势

通常来说，商家要想经营某一子行业，应该选择该子行业进入销售旺季的前 1~2 月切入市场最为合适。

4.6 高手支招

1. 利用数据平台分析行业大盘

行业数据分析，必须要以真实的数据作为支撑，对数据进行筛选、细化和分析。下面将以阿里指数的行业大盘为例，为大家讲解如何利用数据平台进行市场数据化分析。

行业大盘是阿里指数数据平台通过对用户数据（浏览、收藏、分享、成交、退换、代理、分销）行为进行量化处理的大数据展示模块，主要包括行业数据概况和相关的热门行业、潜力行业。

例如，某淘宝商家有意向经营连衣裙类目的产品，想要借助阿里指数的行业大盘来对连衣裙类目的市场发展趋势进行数据分析。商家可以直接在阿里指数中输入类目关键词进行查看，如查看连衣裙类目的行业大盘情况，如图 4-61 所示。从行业数据概况中可以看到最近 30 天连衣裙子类目在女装行业中的采购指数排名是第 1 名，说明该类目具有较大的发展空间，市场容量较大。

从连衣裙类目的整体采购趋势来看，该类目处于一个上升趋势。结合具体的数据查询时间来进行分析，这里查看的是 2~5 月的连衣裙类目行业大盘，在这一期间，随着气温的升高，消费者对连衣裙类产品的需求也随之增加。所以，商家在分析市场发展趋势的时候，一定要结合具体的时间进行分析，切勿脱离实际。

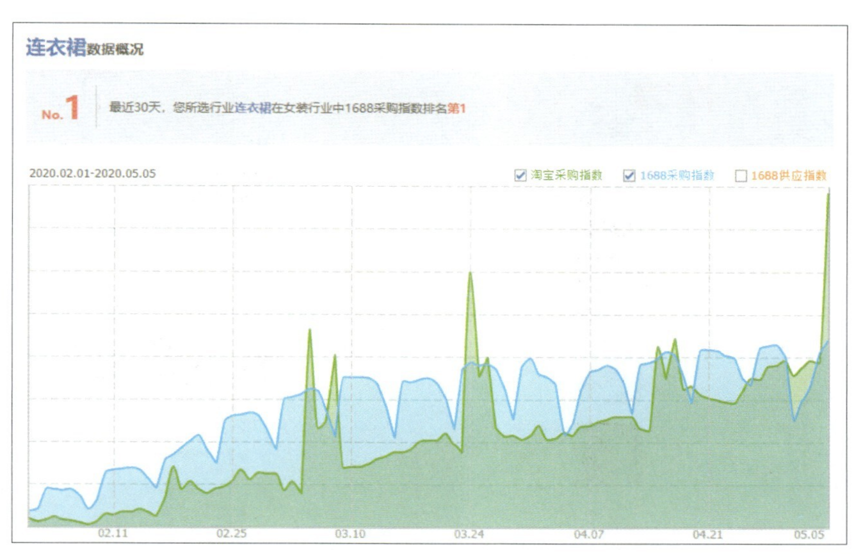

图 4-61　连衣裙类目的行业大盘情况

2. 行业商家分析

分析行业商家的目的主要在于能够帮助商家快速了解市场的竞争情况，了解竞争对手的情况，能够趋利避害，找准市场的盈利点，快速发现市场新商机。下面将以阿里巴巴交易平台为例，讲解如何分析行业商家的情况。

01 直接登录 1688 找货神器的官网，单击页面中的“淘宝排行榜”超级链接，如图 4-62 所示。

图 4-62　登录 1688 找货神器的官网

02 页面跳转到淘宝排行榜，选择需要查询的类目和分类，然后切换到“热销榜”选项卡下，即可查看全网的同款货源情况。例如，查看淘宝平台上女鞋类目中低帮鞋热销产品的排行榜，如图 4-63 所示。

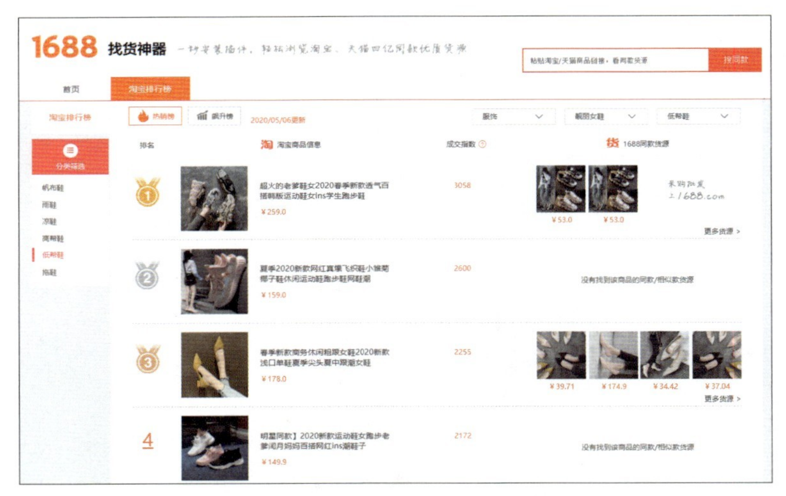

图 4-63 查看低帮鞋热销产品的排行榜

03 单击排名第一的商品标题，即可查看详细的同款货源情况，包括相似货源和同款货源，商家可以快速掌握同行的情况，尤其是产品的定价、月销售量及产品详情，如图 4-64 所示。

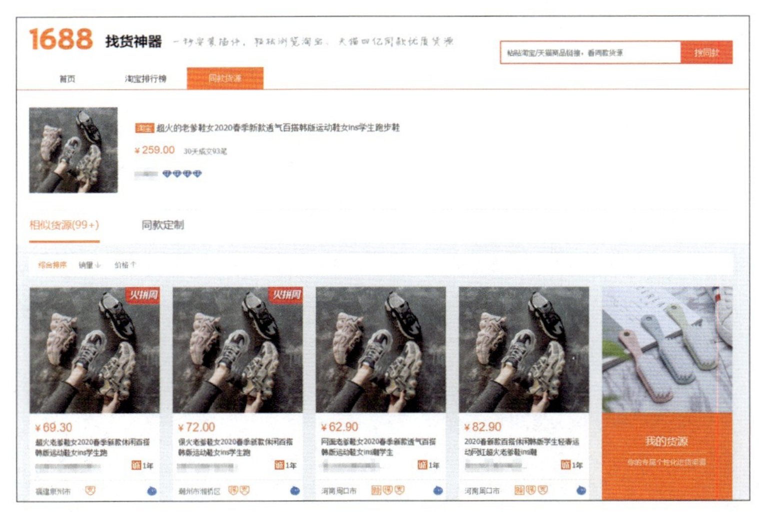

图 4-64 查看同款货源

由于电商市场的竞争越来越激烈，对于电商商家而言，掌握同行的经营情况是实现店铺良好运营的重要手段，通过对比分析同行的营销数据，能够及时调整店铺的运营策略，快速在行业中脱颖而出。

第 5 章 网店流量分析

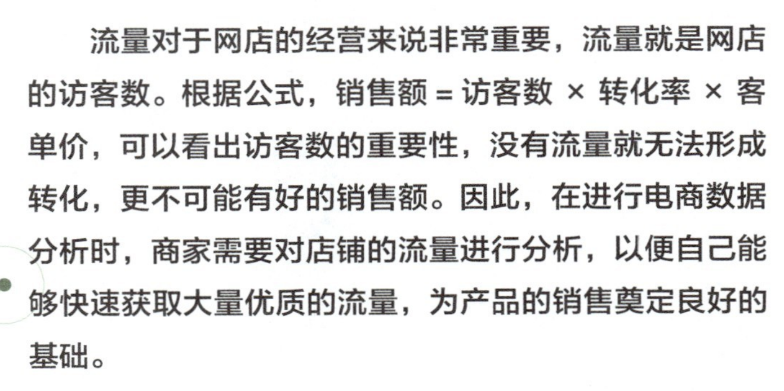

流量对于网店的经营来说非常重要，流量就是网店的访客数。根据公式，销售额 = 访客数 × 转化率 × 客单价，可以看出访客数的重要性，没有流量就无法形成转化，更不可能有好的销售额。因此，在进行电商数据分析时，商家需要对店铺的流量进行分析，以便自己能够快速获取大量优质的流量，为产品的销售奠定良好的基础。

5.1 认识流量结构

要想评估网店的流量指标，有效提高网店的流量，需要对店铺的流量结构有一个全面的认识和了解。根据店铺流量来源渠道的不同，流量可分为自主访问流量、付费流量、站内流量和站外流量。

5.1.1 自主访问流量

自主访问流量是指访客主动访问店铺时所产生的流量，它的流量入口主要包括直接访问、店铺收藏、宝贝收藏、购物车及已买到的产品等，如图 5-1 所示。自主访问流量的成交转化率通常较高，具有很强的稳定性，能够直观地看出访客的性质和质量，如果商家利用好这部分流量，可以有效提高店铺的人气，增加店铺的访问深度和成交转化率。

图 5-1 自主访问流量的入口

1. 直接访问

直接访问是指访客通过直接搜索店铺名称或产品名称等方式进入店铺访问。例如，直接在淘宝首页的搜索栏中输入店铺名称或产品名称，即可搜索到相关的店铺或产品，如图 5-2 所示。

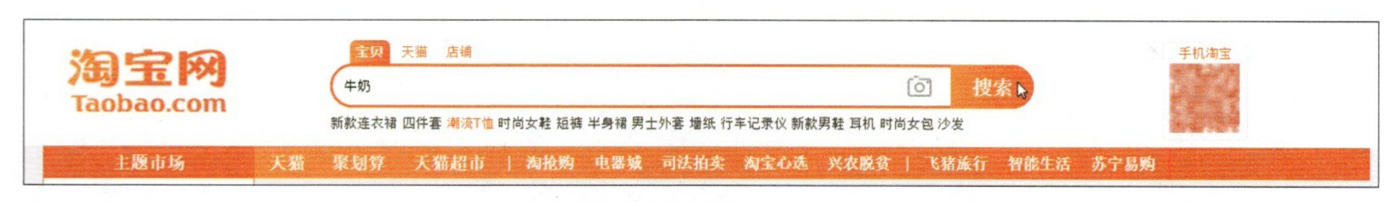

图 5-2 直接访问

直接访问的流量对产品的成交转化率具有较大影响，因为通过直接访问方式进入店铺的访客一般都具有很强的购物意愿和明确的购物目的，但这类访客也容易受到产品价格、主图效果等因素的影响而放弃购买。所以，商家在针对这类访客流量时，应该尽量从产品的价格、主图和标题等方面来提高产品的吸引力，从而引起更多目标客户的注意，增加店铺的访问量。某产品的搜索结果页面如图 5-3 所示。

图 5-3　某产品的搜索结果页面

2. 店铺收藏

店铺收藏是指访客之前对自己心仪的店铺进行了收藏，在需要访问该店铺时通过淘宝首页收藏夹中的“收藏的店铺”链接进入淘宝收藏夹页面，然后点击已收藏的店铺进入即可，如图 5-4 所示。

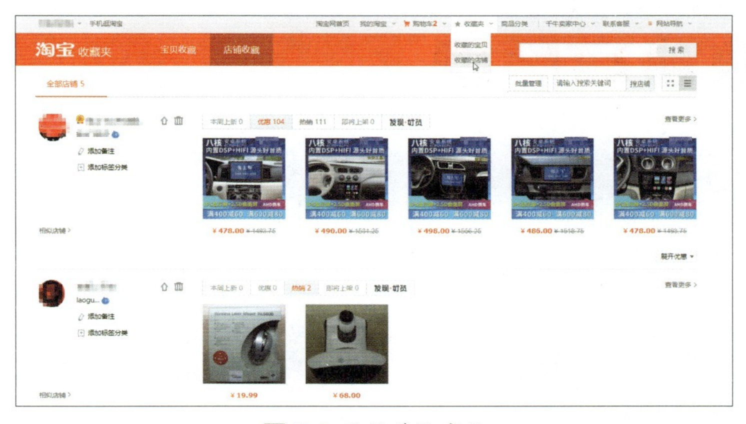

图 5-4　已收藏的店铺

3. 宝贝收藏

宝贝收藏是指访客之前对某款产品进行了收藏，访客直接通过淘宝收藏夹中的“收藏的宝贝”链接进入店铺，如图 5-5 所示。

图 5-5 收藏的宝贝

产品的收藏人气越高，说明对该产品感兴趣的人就越多。收藏产品或查看产品收藏人气的页面为产品的详情页面，如图 5-6 所示。

图 5-6 收藏产品或查看产品收藏人气的页面

4. 购物车

购物车是电商平台为消费者提供的一种快捷购物工具，消费者可以将多种产品加入购物车，然后批量下单，并一次性完成付款。直接访问购物车是指访客通过自己账号下的购物车进入店铺或直接在购物车中下单付款，如图 5-7 所示。

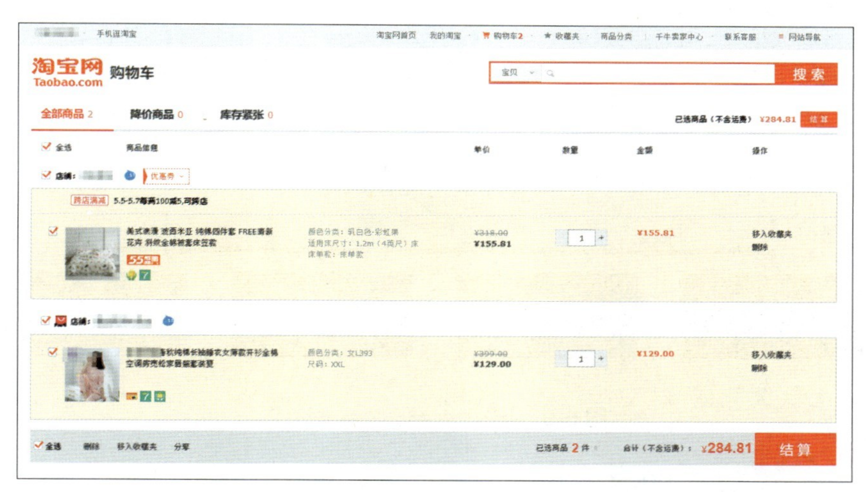

图 5-7 淘宝购物车页面

5. 已买到的产品

已买到的产品是指访客通过“已买到的宝贝”页面进入店铺进行访问。客户可以直接单击已经购买过的产品，通过这种方式访问店铺；同时客户还可以直接在已买到的宝贝页面单击旺旺小图标，和商家进行交流，如图 5-8 所示。

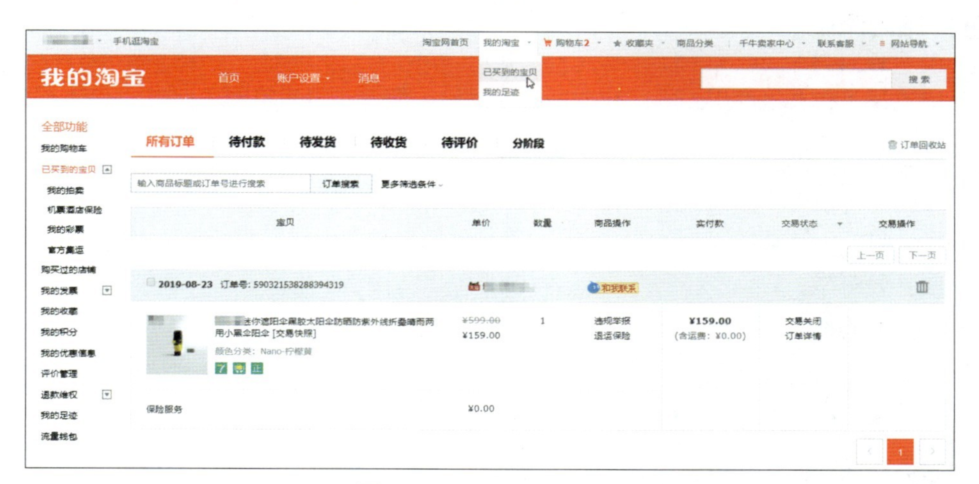

图 5-8 已买到的产品页面

5.1.2 付费流量

付费流量是指通过付费推广的方式获取到的流量，也就是通过一些付费推广工具来帮助店铺引流。在淘宝平台上比较受欢迎的、使用频率比较高的付费推广方式主要有淘宝客、直通车、智钻和超级推荐，如图 5-9 所示。这 4 种引流方式将在 5.2 节中详细讲解，它们各有优劣，商家需要根据自己店铺的实际情况和资金情况进行选择。

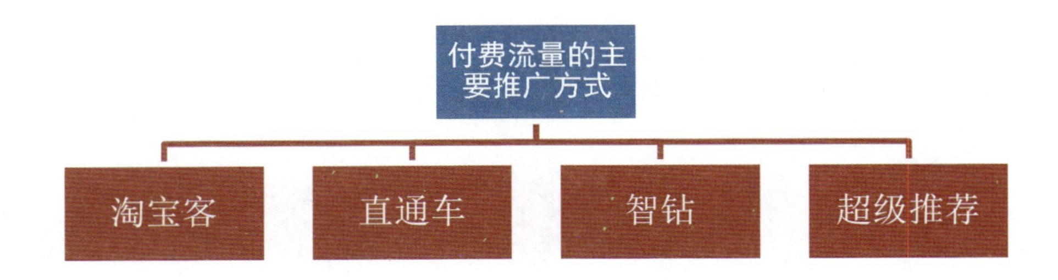

图 5-9 付费流量的主要推广方式

付费流量的特点在于获取的流量数量较大、精准度较高，但相对来说，成本的投入也会增加。对于一家网店来说，完全没有付费流量是不合理的，但是付费流量在整个店铺的流量结构中的占比不宜过高，一般中小商家或者新店铺选择通过付费推广方式获取流量的较多。获取付费流量的关键在于找到最适合自己店铺的付费推广方式，商家应该在平时的店铺运营过程中多学习、多实践，从而找到最合适、推广效果最好的一种付费推广方式。

5.1.3 站内流量

站内流量是指在电商平台内部获取的流量。站内流量对于一家网店而言，在其流量构成中占据着非常大的比重。在淘宝平台上，每天都有几千万甚至几亿的流量基数，如果商家能够尽可能多地获取这些站内流量，就能最大限度地提高店铺的销量。站内流量分为免费流量和付费流量两种，淘宝商家可以从淘宝平台提供的站内免费流量渠道获取流量，如淘宝直播、淘宝头条、微淘等。

1. 淘宝直播

随着全民直播时代的到来，现在直播带货的热度与日俱增，淘宝平台上的淘宝直播也成了不少商家为店铺引流的重要阵地。很多商家都会请一些知名的主播在淘宝直播上为自己店铺的产品进行推广宣传。图 5-10 为某店铺正在淘宝直播频道中进行的一场直播。

2. 淘宝头条

淘宝头条是阿里巴巴集团旗下的生活消费资讯媒体聚拢平台，如图 5-11 所示。内容化、社区化、本地生活服务是淘宝平台未来发展的 3 大方向，所以淘宝头条的定位就是生活消费资讯媒体聚拢平台，每个月上千万的消费者通过淘宝头条获取最新、最优质的消费资讯。很多商家、达人、自媒体也会利用这一平台来发布消费资讯，希望借助其海量的流量和精准算法的个性推送，来获取更多的曝光和关注。

图 5-10　淘宝直播

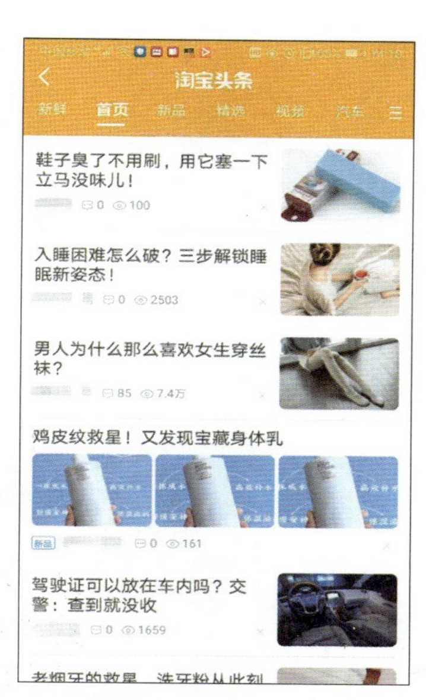

图 5-11　淘宝头条

3. 微淘

手机微淘是一个以关注关系为核心的生活消费类内容社区，可以为商家提供精准的粉丝触达，为消费者提供最新的消费资讯，如图 5-12 所示。手机微淘的核心是以用户为中心，每一个用户都可以通过关注账号的方式来获取自己感兴趣的消费信息和服务；同时商家也可以利用微淘账号进行品牌传递、粉丝管理、精准互动和内容导购等。

图 5-12　手机微淘

5.1.4 站外流量

站外流量是指在除店铺所在电商平台以外的渠道所获取到的流量。商家要想取得好的销售业绩，必须要获取大量的优质流量，但仅仅依靠站内流量是远远不够的，还需要通过一些站外渠道来引流。站外流量主要是通过一些知名的社交平台来获取，如抖音、微博、微信、QQ、论坛及贴吧等，如图 5-13 所示。

图 5-13 站外流量的主要获取渠道

5.2 网店引流的方法

对于一家网店来说，如果不引流，店铺的流量和销量就会很低，从而影响店铺的利润，所以掌握正确的引流方法至关重要。下面就介绍几种常见的网店引流方法，并结合实践案例对引流方法进行分析，以帮助商家获取到更多优质的流量。

5.2.1 利用活动引流

在电商平台上，各类促销活动层出不穷，如“双 11”“双 12”“618”等。很多商家为了获取到更多优质的流量，纷纷报名参加这些活动，要利用活动的热度来带动店铺的流量和销量。但仍然有部分商家虽然参加了活动，获得的流量还是很少。所以，商家在参加活动前，一定要事先对活动规则和活动商品进行分析。

例如，某经营女装类目的商家为了使店铺获得更多的流量和销量，希望多参加一些活动来为店铺引流。但对店铺之前参加的活动进行详细分析后，发现存在以下两个问题。

（1）活动数量过少

该女装店主要面向的消费群体是 20~25 岁的年轻女性。这个年龄段的女生主要为学生和职场新人，其消费能力有限，喜欢物美价廉的商品。而该店铺之前参与的活动较少，且活动力度也较小，所以不足以引起这部分消费群体的关注。因此，商家应该多参加一些平台活动，店铺内部也可以根据实际情况制订节日活动、周年庆活动等计划。

（2）活动设置不合理

不同的平台活动，其主旨与规则也有所差别。店铺虽然之前参加了一些平台活动，但活动规则的设置非常不合理。之前店铺为了推广一款秋季新品，拿出 10 件新品参与免费试用。但由于该商品本身客单价较低，款式也很普遍，所以活动效果一般。所以不建议商家参加试用类的活动，还是应该参加“聚划算”这类团购活动。

结合本案例中的情况分析阿里试用和聚划算的区别。

阿里试用是目前全国最大的免费试用中心和最专业的试客分享平台，不仅聚集了上百万份试用机会，还有亿万消费者对各类商品最全面、真实、客观的试用体验报告，供消费者参考。阿里试用的首页如图 5-14 所示。在阿里试用中，所有用户都可以申请免费试用商品，所以每天都有很多消费者申请试用商品，该活动的人气也非常火爆。但本案例中以新品服装作为试用品，其吸引力较低，试用人数较少，所以试用报告的曝光量也很低。

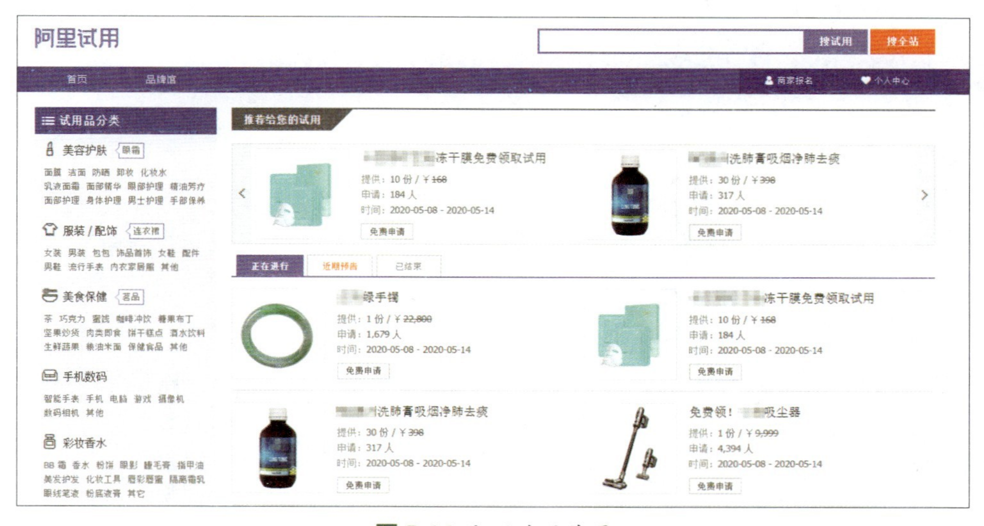

图 5-14 阿里试用首页

聚划算是阿里巴巴集团旗下的团购平台，经常聚拢一些商家进行团购活动。聚划算的首页如图 5-15 所示。由于参加聚划算活动的商品必须在原价的基础上以折扣价格进行销售，优惠力度较大，因此拥有较为稳固的消费群体。

图 5-15 聚划算首页

商家参加聚划算活动，还具有清库存、树品牌、关联销售等多种好处。

- 清库存：由于聚划算有较强的市场凝聚力，是一个清理库存的好平台。
- 树品牌：参加聚划算活动能加大曝光率，对品牌宣传有良好的作用。
- 关联销售：用聚划算主商品带动关联商品也会有不错销量。
- 积累客户：在商品质量良好的前提下，流量和销量有所提升，店内忠实客户的数量也有所提升。
- 加大商品搜索权重：流量、销量和评论的增加，能加大商品搜索权重，使商品获得更多的曝光。
- 发现短板并加以改善：通过观察大量的销售数据，有利于发现店内商品、工作人员和物流等环节是否存在问题，若存在问题能及时进行改善。

本案例中的店铺由于知名度较小，客单价较低，销售的商品较为大众，所以更适合参加聚划算这类团购活动，这样才能有效地为商品和店铺带来更大的曝光量、流量及销量。

5.2.2 社交平台引流

前文中有提到站外流量主要是通过一些知名的社交平台来获取，如抖音、微博、微信、QQ、论坛及贴吧等。下面就以短视频社交平台——抖音为例，为大家详细分析社交平台引流的方法。

随着短视频行业的快速发展，抖音、快手等知名短视频平台的用户数量都在不断增加。所以，不少电商都看中了这些短视频平台上所聚集的庞大流量，纷纷携商品加入这些短视频平台，希望通过短视频或直播的方式为店铺引流。

例如，在抖音平台就出现了直达淘宝购买页面的链接，如图 5-16 所示。用户在观看短视频时，只需点击视频中出现的产品购买链接，即可跳转相应的淘宝产品详情页面，如图 5-17 所示。对于用户而言，在观看短视频的过程中，只要对视频中的产品感兴趣就可点击产品购买链接，直接跳转到淘宝、天猫等电商平台下单购买，这种边看边买的模式使整个购物流程变得更加便捷，消费者的购买体验也有所提升。

图 5-16 抖音关于商品页面

图 5-17 抖音跳转商品详情页面

利用抖音短视频平台来推广产品的好处在于可以抢占用户的碎片化时间。例如，在电商平台上观看商品短视频的人，可能是对某款产品有明确购买意向的消费者；而在抖音等短视频平台上的用户，基本上是为打发空闲时间而随意观看短视频的人，这类用户可能原本对产品没有购买意向，但在看完视频后，认为该产品还不错，就可能会点击购买。

抖音平台与淘宝平台之间具有关联推广的功能，如某用户近期在淘宝平台中搜索过“减肥”等关键词，在抖音平台中，就可能收到多个关于推荐减肥产品的短视频。这种精准式推广，更容易满足用户的需求，进而促进下单。

在抖音平台中，如果粉丝数量庞大但转化效果不佳，应重点分析视频内容。

- 关联性。通常，视频内容和粉丝都要有一定的关联性。例如，化妆教学类短视频推广美妆产品，其受众人群也正好是爱美的女性，这样转化率才会较高。
- 产品用途广泛且实用性较强。一般用途广泛且实用性强的产品销量更佳，如日常所需的服装类、美妆类产品等。
- 产品价格适中。客户往往会利用碎片化时间浏览短视频，对于自己感兴趣且价格适中的产品就会立即下单购买。但如果产品价格虚高，可能导致客户犹豫，从而流失。

如果产品确实因为存在上述问题导致抖音流量不佳，商家应该针对具体问题进行改善，调整和优化短视频的内容。

5.2.3 淘宝客引流

淘宝客引流是一种按成交量计费的推广模式。淘宝客的作用类似于线下的推销员，也就是为商家推广产品并按成交业绩提成的推广人员。

商家可以在淘宝平台的“卖家中心”设置淘宝客推广，选择需要推广的产品，设置好佣金，并将之发布出去；而淘宝客们则在“阿里妈妈”平台自主挑选自己想推广的产品，淘宝平台会自动计算推广成绩并进行结算。

在淘宝客推广模式中，有商家、客户、淘宝客 3 个主要角色，他们之间的关系如图 5-18 所示。

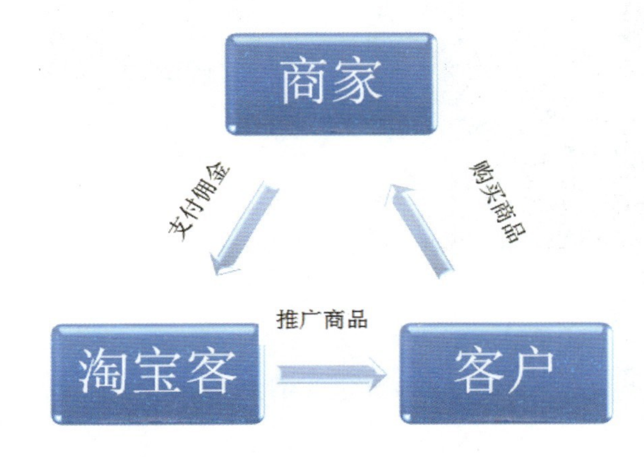

图 5-18 淘宝客与商家、客户关系图

大部分商家都希望参与合作的淘宝客越多越好，但很多商家都遇到过这样的窘境：发布需要推广的产品后没有淘宝客愿意去推广。这时商家就需要对淘宝客计划的设置进行分析，看看淘宝客计划是否合理。例如，某家经营母婴用品的店铺近期投放了一个淘宝客计划，但因为推广效果不佳，商家特意请了专业的数据分析人员对店铺的淘宝客推广计划进行了分析。数据分析人员对整个淘宝客推广计划进行全面分析后，给出如下建议。

1. 重新撰写招募贴

该商家认为淘宝论坛用户多，所以选择在淘宝论坛发布合作信息，但招募帖的曝光量却并不高，所以导致推广产品的淘宝客很少。通常，大多数商家都会选择在淘宝联盟发布招募贴，如图 5-19 所示。有经验的商家还会选择其他的平台或加入一些淘宝客交流群，发布招募信息。

图 5-19 淘宝联盟首页

在撰写招募帖时，商家不仅要注意标题的撰写，还应突出产品特点，这样才能有效地吸引淘宝客去推广产品。总体而言，撰写招募贴应注意以下几点。

- 标题要有吸引力。淘宝客在浏览信息时，一般会根据标题决定是否点击浏览帖子内容，所以招募贴的标题需要具有吸引力。例如，"最高 60% 佣金店铺承揽精英淘宝客""皇冠店铺广招淘宝客"。在撰写标题时要注意适度夸张，但切忌脱离实际。
- 传达的信息要清晰。关于店铺、产品、佣金、联系方式、链接等信息要完整清晰，描述产品时要重点突出产品的特色、卖点。如果能展示一些店铺的销售数据和转化率情况，对淘宝客而言，更有说服力。
- 注意图文并茂。为了给淘宝客留下好印象，可在招募贴中直接展示产品的卖点图片，并配以文字，方便淘宝客了解产品的相关信息。
- 设置淘宝客奖励制度。为与淘宝客维持长期的合作关系，可设置一些奖励制度，以此来调动淘宝客的积极性。例如，月推广超过 10 单在原有佣金的基础上在奖励 10%；月推广超过 20 单在原有佣金的基础上在奖励 20%，以此类推。

2. 重新设置佣金

佣金设置过低，对于淘宝客而言不具吸引力；佣金设置过高，则可能带来亏本的风险。商家可以分别设置类目佣金和单品佣金。类目佣金比率是对店铺内同类型的商品给出统一的提成比例，可直接设成默认的最低值；单品佣金则应根据商品的价格、功能、质量、库存、历史销量、口碑、季节、市场竞争等因素来设置。例如，店铺中婴儿奶粉类产品的佣金率是 20%，对其中新品婴儿奶粉产品来说，为了快速打开销路，占领市场，可以将单品的佣金率提高至 25%。

设定佣金时商家应考虑到成本与毛利的关系，保证在整个推广计划中毛利处于可以承受的范围。一般而言，佣金设置的基准区间在 5%~50%，商家可以根据产品和促销的情况进行调整。

5.2.4 直通车引流

直通车是淘宝平台推出的一种精准推广工具，也是淘宝站内目前使用最广泛的一种付费推广方式。在淘宝首页搜索关键词，如在淘宝搜索框中输入“雨伞”，在搜索结果页面上方、右侧和下方均会出现与关键词相关的产品，这些展示位就是直通车展示位。直通车在搜索页面底部的展示位置如图 5-20 所示。

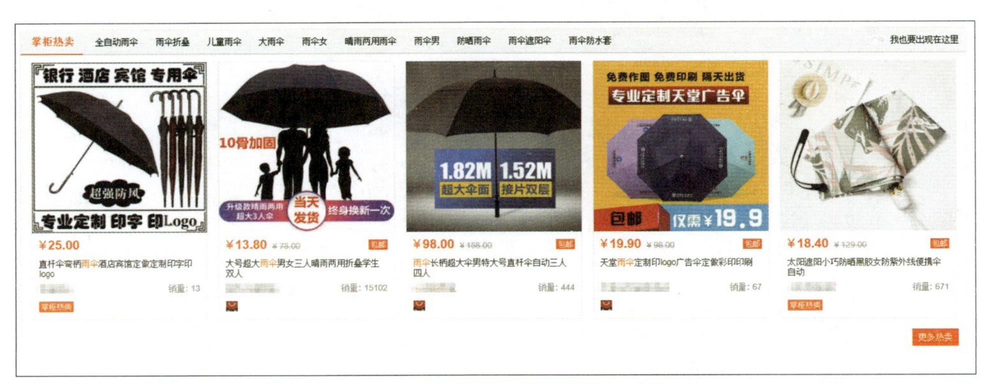

图 5-20 直通车的展示位置

直通车推广是以关键词为线索，通过搜索竞价的方式按照次序来展现产品，淘宝平台会根据产品的点击量，向商家收取一定比例的费用。商家可以自主对关键词进行定价并设置投放时间。按照排名，出价高者优先展现。如果客户通过直通车推广位点击了该产品，系统会自动根据该产品的关键词或者类目的预设价格计费扣款。

【提示】

在一般情况下，直通车每点击一次是几毛钱到几元钱，在活动促销期间则可能达到十几二十几元。

随着使用直通车推广产品的商家越来越多，直通车推广的竞争也越来越激烈，淘宝平台为了维护整个生态系统的平衡，也为使中小商家能够获得公平的竞争机会，设计了一个质量分系统。例如，某个商家直通车产品出价为 3 元，但该产品的点击率、成交转化率、成交金额、回购率等数据指标的评分都很低，说明该产品获取流量的能力不强，不是一个特别有潜力的产品，有可能该产品最后的排名还排在出价 2 元的产品后面。所以，一个产品只要本身质量过关，服务到位，具有很强的吸引力，即使出价较低也可以获得好的排名。

要想直通车获得好的推广效果和引流效果，就需要根据时间、地域、搜索人群、关键词和投放设备等重点维度来调整直通车推广计划。直通车推广计划的重点维度设置如表 5-1 所示。

表 5-1 直通车推广计划的重点维度设置

维度名称	具体设置
时间	在设置直通车计划时，可以从周一到周日，以小时为单位进行设置。再根据生意参谋等工具，找到该类目商品的成交高峰段，设置不同的比例。可以动态设置，出价随着时间段、销量而有不同设置。 例如，通过生意参谋找到上午 11 点和下午 4 点是生鲜产品成交的高峰期，但在夜间该类产品的成交率特别低。在基数为 1 元的前提下，应该把成交高峰期的出价调整为 150%，就是 1.5 元；在成交率低的夜间，出价调整为 50%，就是 0.5 元
地域	不同地域的人群喜好、需求或运输情况会有所不同。例如，有些南方地区特有的产品，在北方地区的受众就很少；一些偏远地区的运费通常会非常高。所以，在设置直通车推广计划时，商家可以依照类目来分析地域接受度，不想投放的地域可以不用投放，相应地区的人群就不会看到产品的展示信息了
搜索人群	搜索人群指的是在淘宝平台上有一定特征的人群。例如，有些人经常购买高价产品，有些人逛淘宝、天猫的频次很高，有些人喜欢领优惠券，还可以按照年龄、收入、性别等对搜索人群进行分类。根据不同的人群特征，在设置直通车推广计划时，可以按照指定的人群，提高出价或降低出价
选取关键词	选取关键词对于直通车推广计划来说非常重要，系统会有一些提示，如某一个关键词应该出多少钱，但更多的出价依据来源于直通车报表
投放设备	投放设备指的是投放在 PC 端上还是投放在手机端上。一般来说，很多商家可能都会去抢手机端的头部流量，这时关键词的出价会比较高

直通车推广计划中的很多数据维度都可以通过直通车报表进行分析，如昨天花费了 500 元的推广费用，究竟能为店铺带来多少流量和成交，这些数据都可以通过分析直通车报表得到答案。

直通车推广计划应根据具体的数据分析结果设置，下面就来看看某女鞋类目店铺直通车工作进度表，如表 5-2 所示。

表 5-2 某女鞋店直通车工作进度表

<table>
<tr><th>任务名称</th><th colspan="3">类目</th><th>工作目标</th><th>工具</th><th>开始时间</th><th>完成时间</th></tr>
<tr><td>调查</td><td colspan="3">名称、类目、效用、形容词、目标人群等</td><td>了解产品信息、投放人群和投放范围</td><td>生意参谋、阿里指数</td><td>开直通车前</td><td>2 天</td></tr>
<tr><td>选款</td><td colspan="3">选择 3~5 款产品</td><td>测试主推款</td><td>生意参谋</td><td>开直通车前</td><td>2 天</td></tr>
<tr><td rowspan="3">选词</td><td rowspan="3">挑选关键词的方法</td><td>主推关键词</td><td>尝试用中心词或精准关键词</td><td rowspan="3">挑选合适的主推关键词</td><td>系统推荐</td><td rowspan="3">开通直通车即开始选词</td><td rowspan="3">每天调整，质量 6~10 分</td></tr>
<tr><td>挑选与标题一样的关键词</td><td>类目词＋属性</td><td>流量解析工具</td></tr>
<tr><td>一次性添加多个词语，质量分 6 以下的删除，逐渐尝试质量分直到出现 6~10 分</td><td>使用工具</td><td>魔镜软件</td></tr>
</table>

续表

<table>
<tr><th>任务名称</th><th colspan="3">类目</th><th>工作目标</th><th>工具</th><th>开始时间</th><th>完成时间</th></tr>
<tr><td rowspan="2">选词</td><td rowspan="2">关键词推广方法</td><td>养词，一开始出高价，然后等1~2天流量稳定再慢慢减价</td><td>建议主推款</td><td rowspan="2">测试关键词推广</td><td>直通车新报表</td><td rowspan="2">选词以后开始</td><td rowspan="2">每天调整</td></tr>
<tr><td>养词，一开始低价，然后慢慢提价，如每个小时加0.05 ~ 0.1元，提高质量分</td><td>新品推荐</td><td>直通车新报表</td></tr>
</table>

【提示】

在选款时，商家应重点关注推广产品的历史销量、历史收藏、评分、展现量、点击量、点击率、成交金额、成交笔数、成交转换率、原标题等；在挑选关键词时，应重点关注推广产品的推广关键词、出价、位置、花费、点击量、成交金额、成交笔数、成交转换率、历史排名等。

5.2.5 智钻引流

智钻是淘宝图片类广告位自动竞价平台，是专为有信息发布需求商家量身定制的一种付费推广工具，旨在帮助商家获取更多精准流量。智钻精选淘宝平台上最优质的展示位置，让商家通过竞价排序展示广告，按照展现进行计费。智钻推广其实是以精准定向为核心，面向全网精准流量进行实时竞价。例如，保健产品在投放智钻广告时，可以单独投放给对保健产品有需求的人群。人群越精准，转化率也就越高。由智钻展位带来的流量，会以不同的比例分散给店内不同的产品，因此智钻流量对店内多个款式产品的收藏、加购都起着非常重要的作用，也更容易带动整个店铺的销量。

智钻不仅适合推广产品，更适合店铺、品牌的推广。智钻推广可以在为店铺带来充裕流量的同时，增加客户对店铺的好感，增强客户黏度。

智钻是按照流量竞价售卖广告位的，有“每千次浏览单价”（CPM）或“点击付费”（CPC）两种计费方法。智钻的竞价模式和直通车有点类似：谁出价高，谁就优先展示。系统将各时间段的出价，按照竞价高低进行排名，价高者优先展现，出价最高的预算消耗完后，即展现下一排位的广告。以此类推，直到该小时流量全部消耗完。

【提示】

在投放智钻时，假如有 10 个商家都选择从 0:00~24:00 投放，在预算都足够的前提下，某一时段（如上午 8:00~9:00），谁的出价更高，谁就在 8:01 开始展示，但能展示 5 分钟、10 分钟，还是半小时，取决于总预算。总预算越高，分配到当前时段的预算也就越高。简单来说，竞价模式就是出价越高，展示越早；预算越多，展示越长。

在分析智钻计划时，应重点关注的内容如表 5-3 所示。

表 5-3 分析智钻计划要点

名称	内容
分析报表优化计划	分析报表有一个从上到下解剖计划并调整的工具。一般情况是先看计划，计划总支持和总销量及总加购数量和总收藏数量。然后向下拆分到具体单元，如 PC 首焦和无线首焦哪个资源位产出更多，继而一步步定位，定位到具体的创意、定向上去。整个过程像是一个树状的结构，一个计划包含很多个单元，每一个单元包含很多资源位，每一个资源位有多个定向，每个定向之下有多个创意图
定向的选择	智钻的定向功能非常符合广告原则，而且是基于阿里的大数据并做了大量的计算，所以理论上可以实现给对店铺有过购买、收藏、关注、浏览的群体投放广告
资源位建议	智钻投放资源位包括 PC 首焦、无线首焦，PC 首页、手机天猫的猫客焦点等。应重点分析投放资源位是否合理，若不合理，应想办法找到产出和流量都比较稳定的资源位
创意建议	除了基本的文案、配图等要素，还需要高点击的创意图。创意图不仅需要结合图文，更重要的是符合注意力、兴趣和行动三要素。在智钻后台可以看到如“创意实验室”“创意库”等工具，会推荐系统优秀的创意。一个好的创意可能需要用一周左右的时间测试出来，但可以使用一两年

经过一层层详细的分析最终确定好资源位、创意、定向等内容，计算好消耗的占比，且产出在接受范围之内，即可得到较好的投放计划。

5.2.6 超级推荐引流

超级推荐是淘宝平台在 2019 年 4 月上线的一款与直通车、智钻并行的付费推广工具。超级推荐主要通过图文、短视频、直播等形式对商品进行推广。商家付费投放超级推荐计划，可以获得更多精准流量。

超级推荐是在手机淘宝“猜你喜欢”等推荐场景中穿插原生形式信息的推广产品。所以，超级推荐的展示位置主要位于手机淘宝的“猜你喜欢”板块中，如图 5-21 所示，带“HOT”字样的产品为超级推荐产品。

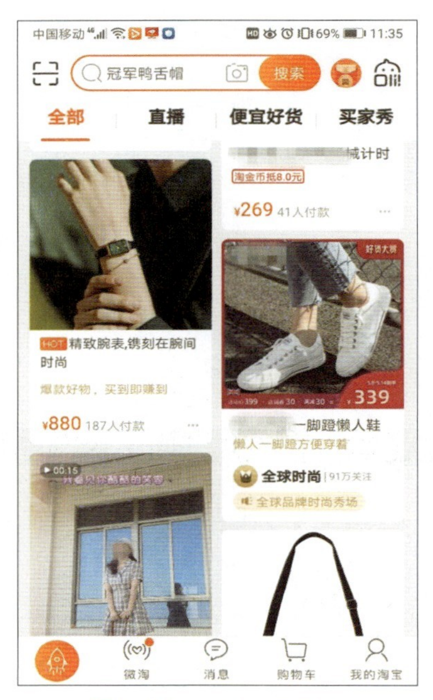

图 5-21 超级推荐产品

超级推荐有着全场景覆盖、多创意沟通、数据技术驱动、多维度价值等优势。超级推荐的核心是用内容创造消费需求，用产品挖掘潜在人群。它在展现形式上突破了手机淘宝原有的单一产品推荐形式，增加了图文、短视频、直播、淘积木等多种创意形式。在内容化运作的大趋势下，极大地丰富了商家内容化运营的场景，并加深了商家与客户的深度互动。

超级推荐作为一款新上线的推广工具，其功能和直通车、智钻有很多类似的地方。下面先从展示位置、推广主体、推广方式 3 方面出发，来对超级推荐与直通车的区别做一个分析，具体内容如表 5-4 所示。

表 5-4 超级推荐与直通车的区别

比较项目	超级推荐	直通车
展示位置	直通车关键词在搜索环境下展现，与超级推荐基本上没有交集，而是流量互补。但是直通车定向推广与超级推荐展示位置一样，都投放在“猜你喜欢”板块。所以这就是引发大家思考的地方：两者都展示在“猜你喜欢”，会不会重复扣费和互相竞争。其实，平台不会重复扣费，从哪个渠道引入流量，扣费就在哪个推广工具计算；也不存在互相竞争，都是按照各自的排名、展现规则出价	
推广主体	产品、图文、短视频、直播	只能推广产品
推广方式	全店推广的人群圈选方式	按客户购物兴趣点（购物意图）圈人

超级推荐与直通车实际上并不冲突，同时使用两者还可以通过更低的点击单价获取流量。假如，某店铺一天需要从“猜你喜欢”板块获取 5000 个流量。如果仅使用直通车，可

能点击一次需要花费 0.6 元；如果组合使用直通车和超级推荐，点击一次只需要花费 0.4 元。所以，推广工具也可以组合使用，至于在哪个推广工具上投入更多，取决于哪个推广工具的效果更好。

超级推荐与智钻也有很多相似之处，超级推荐中同样也有智能、拉新、重定向、达摩盘等，使其流量类型清晰，新老客户分层明显。有过智钻投放经验的商家，一般对超级推荐都很容易上手。

【提示】

达摩盘是阿里妈妈平台推出的一款精准营销工具，达摩盘能快速分析店铺客户数据，便于商家对不同的人群采取不同的营销战略。当商家自定义计划时，如果发现超级推广的人群定位不准确，可开通达摩盘工具，将超级推荐和达摩盘进行接入，使计划达到更好的效果。

5.3 不同渠道流量分析

消费者访问网店的渠道有很多，商家为了能让客户看到自己的店铺并进入店铺，可谓是使出了浑身解数。商家要找到最适合自己店铺的流量获取渠道，可以通过对客户从不同渠道访问店铺的情况进行数据统计，并对不同流量渠道的数据进行分析，从而根据分析结果找到最佳的流量获取渠道。下面将以 A 店铺获取流量的 4 种渠道为例，在 Excel 中针对不同渠道流量数据进行统计和分析。

5.3.1 创建不同渠道流量统计表

不同渠道流量统计表主要包含时间、访问渠道、访问渠道明细及访问数量等数据，通过分析这些数据信息，商家能够找到最佳的流量获取渠道。这里主要对免费流量、付费流量、自主访问及其他 4 种渠道获取的流量数据进行分析。创建不同渠道流量统计表的具体方法如下。

01 在 Excel 新建一个名为“不同渠道流量统计表”的工作表，在工作表中输入时间、访问渠道、访问渠道明细及访问数量等数据信息，如图 5-22 所示。

【提示】

原始数据的采集来源于生意参谋等数据工具，在数据采集的方法的章节中讲解过，这里主要讲解利用 Excel 进行数据处理和分析的方法。

	A	B	C	D	E	F
1	不同渠道流量统计表					
2	时间	访问渠道	访问渠道明细	访问数量		
3	2020年4月	免费流量	淘宝头条	1267		
4	2020年4月	免费流量	淘宝首页	2852		
5	2020年4月	免费流量	淘宝搜索	1715		
6	2020年4月	付费流量	淘宝客	511		
7	2020年4月	付费流量	直通车	2032		
8	2020年4月	付费流量	智钻	1802		
9	2020年4月	付费流量	超级推荐	2016		
10	2020年4月	自主访问	直接访问	5321		
11	2020年4月	自主访问	购物车	2877		
12	2020年4月	自主访问	宝贝收藏	1547		
13	2020年4月	其他	其他	1451		
14	2020年5月	免费流量	淘宝头条	1158		
15	2020年5月	免费流量	淘宝首页	1646		
16	2020年5月	免费流量	淘宝搜索	2133		
17	2020年5月	付费流量	淘宝客	701		
18	2020年5月	付费流量	直通车	2671		
19	2020年5月	付费流量	智钻	1101		
20	2020年5月	付费流量	超级推荐	1496		
21	2020年5月	自主访问	直接访问	4535		
22	2020年5月	自主访问	购物车	2011		
23	2020年5月	自主访问	宝贝收藏	1451		
24	2020年5月	其他	其他	1207		
25						

图 5-22 新建“不同渠道流量统计表”

02 对表格的行高、列宽、对齐方式、字体格式等属性进行调整，并为表格添加框线后的效果，如图 5-23 所示。

	A	B	C	D	E	F
1	不同渠道流量统计表					
2	时间	访问渠道	访问渠道明细	访问数量		
3	2020年4月	免费流量	淘宝头条	1267		
4	2020年4月	免费流量	淘宝首页	2852		
5	2020年4月	免费流量	淘宝搜索	1715		
6	2020年4月	付费流量	淘宝客	511		
7	2020年4月	付费流量	直通车	2032		
8	2020年4月	付费流量	智钻	1802		
9	2020年4月	付费流量	超级推荐	2016		
10	2020年4月	自主访问	直接访问	5321		
11	2020年4月	自主访问	购物车	2877		
12	2020年4月	自主访问	宝贝收藏	1547		
13	2020年4月	其他	其他	1451		
14	2020年5月	免费流量	淘宝头条	1158		
15	2020年5月	免费流量	淘宝首页	1646		
16	2020年5月	免费流量	淘宝搜索	2133		
17	2020年5月	付费流量	淘宝客	701		
18	2020年5月	付费流量	直通车	2671		
19	2020年5月	付费流量	智钻	1101		
20	2020年5月	付费流量	超级推荐	1496		
21	2020年5月	自主访问	直接访问	4535		
22	2020年5月	自主访问	购物车	2011		
23	2020年5月	自主访问	宝贝收藏	1451		
24	2020年5月	其他	其他	1207		
25						

图 5-23 调整表格

5.3.2 计算付费流量数据

“不同渠道流量统计表”中统计了 A 店铺 4 月和 5 月不同流量渠道的访问人数，但通过图 5-23 并不能直观地看出哪个流量渠道的访问人数较多，哪个流量渠道的访问人数较少。这时就需要利用 Excel 中 SUMIF 函数计算付费流量数据，对比 4 月和 5 月的付费流量的访问数量。具体的方法如下。

01 在“不同渠道流量统计表”中，输入 4 月和 5 月付费流量数据对比的相关信息，并调整表格，如图 5-24 所示。

不同渠道流量统计表

时间	访问渠道	访问渠道明细	访问数量
2020年4月	免费流量	淘宝头条	1267
2020年4月	免费流量	淘宝首页	2852
2020年4月	免费流量	淘宝搜索	1715
2020年4月	付费流量	淘宝客	511
2020年4月	付费流量	直通车	2032
2020年4月	付费流量	智钻	1802
2020年4月	付费流量	超级推荐	2016
2020年4月	自主访问	直接访问	5321
2020年4月	自主访问	购物车	2877
2020年4月	自主访问	宝贝收藏	1547
2020年4月	其他	其他	1451
2020年5月	免费流量	淘宝头条	1158
2020年5月	免费流量	淘宝首页	1646
2020年5月	免费流量	淘宝搜索	2133
2020年5月	付费流量	淘宝客	701
2020年5月	付费流量	直通车	2671
2020年5月	付费流量	智钻	1101
2020年5月	付费流量	超级推荐	1496
2020年5月	自主访问	直接访问	4535
2020年5月	自主访问	购物车	2011
2020年5月	自主访问	宝贝收藏	1451
2020年5月	其他	其他	1207

	4月	5月
访问渠道	访问数量	访问数量
付费流量		

图 5-24 输入 4 月和 5 月付费流量数据对比的相关信息

02 计算 4 月付费流量渠道的总访问数量。选中 G4 单元格，输入公式“=SUMIF（B3:B13, " 付费流量 " ,D3:D13）”，按“Enter”键得出计算结果，如图 5-25 所示。

G4 =SUMIF(B3:B13,"付费流量",D3:D13)

不同渠道流量统计表

时间	访问渠道	访问渠道明细	访问数量
2020年4月	免费流量	淘宝头条	1267
2020年4月	免费流量	淘宝首页	2852
2020年4月	免费流量	淘宝搜索	1715
2020年4月	付费流量	淘宝客	511
2020年4月	付费流量	直通车	2032
2020年4月	付费流量	智钻	1802
2020年4月	付费流量	超级推荐	2016
2020年4月	自主访问	直接访问	5321
2020年4月	自主访问	购物车	2877
2020年4月	自主访问	宝贝收藏	1547
2020年4月	其他	其他	1451
2020年5月	免费流量	淘宝头条	1158
2020年5月	免费流量	淘宝首页	1646
2020年5月	免费流量	淘宝搜索	2133
2020年5月	付费流量	淘宝客	701
2020年5月	付费流量	直通车	2671
2020年5月	付费流量	智钻	1101
2020年5月	付费流量	超级推荐	1496
2020年5月	自主访问	直接访问	4535
2020年5月	自主访问	购物车	2011
2020年5月	自主访问	宝贝收藏	1451
2020年5月	其他	其他	1207

	4月	5月
访问渠道	访问数量	访问数量
付费流量	6361	

图 5-25 计算 4 月付费流量渠道的总访问数量

03 计算 5 月付费流量渠道的总访问数量。选中 H4 单元格，输入公式“=SUMIF（B14:B24，"付费流量"，D14:D24）”，按“Enter”键得出计算结果，如图 5-26 所示。

H4 =SUMIF(B14:B24,"付费流量",D14:D24)

不同渠道流量统计表			
时间	访问渠道	访问渠道明细	访问数量
2020年4月	免费流量	淘宝头条	1267
2020年4月	免费流量	淘宝首页	2852
2020年4月	免费流量	淘宝搜索	1715
2020年4月	付费流量	淘宝客	511
2020年4月	付费流量	直通车	2032
2020年4月	付费流量	智钻	1802
2020年4月	付费流量	超级推荐	2016
2020年4月	自主访问	直接访问	5321
2020年4月	自主访问	购物车	2877
2020年4月	自主访问	宝贝收藏	1547
2020年4月	其他	其他	1451
2020年5月	免费流量	淘宝头条	1158
2020年5月	免费流量	淘宝首页	1646
2020年5月	免费流量	淘宝搜索	2133
2020年5月	付费流量	淘宝客	701
2020年5月	付费流量	直通车	2671
2020年5月	付费流量	智钻	1101
2020年5月	付费流量	超级推荐	1496
2020年5月	自主访问	直接访问	4535
2020年5月	自主访问	购物车	2011
2020年5月	自主访问	宝贝收藏	1451
2020年5月	其他	其他	1207

	4月	5月
访问渠道	访问数量	访问数量
付费流量	6361	5969

图 5-26 计算 5 月付费流量渠道的总访问数量

5.3.3 计算其他渠道流量数据

商家在运营店铺时，除了要关注付费流量的数据外，还需要对其他渠道的流量数据进行计算。还是利用 Excel 中 SUMIF 函数计算免费流量、自主访问、其他等渠道的总访问数量。具体的方法如下。

01 在“不同渠道流量统计表”中的 F5:F7 区域，分别输入“免费流量”“自主访问”和“其他”，并调整表格，如图 5-27 所示。

不同渠道流量统计表			
时间	访问渠道	访问渠道明细	访问数量
2020年4月	免费流量	淘宝头条	1267
2020年4月	免费流量	淘宝首页	2852
2020年4月	免费流量	淘宝搜索	1715
2020年4月	付费流量	淘宝客	511
2020年4月	付费流量	直通车	2032
2020年4月	付费流量	智钻	1802
2020年4月	付费流量	超级推荐	2016
2020年4月	自主访问	直接访问	5321
2020年4月	自主访问	购物车	2877
2020年4月	自主访问	宝贝收藏	1547
2020年4月	其他	其他	1451
2020年5月	免费流量	淘宝头条	1158
2020年5月	免费流量	淘宝首页	1646
2020年5月	免费流量	淘宝搜索	2133
2020年5月	付费流量	淘宝客	701
2020年5月	付费流量	直通车	2671
2020年5月	付费流量	智钻	1101
2020年5月	付费流量	超级推荐	1496
2020年5月	自主访问	直接访问	4535
2020年5月	自主访问	购物车	2011
2020年5月	自主访问	宝贝收藏	1451
2020年5月	其他	其他	1207

	4月	5月
访问渠道	访问数量	访问数量
付费流量	6361	5969
免费流量		
自主访问		
其他		

图 5-27 输入相关信息

02 计算 4 月免费流量渠道的总访问数量。选中 G5 单元格，输入公式“=SUMIF（B3:B13, " 免费流量 " ,D3:D13）”，按“Enter”键得出计算结果，如图 5-28 所示。

G5　=SUMIF(B3:B13,"免费流量",D3:D13)

不同渠道流量统计表			
时间	访问渠道	访问渠道明细	访问数量
2020年4月	免费流量	淘宝头条	1267
2020年4月	免费流量	淘宝首页	2852
2020年4月	免费流量	淘宝搜索	1715
2020年4月	付费流量	淘宝客	511
2020年4月	付费流量	直通车	2032
2020年4月	付费流量	智钻	1802
2020年4月	付费流量	超级推荐	2016
2020年4月	自主访问	直接访问	5321
2020年4月	自主访问	购物车	2877
2020年4月	自主访问	宝贝收藏	1547
2020年4月	其他	其他	1451
2020年5月	免费流量	淘宝头条	1158
2020年5月	免费流量	淘宝首页	1646
2020年5月	免费流量	淘宝搜索	2133
2020年5月	付费流量	淘宝客	701
2020年5月	付费流量	直通车	2671
2020年5月	付费流量	智钻	1101
2020年5月	付费流量	超级推荐	1496
2020年5月	自主访问	直接访问	4535
2020年5月	自主访问	购物车	2011
2020年5月	自主访问	宝贝收藏	1451
2020年5月	其他	其他	1207

	4月	5月
访问渠道	访问数量	访问数量
付费流量	6361	5969
免费流量	5834	
自主访问		
其他		

图 5-28 计算 4 月免费流量渠道的总访问数量

03 计算 5 月免费流量渠道的总访问数量。选中 H5 单元格，输入公式“=SUMIF（B14:B24, " 免费流量 " ,D14:D24）”，按“Enter”键得出计算结果，如图 5-29 所示。

H5　=SUMIF(B14:B24,"免费流量",D14:D24)

不同渠道流量统计表			
时间	访问渠道	访问渠道明细	访问数量
2020年4月	免费流量	淘宝头条	1267
2020年4月	免费流量	淘宝首页	2852
2020年4月	免费流量	淘宝搜索	1715
2020年4月	付费流量	淘宝客	511
2020年4月	付费流量	直通车	2032
2020年4月	付费流量	智钻	1802
2020年4月	付费流量	超级推荐	2016
2020年4月	自主访问	直接访问	5321
2020年4月	自主访问	购物车	2877
2020年4月	自主访问	宝贝收藏	1547
2020年4月	其他	其他	1451
2020年5月	免费流量	淘宝头条	1158
2020年5月	免费流量	淘宝首页	1646
2020年5月	免费流量	淘宝搜索	2133
2020年5月	付费流量	淘宝客	701
2020年5月	付费流量	直通车	2671
2020年5月	付费流量	智钻	1101
2020年5月	付费流量	超级推荐	1496
2020年5月	自主访问	直接访问	4535
2020年5月	自主访问	购物车	2011
2020年5月	自主访问	宝贝收藏	1451
2020年5月	其他	其他	1207

	4月	5月
访问渠道	访问数量	访问数量
付费流量	6361	5969
免费流量	5834	4937
自主访问		
其他		

图 5-29 计算 5 月免费流量渠道的总访问数量

04 按照同样的方法，分别计算出自主访问渠道和其他渠道的总访问数量，如图 5-30 所示。

	B	C	D
1	不同渠道流量统计表		
2	访问渠道	访问渠道明细	访问数量
3	免费流量	淘宝头条	1267
4	免费流量	淘宝首页	2852
5	免费流量	淘宝搜索	1715
6	付费流量	淘宝客	511
7	付费流量	直通车	2032
8	付费流量	智钻	1802
9	付费流量	超级推荐	2016
10	自主访问	直接访问	5321
11	自主访问	购物车	2877
12	自主访问	宝贝收藏	1547
13	其他	其他	1451
14	免费流量	淘宝头条	1158
15	免费流量	淘宝首页	1646
16	免费流量	淘宝搜索	2133
17	付费流量	淘宝客	701
18	付费流量	直通车	2671
19	付费流量	智钻	1101
20	付费流量	超级推荐	1496
21	自主访问	直接访问	4535
22	自主访问	购物车	2011
23	自主访问	宝贝收藏	1451
24	其他	其他	1207
25			

F	G	H
	4月	5月
访问渠道	访问数量	访问数量
付费流量	6361	5969
免费流量	5834	4937
自主访问	9745	7997
其他	1451	1207

图 5-30 不同渠道流量的总访问数量

通过计算结果可以看到总访问数量最多的是自主访问渠道，其次是付费流量和免费流量。自主访问流量是访客主动访问店铺时所产生的流量，商家一般很难把控。所以，商家在引流时，应该更多地把关注点放在付费流量和免费流量上。付费流量对于商家而言是一把双刃剑，用好了能获得非常不错的引流效果，用不好就有可能因为投入成本过大而出现亏损。自主访问和免费流量相对来说风险就要小很多，如果能合理规划免费流量的访问渠道，对于商家来说绝对是百益而无一害。

5.4 客户浏览量分析

浏览量是分析流量的关键指标之一，对于一家店铺的经营来说，没有浏览量就没有成交的可能。浏览量是客户产生购买行为的前提，所以对店铺的浏览量进行统计和分析非常重要。下面以淘宝某网店的后台数据为例，利用 Excel 对客户的浏览量数据进行分析。

5.4.1 创建客户浏览量统计表

商家可以通过生意参谋等数据工具查看和收集店铺的客户浏览量数据。下面以淘宝某网店一年的店铺浏览量数据为基础进行分析，其中收集到的原始数据包括浏览量、人均浏览量和访客数。创建客户浏览量统计表的具体方法如下。

01 在 Excel 新建一个名为"客户浏览量统计表"的工作表，在工作表中输入统计月份、浏览量、人均浏览量及访客数等数据信息，如图 5-31 所示。

	A	B	C	D	E
1	客户浏览量统计表				
2	统计月份	浏览量	人均浏览量	访客数	
3	2019年1月	10184	1.10	9254	
4	2019年2月	10232	1.24	8245	
5	2019年3月	12016	1.07	11260	
6	2019年4月	11218	1.26	8918	
7	2019年5月	12329	1.42	8711	
8	2019年6月	15739	1.75	9019	
9	2019年7月	10367	1.02	10200	
10	2019年8月	15568	1.64	9500	
11	2019年9月	13347	1.30	10271	
12	2019年10月	15780	1.54	10250	
13	2019年11月	21160	1.69	12500	
14	2019年12月	20321	1.18	17215	
15					

图 5-31 新建"客户浏览量统计表"

02 对表格的行高、列宽、对齐方式、字体格式等属性进行调整，并为表格添加框线后的效果，如图 5-32 所示。

	A	B	C	D	E
1	**客户浏览量统计表**				
2	统计月份	浏览量	人均浏览量	访客数	
3	2019年1月	10184	1.10	9254	
4	2019年2月	10232	1.24	8245	
5	2019年3月	12016	1.07	11260	
6	2019年4月	11218	1.26	8918	
7	2019年5月	12329	1.42	8711	
8	2019年6月	15739	1.75	9019	
9	2019年7月	10367	1.02	10200	
10	2019年8月	15568	1.64	9500	
11	2019年9月	13347	1.30	10271	
12	2019年10月	15780	1.54	10250	
13	2019年11月	21160	1.69	12500	
14	2019年12月	20321	1.18	17215	
15					

图 5-32 对表格相关属性进行调整

03 同时选中 B3:B14 和 D3:D14 单元格区域并右击，在弹出的快捷菜单中选择"设置单元格格式”选项，如图 5-33 所示。

客户浏览量统计表		
统计月份	浏览量	人均浏览量
2019年1月	10184	1.10
2019年2月	10232	1.24
2019年3月	12016	1.07
2019年4月	11218	1.26
2019年5月	12329	1.42
2019年6月	15739	1.75
2019年7月	10367	1.02
2019年8月	15568	1.64
2019年9月	13347	1.30
2019年10月	15780	1.54
2019年11月	21160	1.69
2019年12月	20321	1.18

剪切(T)
复制(C)
粘贴选项:
选择性粘贴(S)...
智能查找(L)
插入(I)...
删除(D)...
清除内容(N)
快速分析(Q)
筛选(E)
排序(O)
从表格/区域获取数据(G)...
插入批注(M)
删除批注(M)
设置单元格格式(F)...
从下拉列表中选择(K)...

图 5-33 选择“设置单元格格式”选项

04 弹出“设置单元格格式”对话框，切换至“数字”选项卡下，设置“分类”为“数值”，并在对话框右侧中将“小数位数”设置为“0”，同时选中“使用千位分隔符 (,)”复选框，如图 5-34 所示。

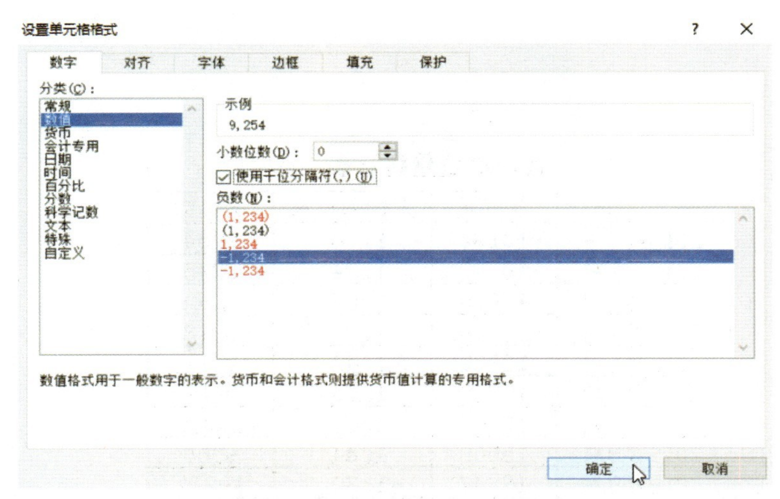

图 5-34 “设置单元格格式”对话框

05 单击“确定”按钮后即可看到设置单元格格式后的效果，如图 5-35 所示。

	A	B	C	D	E
1	客户浏览量统计表				
2	统计月份	浏览量	人均浏览量	访客数	
3	2019年1月	10,184	1.10	9,254	
4	2019年2月	10,232	1.24	8,245	
5	2019年3月	12,016	1.07	11,260	
6	2019年4月	11,218	1.26	8,918	
7	2019年5月	12,329	1.42	8,711	
8	2019年6月	15,739	1.75	9,019	
9	2019年7月	10,367	1.02	10,200	
10	2019年8月	15,568	1.64	9,500	
11	2019年9月	13,347	1.30	10,271	
12	2019年10月	15,780	1.54	10,250	
13	2019年11月	21,160	1.69	12,500	
14	2019年12月	20,321	1.18	17,215	
15					

图 5-35　设置单元格格式后的效果

5.4.2　用折线图查看每月浏览量走势

如果只是通过数据统计表查看店铺的客户浏览量，很难理解数据所体现的具体意义，所以，这时商家可以通过在 Excel 表格中插入一个折线图来查看店铺每个月的客户浏览量走势情况。插入“客户浏览量统计图”的具体方法如下。

01 在“客户浏览量统计表”中，选中 A2:B14 单元格区域，然后在菜单栏“插入”选项卡的“图表”组中，单击“折线图”按钮，在下拉菜单中选择一个折线图插入，如图 5-36 所示。

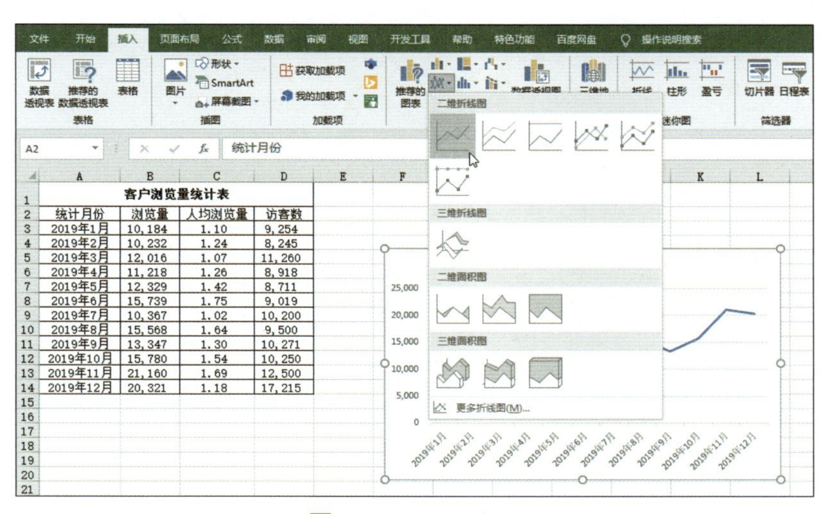

图 5-36　插入折线图

02 选中图表中的“浏览量”文本框，将图表标题修改为“客户浏览量统计图”，如图 5-37 所示。

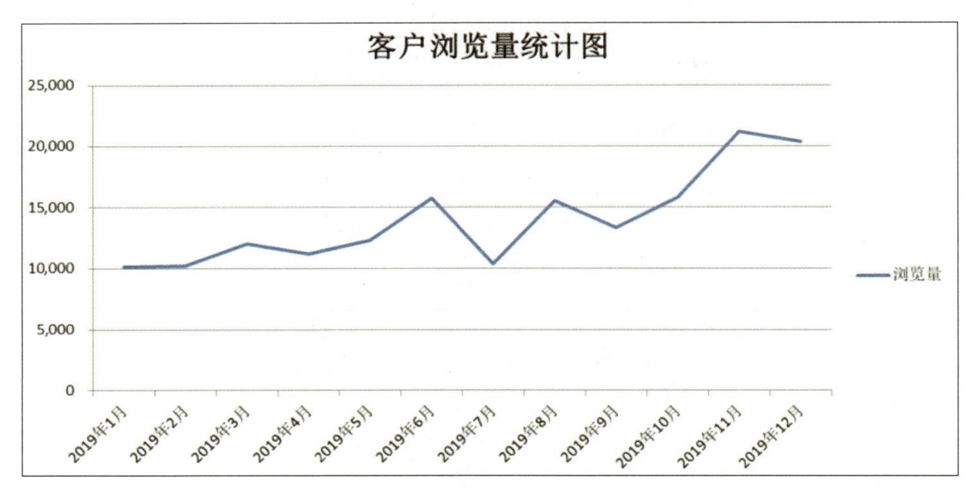

图 5-37 修改图表标题

03 选中图表中的蓝色折线并右击，在弹出的快捷菜单中选择“添加数据标签”选项，即可为蓝色折线添加数据标签，如图 5-38 所示。

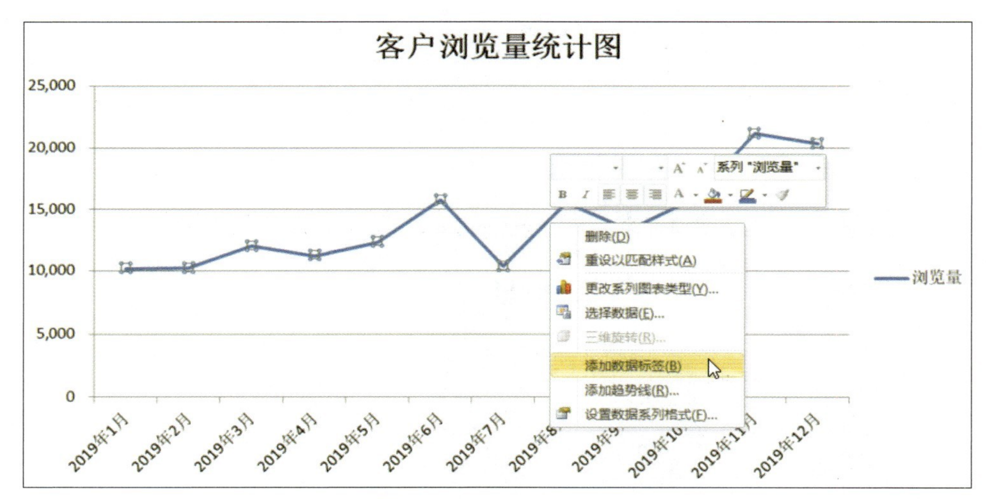

图 5-38 添加数据标签

04 选中蓝色折线上的数据标签并右击，在弹出的快捷菜单中选择“设置数据标签格式”选项，如图 5-39 所示。

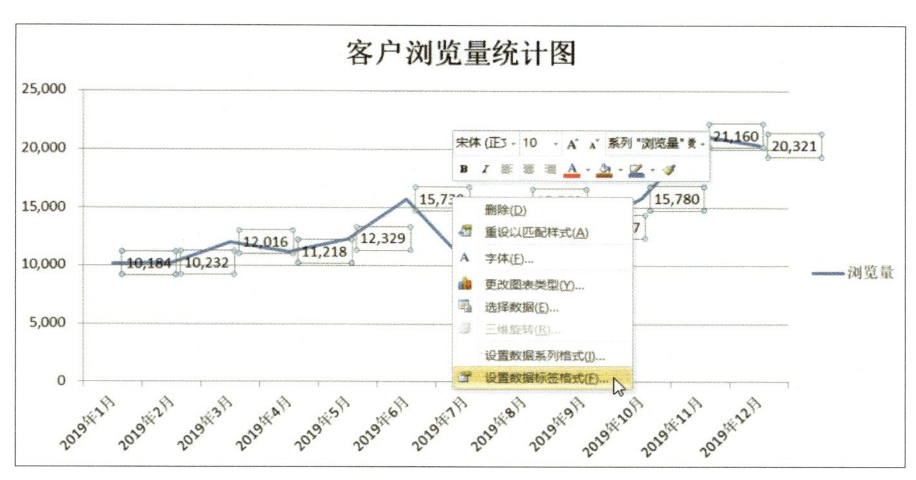

图 5-39 选择“设置数据标签格式”选项

05 弹出“设置数据标签格式”对话框，设置标签选项，在“标签位置”下方选中“靠上”单选按钮，然后单击“关闭”按钮，即可设置蓝色折线上数据标签的位置，如图 5-40 所示。

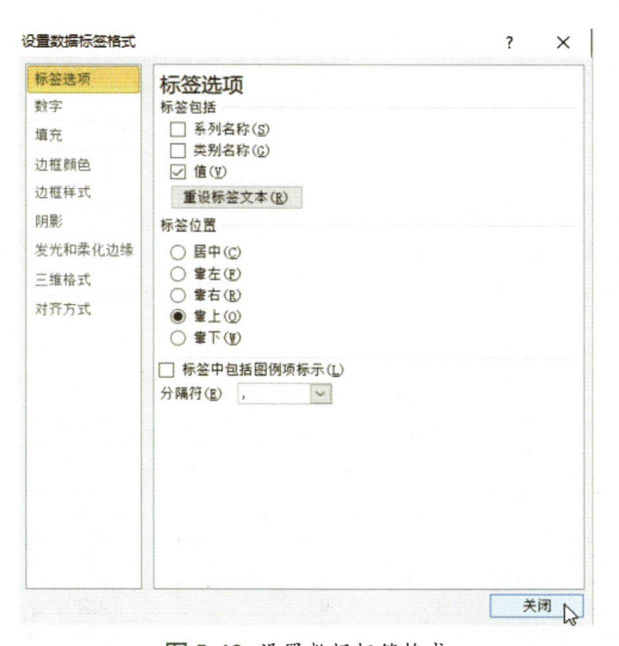

图 5-40 设置数据标签格式

06 设置完成后，“客户浏览量统计图”的效果如图 5-41 所示。

图 5-41 设置完成后的图表效果

5.4.3 分析店铺月平均浏览量

店铺平均浏览量能够很直观地帮助商家分析店铺的客户浏览量数据是否正常，商家还可以根据店铺的月平均浏览量，制订一个相对合理的月平均浏览量范围。如果某一个月店铺的浏览量没有达到这个范围，商家应该及时对店铺当月的浏览量情况进行具体分析，找到浏览量没有达标的原因，以避免这样的情况再次出现，这样才能有效提高店铺的客户浏览量。分析店铺月平均浏览量的具体方法如下。

01 在“客户浏览量统计表”中，选中 D 列单元格并右击，在弹出的快捷菜单中选择“插入”选项，插入一列新的单元格，并在 D2 单元格中输入“月平均浏览量”，如图 5-42 所示。

	A	B	C	D	E	F
1	客户浏览量统计表					
2	统计月份	浏览量	人均浏览量	月平均浏览量	访客数	
3	2019年1月	10,184	1.10		9,254	
4	2019年2月	10,232	1.24		8,245	
5	2019年3月	12,016	1.07		11,260	
6	2019年4月	11,218	1.26		8,918	
7	2019年5月	12,329	1.42		8,711	
8	2019年6月	15,739	1.75		9,019	
9	2019年7月	10,367	1.02		10,200	
10	2019年8月	15,568	1.64		9,500	
11	2019年9月	13,347	1.30		10,271	
12	2019年10月	15,780	1.54		10,250	
13	2019年11月	21,160	1.69		12,500	
14	2019年12月	20,321	1.18		17,215	
15						

图 5-42 插入“月平均浏览量”列

02 选中 D3 单元格，输入公式“=AVERAGE($B$3:$B$14)”，按“Enter”键即可得出计算结果，

如图 5-43 所示。

D3 =AVERAGE($B$3:$B$14)

	A	B	C	D	E
1	客户浏览量统计表				
2	统计月份	浏览量	人均浏览量	月平均浏览量	访客数
3	2019年1月	10,184	1.10	14021.75	9,254
4	2019年2月	10,232	1.24		8,245
5	2019年3月	12,016	1.07		11,260
6	2019年4月	11,218	1.26		8,918
7	2019年5月	12,329	1.42		8,711
8	2019年6月	15,739	1.75		9,019
9	2019年7月	10,367	1.02		10,200
10	2019年8月	15,568	1.64		9,500
11	2019年9月	13,347	1.30		10,271
12	2019年10月	15,780	1.54		10,250
13	2019年11月	21,160	1.69		12,500
14	2019年12月	20,321	1.18		17,215
15					

图 5-43　计算月平均浏览量

03 将鼠标指针悬停在 D3 单元格的右下角，当指针变成“+”形状时双击，即可填充月平均浏览量，如图 5-44 所示。

	A	B	C	D	E
1	客户浏览量统计表				
2	统计月份	浏览量	人均浏览量	月平均浏览量	访客数
3	2019年1月	10,184	1.10	14021.75	9,254
4	2019年2月	10,232	1.24	14021.75	8,245
5	2019年3月	12,016	1.07	14021.75	11,260
6	2019年4月	11,218	1.26	14021.75	8,918
7	2019年5月	12,329	1.42	14021.75	8,711
8	2019年6月	15,739	1.75	14021.75	9,019
9	2019年7月	10,367	1.02	14021.75	10,200
10	2019年8月	15,568	1.64	14021.75	9,500
11	2019年9月	13,347	1.30	14021.75	10,271
12	2019年10月	15,780	1.54	14021.75	10,250
13	2019年11月	21,160	1.69	14021.75	12,500
14	2019年12月	20,321	1.18	14021.75	17,215
15					

图 5-44　统计每个月的月平均浏览量

【提示】

当鼠标指针变成“+”形状时单击，并向下拖动鼠标至 D14 单元格，也可以填充月平均浏览量。

04 选中“客户浏览量统计图”，在“图表工具”的“设计”选项卡下，单击“数据”组中的“选择数据”按钮，如图 5-45 所示。

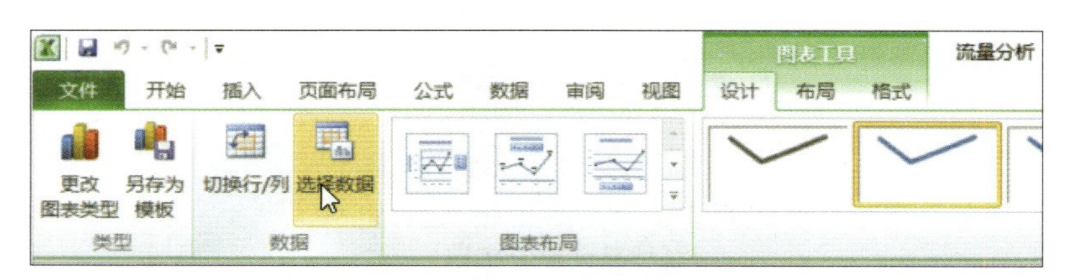

图 5-45 单击“选择数据”按钮

05 弹出“选择数据源”对话框，单击“添加”按钮，如图 5-46 所示。

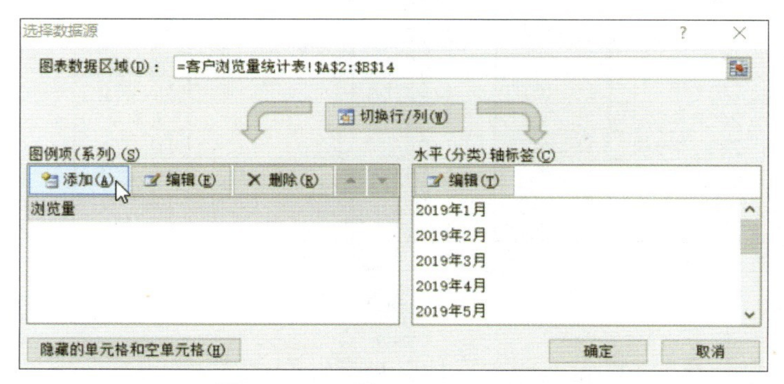

图 5-46 “选择数据源”对话框

06 弹出“编辑数据系列”对话框，“系列名称”选择 D2 单元格，“系列值”选择 D3:D14 单元格区域，单击“确定”按钮，如图 5-47 所示。

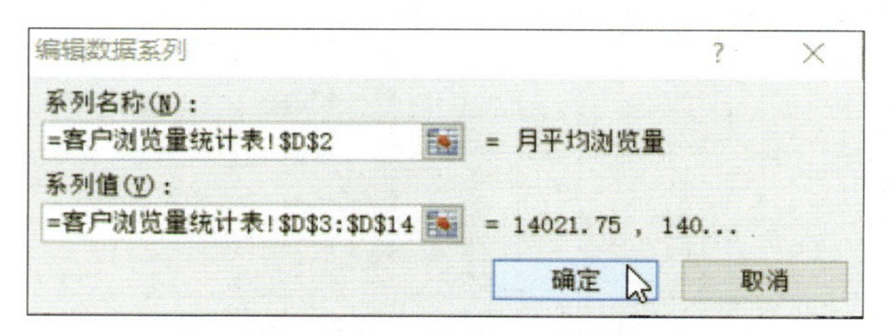

图 5-47 “编辑数据系列”对话框

07 返回“选择数据源”对话框，单击“确定”按钮，即可看到图表中增加了一条红色横线，如图 5-48 所示。

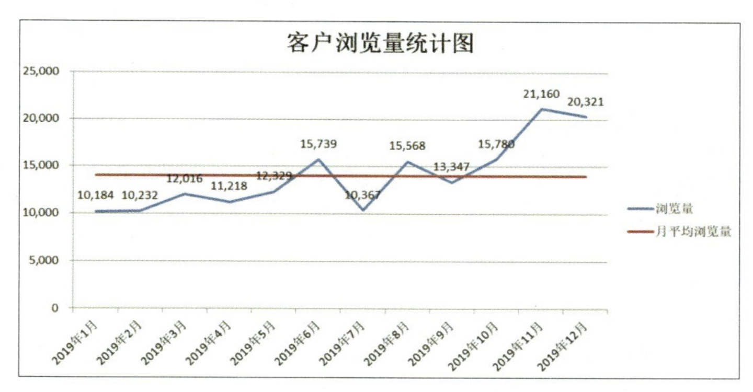

图 5-48 在图表中添加一条显示月平均浏览量的线条

通过图 5-48 可以看到，该店铺 6 月、8 月、10 月、11 月、12 月的客户浏览量均高于月平均浏览量。对于客户浏览量低于月平均浏览量的月份，商家要对其进行重点分析，弄清楚浏览量偏低的原因，及时对店铺的引流渠道和引流方法进行优化和调整。

5.5 高手支招

1. 关键词的有效度分析

关键词的有效度分析是店铺流量分析中的重要环节，通过对关键词的有效度进行分析，商家可以清楚地知道哪个关键词的引流效果和转化效果最好，以此来对产品标题进行优化。例如，某产品的标题为“工兵铲多功能户外折叠军版军工铲子兵工铲”，下面就利用 Excel 表对该产品标题的关键词有效度进行分析。具体方法如下。

01 通过生意参谋等数据工具采集单品的关键词数据，并将数据复制粘贴到一个新建的 Excel 工作簿中，如图 5-49 所示。

	A	B	C	D	E	F	G
1	日期	关键词	浏览量	访客数	支付买家数	支付金额	
2	2020/1/1	工兵铲	524	159	3	936	
3	2020/1/1	军刀	307	157	1	243.1	
4	2020/1/1	户外生存 铲子	219	118	4	905	
5	2020/1/1	工兵铲 军版	184	79	2	534	
6	2020/1/1	军工铲	228	64	4	926	
7	2020/1/1	折叠 刀	132	63	3	615	
8	2020/1/1	特种兵刀	98	60	1	267	
9	2020/1/1	户外刀	109	58	2	395	
10	2020/1/1	野外生存刀	61	52	1	179	
11	2020/1/1	兵工铲	63	38	1	207	
12	2020/1/1	工兵铲 多功能	64	34	1	185	
13							
14							
15							
16							

数据源　关键词有效度分析　Sheet3

图 5-49 采集数据源

【提示】

数据分析人员可以直接在“生意参谋”的“关键词效果分析”页面将单品的关键词数据下载下来。下载后的数据将被直接显示在 Excel 表中，但打开 Excel 表后不要单击表格上方的“启用编辑”按钮，而是要将数据复制粘贴到一个新的工作表中。在复制数据后，一定要将数据粘贴成数值格式，而不是文本格式。一旦粘贴时出现错误，后面分析中所有数据将无法显示。

02 在同一个工作簿中新建一张工作表，将需要分析的关键词词根，以及这个词根的浏览量、访客数、买家数、转化率、支付金额、UV 价值等指标罗列出来，如图 5-50 所示。

	A	B	C	D	E	F	G	H	I
1	标题	工兵铲多功能户外折叠军版军工铲子兵工铲							
2	拆分	工兵铲	多功能	户外	折叠	军版	军工铲	铲子	兵工铲
3									
4	词根	浏览量	访客数	买家数	转化率	支付金额	UV价值		
5	*工兵铲*								
6	*多功能*								
7	*户外*								
8	*折叠*								
9	*军版*								
10	*军工铲*								
11	*铲子*								
12	*兵工铲*								

数据源 | 关键词有效度分析 | Sheet3

图 5-50 将需要分析的指标罗列出来

【提示】

在罗列词根时需要输入“* 词根 *”，其中“*”是通配符，可以代替任意数目的字符，详细解释参见第 2 章的内容。

03 要计算这些词根的数据指标，需要用到条件求和函数，即 SUMIFS 函数。首先计算词根的浏览量，选中 B5 单元格，输入公式“=SUMIFS(数据源 !C:C, 数据源 !B:B,A5)”，按“Enter”键即可得出第一个词根的浏览量，如图 5-51 所示。

B5 =SUMIFS(数据源!C:C,数据源!B:B,A5)

	A	B	C	D	E	F	G	H	I
1	标题	工兵铲多功能户外折叠军版军工铲子兵工铲							
2	拆分	工兵铲	多功能	户外	折叠	军版	军工铲	铲子	兵工铲
3									
4	词根	浏览量	访客数	买家数	转化率	支付金额	UV价值		
5	*工兵铲*	772							
6	*多功能*								
7	*户外*								
8	*折叠*								
9	*军版*								
10	*军工铲*								
11	*铲子*								
12	*兵工铲*								

数据源 | 关键词有效度分析 | Sheet3

图 5-51 计算第一个词根的浏览量

04 将鼠标指针悬停在 B5 单元格的右下角，当指针变成“+”形状时双击，即可快速填充公式，如图 5-52 所示。

B5 =SUMIFS(数据源!C:C,数据源!B:B,A5)

	A	B	C	D	E	F	G	H	I	J
1	标题	工兵铲多功能户外折叠军版军工铲子兵工铲								
2	拆分	工兵铲	多功能	户外	折叠	军版	军工铲	铲子	兵工铲	
3										
4	词根	浏览量	访客数	买家数	转化率	支付金额	UV价值			
5	*工兵铲*	772								
6	*多功能*	64								
7	*户外*	328								
8	*折叠*	132								
9	*军版*	184								
10	*军工铲*	228								
11	*铲子*	219								
12	*兵工铲*	63								
13										

图 5-52 填充公式

05 按同样的方法计算词根的访客数、买家数和支付金额。选中 C5 单元格，输入公式“=SUMIFS(数据源 !D:D, 数据源 !B:B,A5)”，按“Enter”键得出计算结果，并填充公式至 C12 单元格，如图 5-53 所示。

C5 =SUMIFS(数据源!D:D,数据源!B:B,A5)

	A	B	C	D	E	F	G	H	I	J
1	标题	工兵铲多功能户外折叠军版军工铲子兵工铲								
2	拆分	工兵铲	多功能	户外	折叠	军版	军工铲	铲子	兵工铲	
3										
4	词根	浏览量	访客数	买家数	转化率	支付金额	UV价值			
5	*工兵铲*	772	272							
6	*多功能*	64	34							
7	*户外*	328	176							
8	*折叠*	132	63							
9	*军版*	184	79							
10	*军工铲*	228	64							
11	*铲子*	219	118							
12	*兵工铲*	63	38							
13										

图 5-53 计算词根的访客数

06 选中 D5 单元格，输入公式“=SUMIFS(数据源 !E:E, 数据源 !B:B,A5)”，按“Enter”键得出计算结果，并填充公式至 D12 单元格，如图 5-54 所示。

D5 =SUMIFS(数据源!E:E,数据源!B:B,A5)

	A	B	C	D	E	F	G	H	I	J
1	标题	工兵铲多功能户外折叠军版军工铲子兵工铲								
2	拆分	工兵铲	多功能	户外	折叠	军版	军工铲	铲子	兵工铲	
3										
4	词根	浏览量	访客数	买家数	转化率	支付金额	UV价值			
5	*工兵铲*	772	272	6						
6	*多功能*	64	34	1						
7	*户外*	328	176	6						
8	*折叠*	132	63	3						
9	*军版*	184	79	2						
10	*军工铲*	228	64	4						
11	*铲子*	219	118	4						
12	*兵工铲*	63	38	1						
13										

图 5-54 计算词根的买家数

07 计算转化率时不需要使用 SUMIFS 函数，直接用买家数除以访客数即可。选中 E5 单元格，输入公式“=D5/C5”，按“Enter”键得出计算结果，并填充公式至 E12 单元格，如图 5-55 所示。

E5 =D5/C5

	A	B	C	D	E	F	G	H	I	J
1	标题	工兵铲多功能户外折叠军版军工铲子兵工铲								
2	拆分	工兵铲	多功能	户外	折叠	军版	军工铲	铲子	兵工铲	
3										
4	词根	浏览量	访客数	买家数	转化率	支付金额	UV价值			
5	*工兵铲*	772	272	6	2.21%					
6	*多功能*	64	34	1	2.94%					
7	*户外*	328	176	6	3.41%					
8	*折叠*	132	63	3	4.76%					
9	*军版*	184	79	2	2.53%					
10	*军工铲*	228	64	4	6.25%					
11	*铲子*	219	118	4	3.39%					
12	*兵工铲*	63	38	1	2.63%					
13										

图 5-55 计算词根的转化率

08 选中 F5 单元格，输入公式“=SUMIFS(数据源!F:F,数据源!B:B,A5)”，按“Enter”键得出计算结果，并填充公式至 F12 单元格，如图 5-56 所示。

F5 =SUMIFS(数据源!F:F,数据源!B:B,A5)

	A	B	C	D	E	F	G	H	I	J
1	标题	工兵铲多功能户外折叠军版军工铲子兵工铲								
2	拆分	工兵铲	多功能	户外	折叠	军版	军工铲	铲子	兵工铲	
3										
4	词根	浏览量	访客数	买家数	转化率	支付金额	UV价值			
5	*工兵铲*	772	272	6	2.21%	1655				
6	*多功能*	64	34	1	2.94%	185				
7	*户外*	328	176	6	3.41%	1300				
8	*折叠*	132	63	3	4.76%	615				
9	*军版*	184	79	2	2.53%	534				
10	*军工铲*	228	64	4	6.25%	926				
11	*铲子*	219	118	4	3.39%	905				
12	*兵工铲*	63	38	1	2.63%	207				
13										

图 5-56 计算词根的支付金额

09 UV 价值等于支付金额除以访客数，选中 G5 单元格，输入公式“=F5/C5”，按“Enter”键得出计算结果，并填充公式至 G12 单元格，如图 5-57 所示。

G5　=F5/C5

	A	B	C	D	E	F	G	H	I
1	标题	工兵铲多功能户外折叠军版军工铲子兵工铲							
2	拆分	工兵铲	多功能	户外	折叠	军版	军工铲	铲子	兵工铲
3									
4	词根	浏览量	访客数	买家数	转化率	支付金额	UV价值		
5	*工兵铲*	772	272	6	2.21%	1655	6.08		
6	*多功能*	64	34	1	2.94%	185	5.44		
7	*户外*	328	176	6	3.41%	1300	7.39		
8	*折叠*	132	63	3	4.76%	615	9.76		
9	*军版*	184	79	2	2.53%	534	6.76		
10	*军工铲*	228	64	4	6.25%	926	14.47		
11	*铲子*	219	118	4	3.39%	905	7.67		
12	*兵工铲*	63	38	1	2.63%	207	5.45		
13									

图 5-57 计算词根的 UV 价值

至此，一个完整的产品标题词根分析表就制作完成了，这个表格的主要功能是对标题关键词的有效度进行分析，从表格中可以很清楚地知道哪一个词根表现好，哪一个词根表现差，哪些词根能带来流量，哪些词根不能带来流量。当掌握了这些信息后，商家就基本上知道了关键词的有效度，对于效果较差的关键词就可以将其直接替换掉。

2. 关键词趋势分析

关键词分析不仅需要对其有效度进行分析，而且需要根据时间指标进行关键词趋势分析，关注关键词每天的变化趋势。如果一个关键词之前的数据都非常好，突然出现下滑，假如商家没有发现这一情况，及时对这个关键词进行分析，就有可能使这个关键词的流量白白流失，所以关键词趋势分析也非常重要。下面从生意参谋中采集到了某产品 1 月 1 日至 1 月 5 日的关键词数据，并以此作为数据源进行关键词趋势分析，如图 5-58 所示。

关键词分析 - Microsoft Excel

	A	B	C	D	E	F
40	2020/1/4	折叠 刀	159	85	3	751
41	2020/1/4	特种兵刀	139	87	2	373
42	2020/1/4	户外刀	109	88	1	168
43	2020/1/4	野外生存刀	152	119	4	901
44	2020/1/4	兵工铲	184	144	1	161
45	2020/1/4	工兵铲 多功能	92	51	2	394
46	2020/1/5	工兵铲	336	294	3	840
47	2020/1/5	军刀	260	210	4	901
48	2020/1/5	户外生存 铲子	316	147	3	645
49	2020/1/5	工兵铲 军版	135	80	1	157
50	2020/1/5	军工铲	178	134	1	197
51	2020/1/5	折叠 刀	216	153	2	354
52	2020/1/5	特种兵刀	130	80	1	192
53	2020/1/5	户外刀	118	52	2	347
54	2020/1/5	野外生存刀	253	128	3	794

数据源　关键词有效度分析　关键词趋势分析

图 5-58 采集数据源

关键词趋势分析的具体方法如下。

01 在数据源所在工作簿中新建一张工作表，命名为“关键词趋势分析”，然后将需要分析的访客数、买家数、转化率、支付金额、UV 价值等指标罗列出来。假设要分析的是“工兵铲”这个关键词的趋势，分别在 I1 单元格和 J1 单元格中输入关键词和工兵铲，如图 5-59 所示。

	A	B	C	D	E	F	G	H	I	J	K
1	日期	访客数	买家数	转化率	支付金额	UV价值			关键词	工兵铲	
2	2020/1/1										
3	2020/1/2										
4	2020/1/3										
5	2020/1/4										
6	2020/1/5										
7											
8											
9											
10											
11											
12											
13											

数据源 关键词有效度分析 关键词趋势分析

图 5-59 输入相关信息

02 利用 SUMIF 函数进行相关数据的统计，首先计算访客数，选中 B2 单元格，输入公式“=SUMIFS(数据源 !D:D, 数据源 !B:B,$J$1, 数据源 !A:A,A2)”，按“Enter”键得出计算结果，并填充公式至 B6 单元格，如图 5-60 所示。

B2 =SUMIFS(数据源!D:D, 数据源!B:B, $J$1, 数据源!A:A, A2)

	A	B	C	D	E	F	G	H	I	J	K
1	日期	访客数	买家数	转化率	支付金额	UV价值			关键词	工兵铲	
2	2020/1/1	159									
3	2020/1/2	135									
4	2020/1/3	142									
5	2020/1/4	342									
6	2020/1/5	294									
7											
8											
9											

图 5-60 计算访客数

03 计算买家数，选中 C2 单元格，输入公式“=SUMIFS(数据源 !E:E, 数据源 !B:B,$J$1, 数据源 !A:A,A2)”，按“Enter”键得出计算结果，并填充公式至 C6 单元格，如图 5-61 所示。

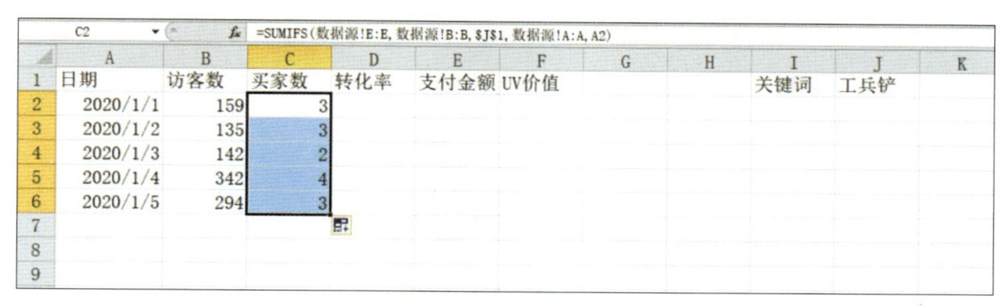

C2　=SUMIFS(数据源!E:E, 数据源!B:B, $J$1, 数据源!A:A, A2)

	A	B	C	D	E	F	G	H	I	J	K
1	日期	访客数	买家数	转化率	支付金额	UV价值			关键词	工兵铲	
2	2020/1/1	159	3								
3	2020/1/2	135	3								
4	2020/1/3	142	2								
5	2020/1/4	342	4								
6	2020/1/5	294	3								
7											
8											
9											

图 5-61 计算买家数

04 计算转化率，选中 D2 单元格，输入公式“=SUMIFS(数据源 !E:E, 数据源 !B:B,$J$1, 数据源 !A:A,A2)/SUMIFS(数据源 !D:D, 数据源 !B:B,$J$1, 数据源 !A:A,A2)”，按“Enter”键得出计算结果，并填充公式至 D6 单元格，如图 5-62 所示。

D2　=SUMIFS(数据源!E:E, 数据源!B:B, $J$1, 数据源!A:A, A2)/SUMIFS(数据源!D:D, 数据源!B:B, $J$1, 数据源!A:A, A2)

	A	B	C	D	E	F	G	H	I	J	K
1	日期	访客数	买家数	转化率	支付金额	UV价值			关键词	工兵铲	
2	2020/1/1	159	3	1.89%							
3	2020/1/2	135	3	2.22%							
4	2020/1/3	142	2	1.41%							
5	2020/1/4	342	4	1.17%							
6	2020/1/5	294	3	1.02%							
7											
8											
9											

图 5-62 计算转化率

05 计算支付金额，选中 E2 单元格，输入公式“=SUMIFS(数据源 !F:F, 数据源 !B:B,$J$1, 数据源 !A:A,A2)”，按“Enter”键得出计算结果，并填充公式至 E6 单元格，如图 5-63 所示。

E2　=SUMIFS(数据源!F:F, 数据源!B:B, $J$1, 数据源!A:A, A2)

	A	B	C	D	E	F	G	H	I	J	K
1	日期	访客数	买家数	转化率	支付金额	UV价值			关键词	工兵铲	
2	2020/1/1	159	3	1.89%	936						
3	2020/1/2	135	3	2.22%	766						
4	2020/1/3	142	2	1.41%	432						
5	2020/1/4	342	4	1.17%	914						
6	2020/1/5	294	3	1.02%	840						
7											
8											
9											

图 5-63 计算支付金额

06 计算 UV 价值，选中 F2 单元格，输入公式“=SUMIFS(数据源 !F:F, 数据源 !B:B,$J$1, 数据源 !A:A,A2)/SUMIFS(数据源 !D:D, 数据源 !B:B,$J$1, 数据源 !A:A,A2)”，按“Enter”键得出计算结果，并填充公式至 F6 单元格，如图 5-64 所示。

F2 =SUMIFS(数据源!F:F, 数据源!B:B, $J$1, 数据源!A:A, A2)/SUMIFS(数据源!D:D, 数据源!B:B, $J$1, 数据源!A:A, A2)

	A	B	C	D	E	F	G	H	I	J	K
1	日期	访客数	买家数	转化率	支付金额	UV价值			关键词	工兵铲	
2	2020/1/1	159	3	1.89%	936	5.89					
3	2020/1/2	135	3	2.22%	766	5.67					
4	2020/1/3	142	2	1.41%	432	3.04					
5	2020/1/4	342	4	1.17%	914	2.67					
6	2020/1/5	294	3	1.02%	840	2.86					
7											
8											
9											

图 5-64 计算 UV 价值

07 选中 A1:F6 单元格区域，插入一个折线图，如图 5-65 所示。

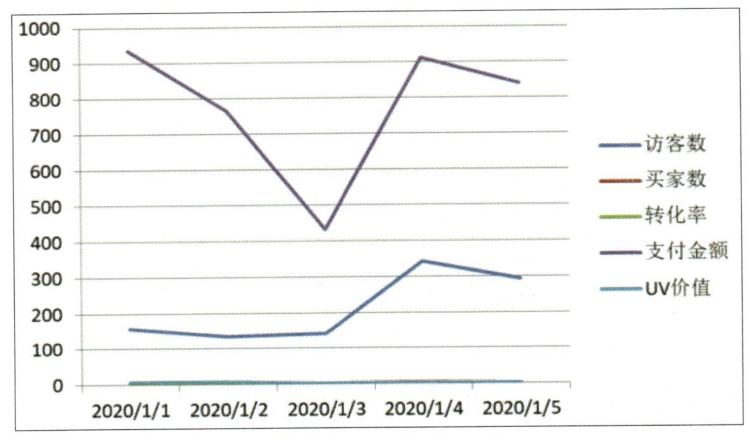

图 5-65 插入折线图

插入折线图后会出现一个问题，就是没有办法单独控制这些线条，即每次只展现一条线的数据，这时就需要利用 Excel 中“开发工具”的复选框控件来解决这一问题。

08 将菜单栏切换到“开发工具”选项卡下，单击“控件”组中的“插入”按钮，在下拉菜单中选择“复选框”控件，如图 5-66 所示。

文件 开始 插入 页面布局 公式 数据 审阅 视图 开发工具

Visual Basic 宏 录制宏 使用相对引用 宏安全性 代码 | 加载项 COM 加载项 加载项 | 插入 设计模式 属性 查看代码 执行对话框 | 源 映射属性 扩展包 刷新数据 导入 导出 XML | 文档面板 修改

表单控件 ActiveX 控件

L8

	A	B	C	D	E	F	G	H	I
1	日期	访客数	买家数	转	额	UV价值			关键词
2	2020/1/1	159	3		36	5.89			
3	2020/1/2	135	3	2.22%	766	5.67			

图 5-66 选择“复选框”控件

【提示】

如果 Excel 的菜单栏中没有开发工具选项卡，是因为没有调取出来，单击“文件”→“选项”按钮，弹出“Excel 选项”对话框，在“自定义功能区”选项卡中选中“开发工具”复选框，然后单击“确定”按钮即可，如图 5-67 所示。

图 5-67　调取“开发工具”

09 插入 5 个表格控件的复选框，如图 5-68 所示；选中一个控件并右击，在弹出的快捷菜单中选择“编辑文字”选项，如图 5-69 所示；将 5 个控件都编辑成每个指标的名称，如图 5-70 所示。

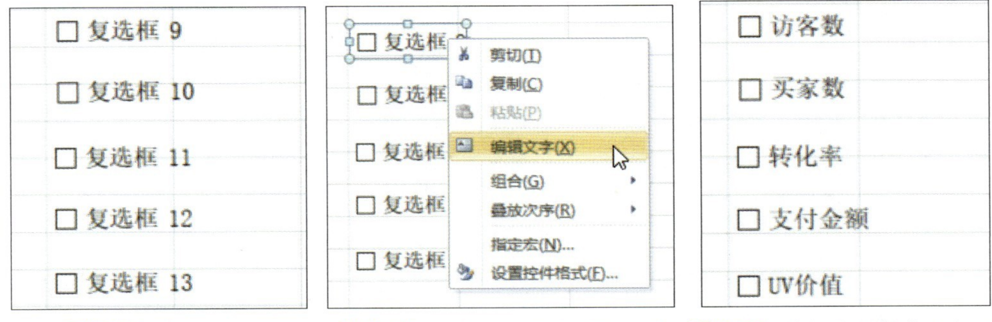

图 5-68　插入控件　图 5-69　选择“编辑文字”选项　图 5-70　将控件编辑成指标名称

10 选中一个控件并右击，在弹出的快捷菜单中选择“设置控件格式”选项，如图 5-71 所示；弹出“设置控件格式”对话框，在“单元格链接”中链接到指定单元格，如指定到 J3 单元格，如图 5-72 所示。

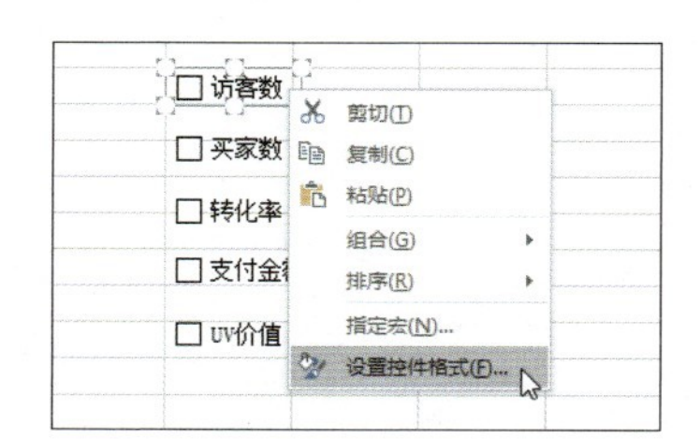

图 5-71 选择“设置控件格式”选项

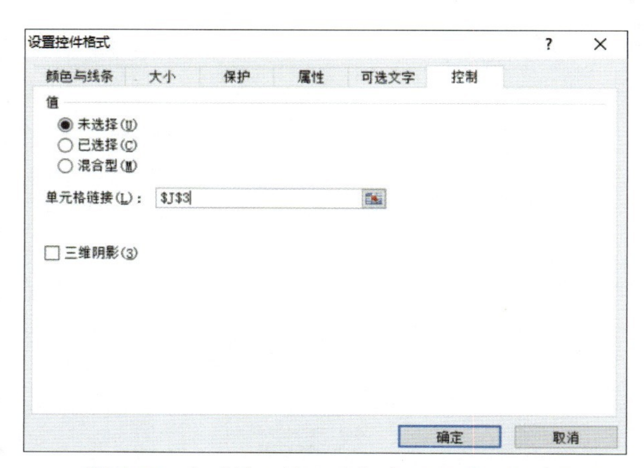

图 5-72 在“单元格链接”中链接到指定单元格

【提示】

“单元格链接”的单元格地址根据平时的操作习惯任意指定一个单元格即可。

11 按照同样的方法，将其他几个控件也链接到不同的指定单元格，这时如果选中复选框，就会在指定的单元格出现“TRUE”标签，而取消选中，会出现“FALSE”标签，如图 5-73 所示。

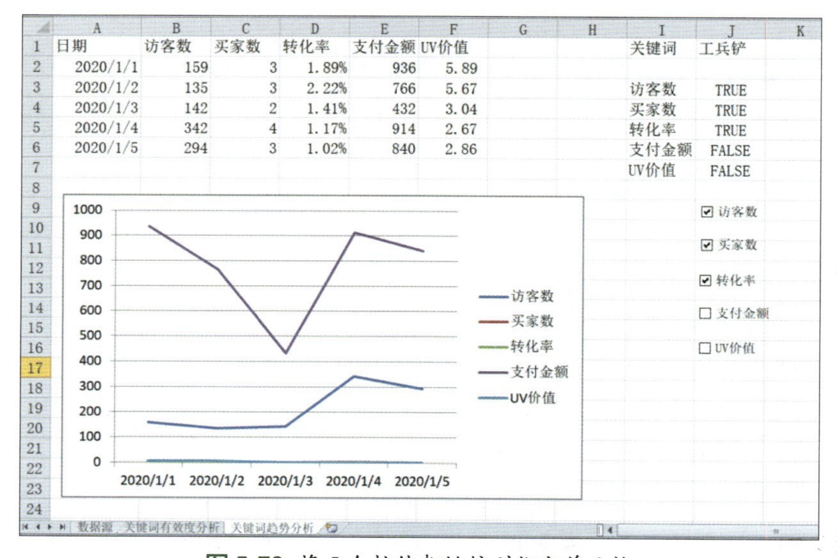

图 5-73 将 5 个控件都链接到指定单元格

12 接下来需要对 B2、C2、D2、E2、F2 单元格的公式进行修改。

将 B2 单元格的公式修改为“=IF($J$3=TRUE,SUMIFS(数据源 !D:D, 数据源 !B:B,$J$1, 数据源 !A:A,A2),NA())”，并重新填充公式。

将 C2 单元格的公式修改为“=IF($J$4=TRUE,SUMIFS(数据源 !E:E, 数据源 !B:B,$J$1, 数据源 !A:A,A2),NA())”，并重新填充公式。

将 D2 单元格的公式修改为“=IF($J$5=TRUE,SUMIFS(数据源 !E:E, 数据源 !B:B,$J$1, 数据源 !A:A,A2)/SUMIFS(数据源 !D:D, 数据源 !B:B,$J$1, 数据源 !A:A,A2),NA())”，并重新填充公式。

将 E2 单元格的公式修改为“=IF($J$6=TRUE,SUMIFS(数据源 !F:F, 数据源 !B:B,$J$1, 数据源 !A:A,A2),NA())”，并重新填充公式。

将 F2 单元格的公式修改为“=IF($J$7=TRUE,SUMIFS(数据源 !F:F, 数据源 !B:B,$J$1, 数据源 !A:A,A2)/SUMIFS(数据源 !D:D, 数据源 !B:B,$J$1, 数据源 !A:A,A2),NA())”，并重新填充公式。

【提示】

修改后的 IF 函数的意思是，如果链接的指定单元格为“TRUE”，将会显示原来这个公式的数据；否则，显示“#N/A”。

至此，关键词趋势分析的图表模板就制作完成了。需要查看哪个指标的趋势，直接选中这个指标即可，如图 5-74 所示。如果想同时查看多个指标，选中多个指标即可。

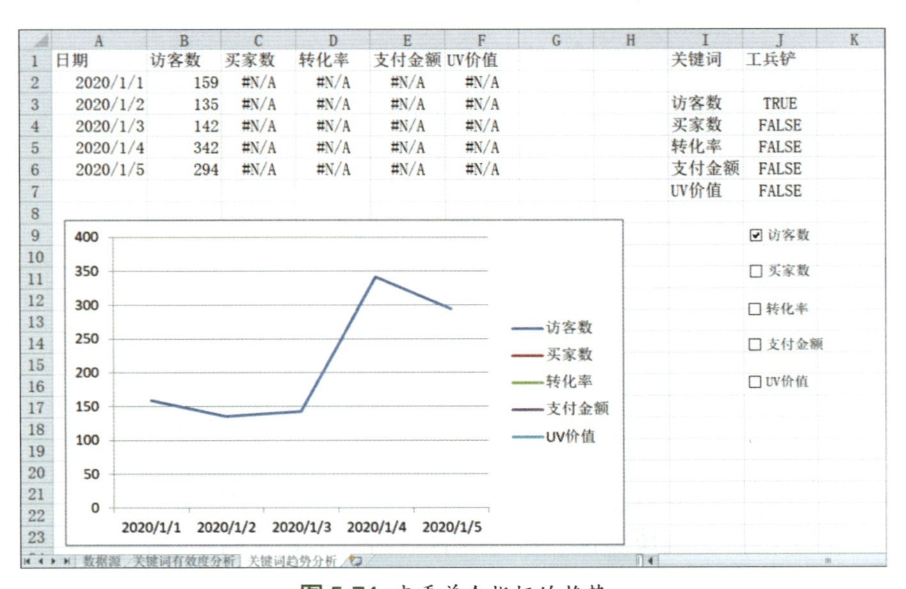

图 5-74 查看单个指标的趋势

为了方便查看，可以将图表做成双坐标图，建议将转化率或 UV 价值做成次坐标。具体操作步骤如下。

01 选中图表中的“转化率”图例并右击，在弹出的快捷菜单中选择“设置数据系列格式”选项，如图 5-75 所示。

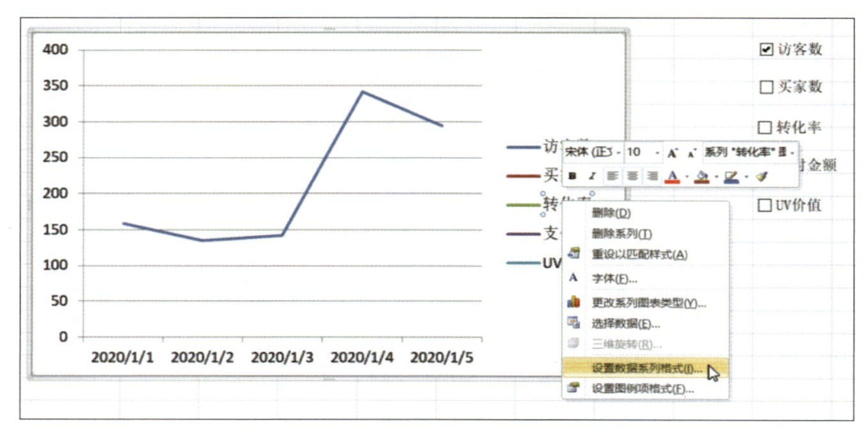

图 5-75 选择“设置数据系列格式”选项

02 在弹出的“设置数据系列格式”对话框中，选择将系列绘制在“次坐标轴”，单击“关闭”按钮，如图 5-76 所示。

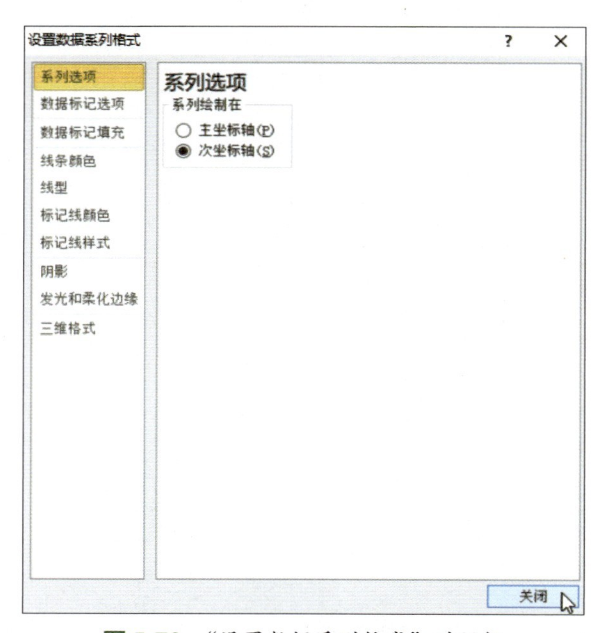

图 5-76 “设置数据系列格式”对话框

03 数据系列格式设置完成后的效果，如图 5-77 所示。

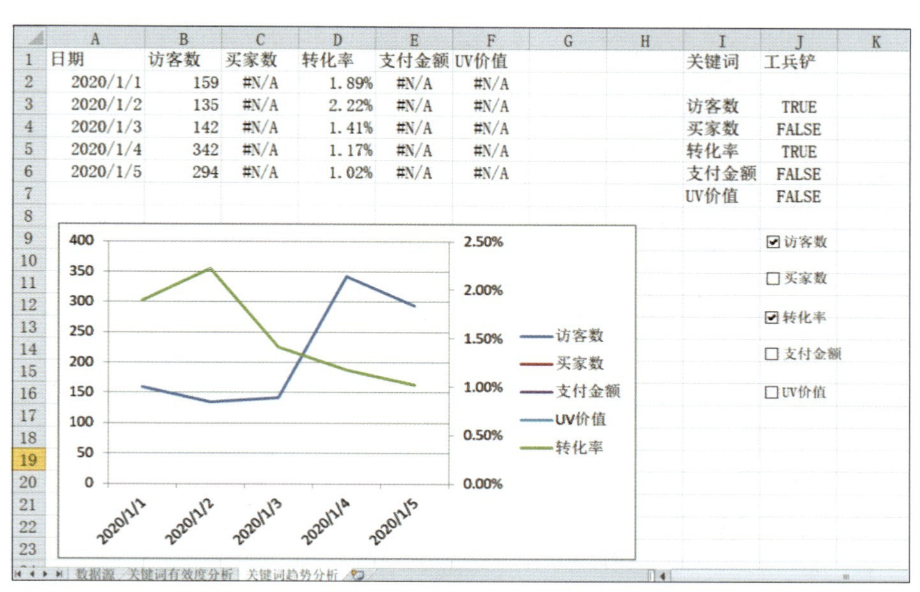

图 5-77 双坐标图的效果

关键词趋势分析的图表模板有以下两种用法。

一种是直接分析某个关键词的趋势数据。例如，分析“工兵铲”这个关键词的趋势数据，直接在表格中关键词后面的 J1 单元格中输入“工兵铲”，即可对这个关键词的趋势进行分析，如图 5-78 所示。

图 5-78 分析某个关键词的趋势数据

另一种是分析包含某个关键词的趋势数据。例如，分析包含“工兵铲”这个关键词的趋势数据，在表格中关键词后面的 J1 单元格中输入“* 工兵铲 *”，即可对包含这个关键词的趋势进行分析，如图 5-79 所示。

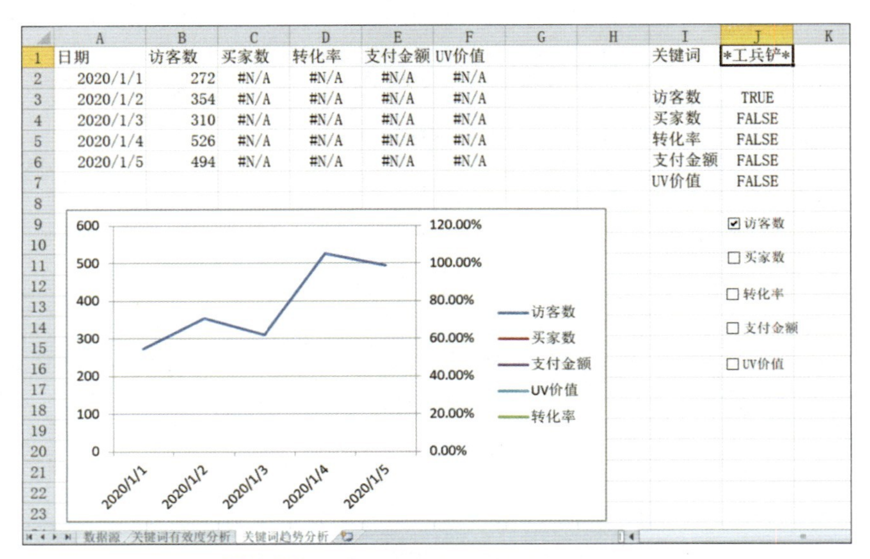

图 5-79 分析包含某个关键词的趋势数据

有了关键词趋势分析的图表模板后，在以后需要分析其他产品的数据时就不需要重新制作图表了，直接把数据源的数据替换成新产品的数据就可以了。

关键词趋势分析图表的优点在于能够清楚、直观地看到主要关键词数据的变化情况。当商家发现某个主要关键词流量上升的时候，就应该及时抓住机会，快速将这个产品打造成爆款产品。当发现原本流量很大的关键词突然出现流量下滑的情况，这时商家就要对这个关键词出现下滑趋势的原因进行分析了，看看是产品的问题还是行业的问题。如果是行业的问题，那么就需要进一步分析是整个行业都出现了问题，还是这个关键词在行业中出现了问题。

例如，某商家发现店铺中最近某一主要流量关键词的流量呈现下滑趋势，对这个关键词进行分析后发现是这个关键词的市场流量出现了下滑。这时商家就应该思考如何去培养其他的关键词了。因为这个关键词有可能之前平台在大力推广，所以它的流量很大；但最近平台减少或者没有推广该关键词了，所以它的流量直线下滑。因此，商家需要尽快找到替补的其他关键词。

第 6 章
转化率分析

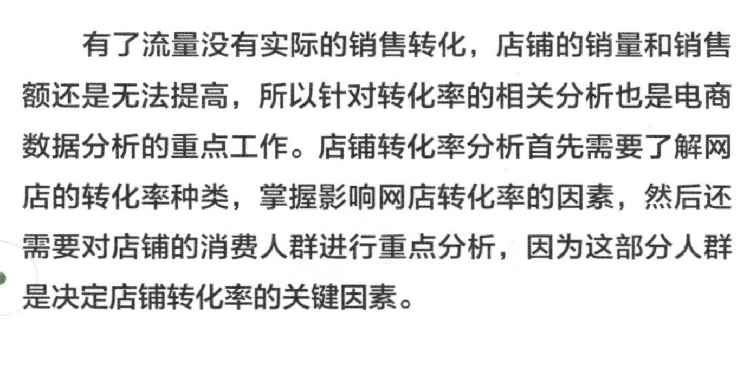

有了流量没有实际的销售转化，店铺的销量和销售额还是无法提高，所以针对转化率的相关分析也是电商数据分析的重点工作。店铺转化率分析首先需要了解网店的转化率种类，掌握影响网店转化率的因素，然后还需要对店铺的消费人群进行重点分析，因为这部分人群是决定店铺转化率的关键因素。

6.1 认识网店的转化率

商家只有将获取到的流量转化成实际的销售订单，才能将流量的价值体现出来，才能有效地提高店铺的销售额。根据客户行为的不同，可以将网店的转化率分为静默转化率和询单转化率；根据流量来源的不同，可以分为免费流量转化率和付费流量转化率。

6.1.1 静默转化率

静默转化是指客户在没有向客服人员咨询的情况下，直接下单购买产品，产生成交转化的行为。静默转化率是指在统计期内，客户访问店铺后，没有咨询客服，直接下单成交的客户数量占总访客数的比重，即静默转化率 = 静默成交人数 / 总访客数。

例如，淘宝某店铺在 5 月 1 日进店的访客数为 1200 人，其中没有与客服人员产生交流直接静默下单的人数为 500 人，则当日该店铺的静默转化率为 500 ÷ 1200 × 100%=42%。

一家店铺的静默转化率越高，代表客户对于店铺越信任，越能够直接交易下单。提高店铺的静默转化率，能够减轻客服的工作量，降低店铺流量的导入成本，也有利于培养回头客。另外，静默转化率也从侧面反映了一个店铺的整体运营水平。

如果产品的视频、图片、文案等营销性内容做得好，卖点突出，能直接引导客户下单，即可提升静默转化率。在淘宝后台的“千牛卖家中心”中，淘宝平台为商家提供了许多可以提升静默转化率的店铺工具，如图 6-1 所示。

图 6-1 提升静默转化率的店铺营销工具

以上营销工具可以结合店铺的主营类目来开展，优惠券、单品宝、店铺宝都是比较常用的，所需的成本较低，结合一定的活动创意，都可以取得较好的营销效果。

6.1.2 询单转化率

询单转化是指客户通过询问客服而产生成交转化的行为。询单转化率是指在一定时间内，通过询问客服下单成交的用户数占总访客数的比重，即询单转化率 = 询单转化人数 / 总访客数。

例如，淘宝某店铺在 5 月 1 日进店的访客数为 800 人，其中通过与客服交流后下单购买产品的客户有 350 人，则当日该店铺询单转化率 =350 ÷ 800 × 100%=43.75%。

客户在购买产品的过程往往都会存在很多疑虑，他们会向客服咨询产品的相关情况，如果此时客服能消除客户心中的疑虑，就很有可能促使客户下单购买产品，完成销售转化。

所以，询单转化率主要考验的是客服的工作专业度和工作效率，除此之外，还考验店铺的装修、产品的文案、拍摄及店铺整体排版的舒适度与美观度，即用户的视觉体验。店铺要想提升询单转化率，可以考虑从以下 3 个方面入手进行优化。

- 客服的接待：当客户在访问一个店铺的时候，遇到任何问题，直接面对的是客服。所以，客服的接待是营销成交转化至关重要的环节。客服掌握专业的接待技能，熟悉产品的属性和功能，是成功促成客户下单的关键。
- 产品的详情文案：客户在下单之前一般会对产品进行全面的了解，所以，这就要求产品详情页中要对产品进行详细的描述。例如，服装产品的详情文案中要描述产品的颜色、尺寸、材质及穿着效果展示等关键信息，让客户充分了解产品。
- 店铺的售后服务：由于网购会存在各方面的风险，要想客户无顾虑地下单，最基础的售后服务必须要有保障，如 7 天无理由退换货、赠送运费险等。

询单转化是店铺最主要的成交转化渠道，要想提升店铺的综合实力，商家就需要将细节的工作做好。例如，及时地响应客户，解决客户的疑问，从用户体验的角度出发，不断优化店铺装修，创造良好的消费体验环境。

6.1.3 免费流量转化率

免费流量转化率是指通过免费渠道产生成交转化的客户数占总访客数的比重，即免费流量转化率 = 免费流量成交数 / 总访客数。

免费流量转化率是一个店铺运营的关键性指标，免费流量越大，所需的引流成本越低，越能减轻店铺运营的成本，进而提升店铺的竞争力。要想提高店铺的免费流量转化率，主要需要做好以下 3 个方面的优化。

- 产品主图的优化：客户在搜索产品关键词时，第一眼看到的就是产品的主图，优质的主图能够吸引客户点击访问，提升店铺的成交转化率。如果店铺近期在开展促销活动，一定要设计出促销型主图，和同行店铺形成较强烈的视觉对比效果，尽可能地吸引免费流量到店访问。

- 产品详情页的优化：客户在下单之前，往往会仔细浏览产品的详情页，了解清楚产品属性，因此，在产品详情页中要按照用户的浏览习惯来设计好排版布局，一步步引导客户下单成交。

- 产品价格的优化：价格也是影响成交转化的重要因素，产品的价格不能设置得过高，让客户望而却步；也不能设置得过低，让客户怀疑产品的质量。位于中间价格区间的产品，往往更具有优势。

6.1.4 付费流量转化率

付费流量转化率是指通过付费渠道产生成交转化的客户数占总访客数的比重，即付费流量转化率 = 付费流量成交数 / 总访客数。

要想付费流量的转化率得到最大化的提升，可以从以下 3 个方面来进行优化。

- 产品关键词的优化：淘宝直通车就是以关键词为主来进行付费推广的，客户的搜索也是紧紧围绕着关键词来开展的，关键词决定了搜索的流量、排名和权重，因此，做好产品的关键词优化是提升付费流量转化率的第一步。

- 主图与产品的切合度的优化：吸引客户点击访问的是主图，提升主图与产品的契合度才能降低客户的跳失率。例如，客户搜索关键词“T 恤”，展现的是衬衣产品的主图，与客户预期的产品不符，客户就可能不会访问该店铺。

- 营销活动创意的优化：在电商市场上各种促销活动层出不穷，如买一送一、满 100 立减 20、新品低至 7 折等。随着消费者消费需求的不断变化，这些常规的营销活动，越来越难打动消费者下单购买产品了，这时，创意成为营销活动寻求突破的口子。例如，短视频、直播带货、粉丝社群等营销手段都比较具有创意，且营销效果很好。

付费引流是店铺与其他店铺竞争的手段之一，即使店铺在行业中的排名较靠后，仍然能够凭借良好的运营策划，让产品获得更多的展现量，吸引更多的潜在客户进店访问。但是，若遇到同行的恶意点击，则需要立即采取预警措施，减少店铺损失。

6.2 影响网店转化率的因素

转化率是店铺最终能否盈利的关键所在，如果一个店铺的流量和访客数都很高，但其转化率很低，店铺很难实现盈利。影响店铺转化率的因素很多，可以说是涉及店铺的方方面面，归纳起来主要有以下几个方面。

1. 关键词

关键词搜索是客户寻找产品的主要途径之一，所以关键词的精准度是影响店铺转化率的一个非常重要的因素。搜索关键词与流量的关系就像一个金字塔，如图 6-2 所示。客户输入的搜索关键词越长，搜索范围就越小，搜索到的产品就有可能越精准，成交转化率也就越高。通过搜索长尾词关键词进入店铺的访客虽然不多，但这部分客户通常是真正有需求的客户，商家一定要把握好这部分客户，才能有效提高店铺的成交转化率。

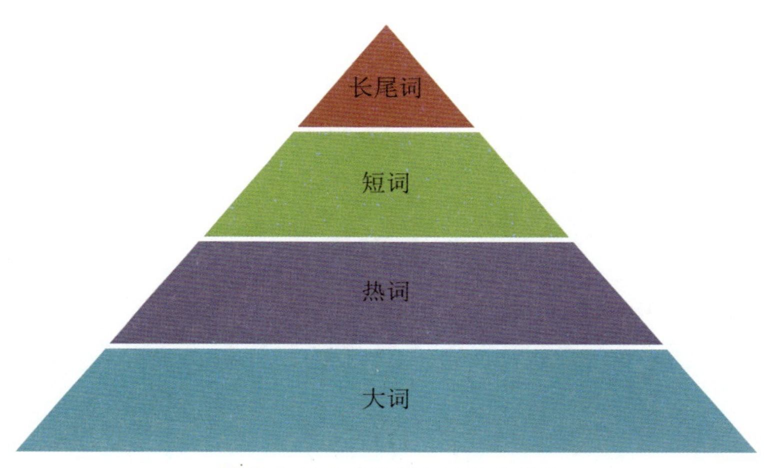

图 6-2 搜索关键词与流量的关系

2. 产品主图

产品主图往往是客户进入店铺后看到的第一张产品图片，它的好坏将直接决定客户是否愿意继续浏览产品的详情页面，并最终下单购买产品。关于产品主图的优化应该从以下几点入手。

- 在主图中重点突出主产品，主产品的展示比例最好控制在 61.8%（黄金比例分割）。
- 在主图中通过图文结合的方式重点展示产品的核心卖点，产品卖点能够触达客户的需求，使其产生购买行为。
- 主图中可以加入小视频，更直观、生动地为客户展示产品的卖点。
- 主图的文案要简洁有力，赋有创意。

此外，商家在设计产品主图时还应注意以下几点。

- 禁止主图中出现牛皮癣的现象。
- 主图的描述切忌夸大事实，与产品详情页不符，如某店铺的一款产品月销量只有 1000 件，却在主图文案中加入“月销万件”的字样，这样做不仅起不到好的营销效果，反而会引起客户的反感。

◆ 明确卖点，如果产品卖点与客户的需求严重不符，再怎么突出这个卖点也没有用，所以商家在设计产品主图时，一定要把握好客户对产品的需求，挖掘出最符合客户需求的产品卖点。

◆ 主图不可随意更换，直通车主图是可以更换的，但产品主图一旦确定好后，就不要轻易更改，除非该主图影响了产品的成交转化率。

3. 产品详情页

产品详情页是客户深入了解产品信息的主要页面，对于产品的成交起着至关重要的作用。好的产品详情页都是通过描述产品的优势、卖点从而打动客户，实现成交转化的。所以要想提高店铺的成交转化率，商家就要尽最大的能力去优化产品详情页。产品详情页的优化主要应该从以下 5 个方面入手。

图 6-3 产品详情页的优化

4. 产品价格

产品价格也是影响店铺成交转化率的重要因素，所以要想提高店铺的成交转化率就需要选择客户最容易接受的产品价格。产品价格太高或太低都会对产品的转化率造成影响，产品价格太高，很多客户消费不起；产品价格太低，又容易让客户对产品的质量产生怀疑。商家在设置产品价格时，可以在淘宝首页中输入产品的关键词，查看大部分客户能接受的同类产品的价格区间，如图 6-4 所示。

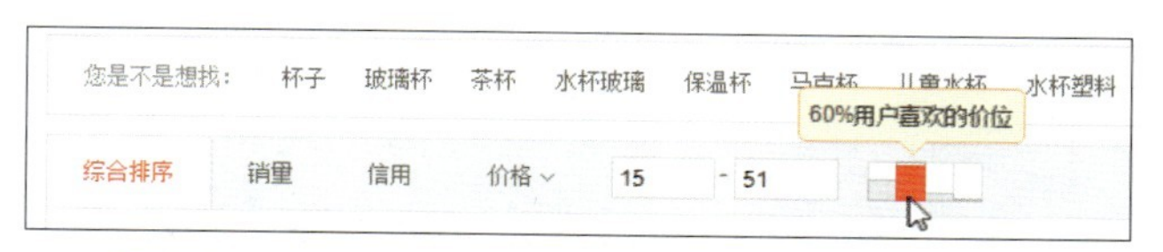

图 6-4 查看大部分客户能接受的同类产品价格区间

需要注意的是，产品价格一旦设置好就不要随意改变，过于频繁地更改产品的价格仍然有可能影响产品的转化率。例如，客户上一周在某店铺看中的一款产品价格为 100 元，这周再来看时，产品的价格就变成了 120 元，客户心里肯定会不舒服，认为商家是在乱涨价，进而放弃在该店铺购买产品的想法。

5. 产品销量

通常，消费者在购买产品时都会选择销量较高的产品进行购买，销量好的产品一般是排名比较靠前的产品，而且产品排名越靠前就卖得越好。因为有许多消费者都有一种从众心理，认为产品销量高，受欢迎的程度高，那么该产品的质量一般不会太差。如果销售的产品能够使客户坚定购买信心，就有可能提高客户下单购买的概率。

在产品的搜索结果页面一般都会显示产品的销量，单击“销量从高到低”选项，即可按销量从高到低查找产品，如图 6-5 所示。

图 6-5 销量从高到低的产品

6. 产品评价

产品的评价会直接影响客户的购买决心，对产品的成交转化起着很重要的作用。好的产品评价能增加客户购买产品的信心，为还在犹豫中的客户消除购买疑虑；而差的产品评价则会使本身还犹豫不决的客户失去购买产品的信心和欲望。某产品详情页中的产品评价如图 6-6 所示。

因此，商家要想方设法地主动引导客户去多写评价、多晒图，评论的文字越多越能够打动客户。此外，商家还要重点关注评论中的差评，及时处理那些差评，以免给产品的销售带来负面影响。

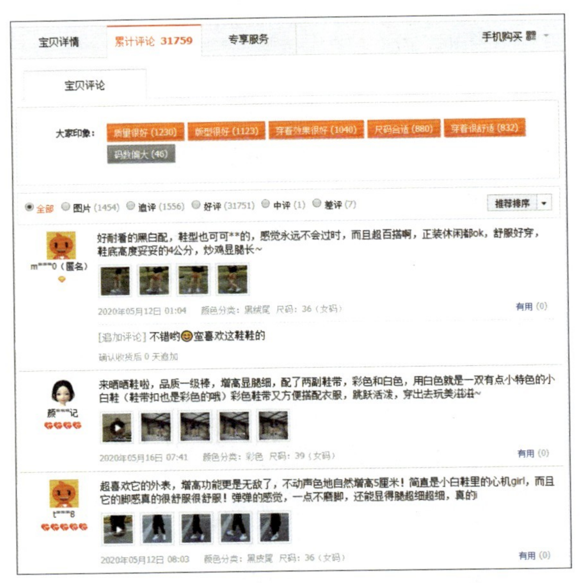

图 6-6 某产品详情页中的产品评价

7. 客服服务

客服服务也是产品成交转化过程中的一个重要的影响因素。客户在购买产品时往往会存在很多疑虑，客户疑惑的这些问题都需要通过客服来解决。某客户在向客服询单的界面，如图 6-7 所示。一名优秀的客服人员，不仅能很好地解决客户购买过程遇到的各种问题，还能引导客户快速下单购买，完成销售转化。因此，提高客服的服务水平和质量，能够有效提高转化率。

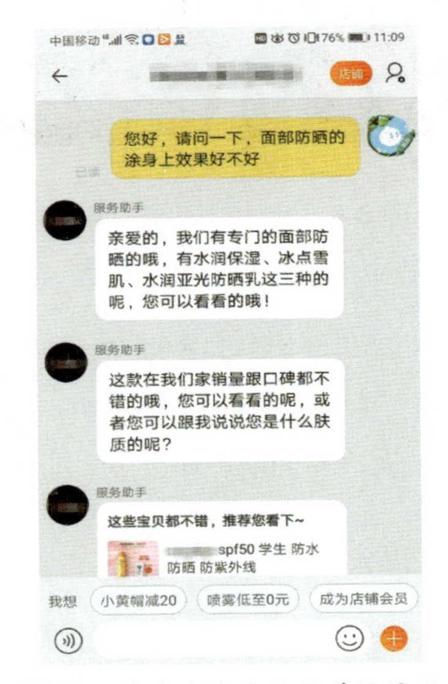

图 6-7 客户在向客服询单的界面

8. 促销活动

店铺的促销活动，也是影响转化率的一个关键因素。商家举办各种各样的促销活动，其目的无非就是吸引客户关注，促进产品销售。促销活动做得好的店铺，其店铺的转化率一般都不低。例如，某销售香水产品的店铺通过买赠等促销活动来吸引客户下单购买产品，以提高店铺的成交转化率，如图 6-8 所示。

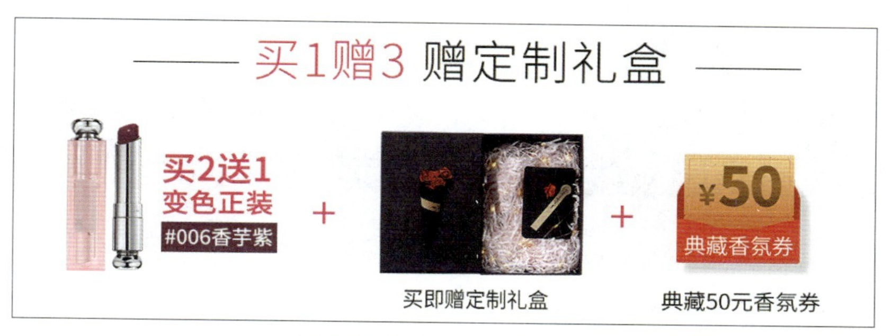

图 6-8 某店铺的促销活动

目前，常见的促销手段主要有以下几种。

- 借力促销：利用热点事件进行促销，如借力某热播影视剧进行促销。
- 组合促销：利用搭配销售的方式促销，如买鞋子送袜子；或者捆绑式促销，如买手机加 1 元送手机壳；又或者连贯式促销，如首次购买全价，第二次购买 8 折。
- 指定促销：指定对象促销，如 38 妇女节进行女性特惠专场；又或者指定产品促销，如购买 A 产品赠送 B 产品。
- 附加式促销：如好评有礼、包邮、以旧换新等。

除此之外，产品的标题、产品的款式、产品的售后保证和服务承诺、店铺的页面设计及店铺的口碑等都有可能对网店的转化率构成一定的影响。

6.3 网店访客分析

很多电商商家在运营店铺时常常会遇到这样的困惑，店铺明明有不少流量，但转化率却不高。这主要是因为商家对店铺的访客不够了解，没办法做到精准化营销。因此，商家在做数据分析时，需要对访客的数据进行分析。在“生意参谋”数据分析工具中有专门的访客分析模块，可以很方便地对访客数据进行分析。

登录“生意参谋”，在“生意参谋”首页中，选择“流量”→“访客分析”选项，进入访客分析页面。在该页面中一共有两个板块，一个是访客分布板块，另一个是访客对比板块。

6.3.1 访客分布

在访客分布板块中，可以看到访客来访时间、访客地域分布、访客的特征与行为习惯等数据信息的汇总与展示。

1. 时段分布

时段分布中可以查看店铺访客的来访时间段情况，以及下单的时间段情况，如图6-9所示，黄色代表访客数，蓝色代表下单数。

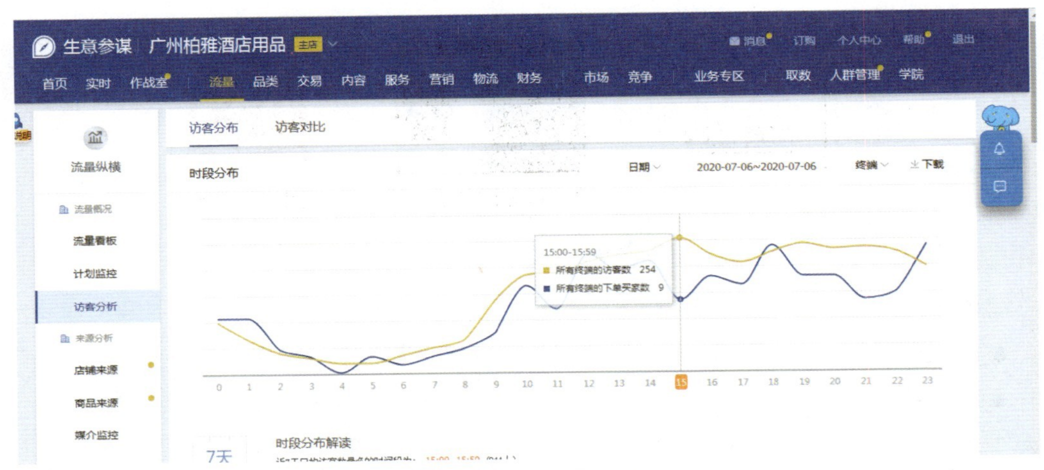

图6-9 访客时段分布

从图6-9中可以看出，访客的访问高峰期是14~15点，以及19~21点这两个时段，商家就可以针对这两个时间段进行一些优化和调整，合理设置产品的上下架时间，以及做直通车的推广。例如，可以把店铺的主要产品安排在访客高峰时段上下架，直通车也可以重点投放在访客高峰时段。

2. 地域分布

在地域分布中可以查看“访客数占比排行TOP10”和“下单买家数排行TOP10”，如图6-10所示，通过这两个排行榜商家可以清楚地知道哪个地区的访客和下单用户最多，应该对哪个地区的用户进行重点运营。例如，某店铺的访客和下单用户主要集中在广东省、江苏省、浙江省这3个省份，那么商家就应该重点在这3个省份加大推广运营的力度，如加大这3个省份直通车的投放量；针对这3个省份进行专场的促销活动等，尽可能地提升这3个省份的流量和转化率。

图 6-10　访客地域分布

3. 特征分布

特征分布包括淘气值分布、消费层级、性别、店铺新老访客等内容，如图 6-11 所示。

生意参谋　首页　实时　作战室　流量　品类　交易　内容　服务　营销　物流　财务　市场　竞争　业务专区　取数　人群管理　学院

特征分布　日期　2020-07-06~2020-07-06　所有终端

淘气值分布

淘气值	访客数	占比	下单转化率
601-800	1,023	31.30%	5.28%
501-600	672	20.56%	4.91%
801-1000	526	16.10%	5.13%
1000+	494	15.12%	7.49%
401-500	382	11.69%	6.02%
400及以下	171	5.23%	5.85%

消费层级

消费层级(元)	访客数	占比	下单转化率
0-15.0	1,015	31.06%	3.45%
120.0-310...	592	18.12%	7.09%
70.0-120.0	537	16.43%	5.59%
40.0-70.0	468	14.32%	3.42%
310.0以上	358	10.95%	11.45%
15.0-40.0	298	9.12%	6.71%

性别

性别	访客数	占比	下单转化率
男	1,169	35.77%	7.36%
女	1,979	60.56%	4.90%
未知	120	3.67%	0.83%

店铺新老访客（新访客　老访客）

访客类型	访客数	占比	下单转化率
新访客	2,922	89.41%	5.13%
老访客	346	10.59%	9.83%

图 6-11　访客特征分布

其中，通过淘气值分布可以看出客户的购物等级。淘气值是基于过去 12 个月客户在淘宝平台上进行购物、互动、信誉等行为而综合计算出的一个分值。淘气值的分数越高代表客户在淘宝平台上的购物、互动、信誉综合比越高；而分数越低代表客户在淘宝平台上的购物、互动、信誉综合比越低。在淘气值分布中不仅要关注不同分值的人数占比，还要重点关注不同分值的转化率。如图 6-11 所示，淘气值 601~800 的客户人数占比最多，淘气值 1000 以上的客户下单转化率最高，这些客户通常都属于淘宝平台上的资深客户，商家应该重点维护这些客户。

消费层级是根据客户对价格的偏向来计算的，表现的是该类目下客户购物的价格偏向，通过消费层级数据的展示，商家可以知道店铺的访客更偏向哪个价格区间的产品。例如，图 6-11 中 310 元以上这个价格段的转化率占比最高，为 11.45%；而这个价格段的访客数占比却不高，只有 10.95%。说明店铺获取的流量并不精准才会导致其他访客人数占比高的价格段，转化率不高；而访客人数占比低的价格段，转化率反而很高。发现这一问题后，商家就应该进一步分析为什么店铺引入的流量不精准，是因为关键词的选择还是因为其他原因。

性别数据主要查看的是转化率。例如，通过图 6-11 中显示的数据可以看出男性客户的转化率高于女性客户的转化率，但女性客户的访客人数却要比男性客户的访客人数多。需要说明一下，在性别数据中访客数肯定是对应的人群占比最多，但转化率却不一定。例如，经营女士香水的店铺，虽然这类店铺通常是以女性访客为主，但也有不少男性客户会选择在这类店铺中购买香水赠送给女士，这就有可能造成男性客户的转化率高于女性客户的转化率，说明男性客户也是这类店铺的精准客户。

对于店铺新老访客数据既要看访客数占比，又要看转化率。例如，图 6-11 中显示老访客的人数占比为 10.59%，但转化率却高于新访客，说明商家在运营时应该重点关注老访客。为了获取更多的老访客，商家可以在直通车人群溢价方面，重点溢价收藏过店铺商品的访客、店内商品放入购物车的访客及购买过店内商品的访客等；同时还可以专门针对老访客做一些营销活动。

【提示】

老访客是指访问店铺后 6 天内再次访问店铺的人。如果老访客的人数占比低于 20%，说明该店铺在客户黏度方面做得比较差，商家应该想办法提高老访客的人数。

4. 行为分布

行为分布中包含来源关键词 TOP5 和浏览量分布两部分内容，如图 6-12 所示。通过行为分布基本上可以分析出访客是通过什么关键词进入店铺的，以此找到店铺的核心词。关键词能够很好地表达客户的需求，所以对于重点关键词，商家要重点维护，要时刻关注它们的访客数和转化率，一旦发现某个关键词数据出现下滑的情况，就要及时分析原因并采取应对措施。

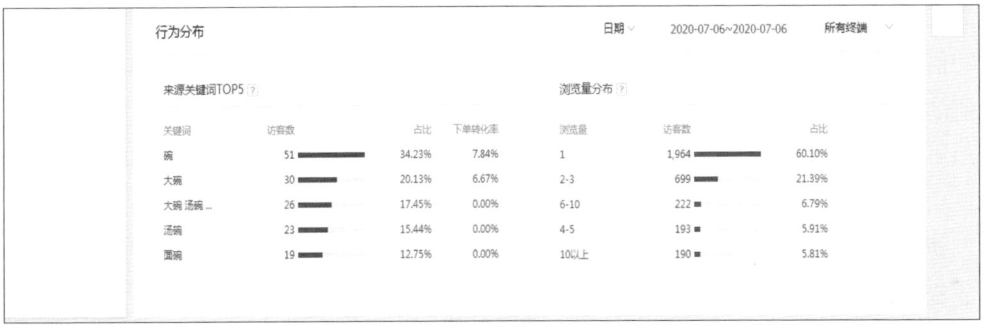

行为分布　日期　2020-07-06~2020-07-06　所有终端

来源关键词TOP5

关键词	访客数	占比	下单转化率
碗	51	34.23%	7.84%
大碗	30	20.13%	6.67%
大碗 汤碗 ...	26	17.45%	0.00%
汤碗	23	15.44%	0.00%
面碗	19	12.75%	0.00%

浏览量分布

浏览量	访客数	占比
1	1,964	60.10%
2-3	699	21.39%
6-10	222	6.79%
4-5	193	5.91%
10以上	190	5.81%

图 6-12 访客行为分布

6.3.2 访客对比

访客对比板块是针对“未支付访客”“支付新买家”“支付老买家”这 3 类访客的消费层级、性别、年龄、地域 TOP、营销偏好及关键词 TOP 所做的对比分析，通过这些对比数据能够帮助商家不断优化和调整店铺的定位。

访客的消费层级分析如图 6-13 所示。通过店铺访客的消费层级展现，可以判断出店铺访客正常的消费能力。例如，根据图 6-13 中的数据可以得知这家店铺的大多数未支付访客消费层级为 0~40 元，因此在对产品进行定价时应该尽量将产品的价格设置在这个区间范围内，以便更多的客户接受。

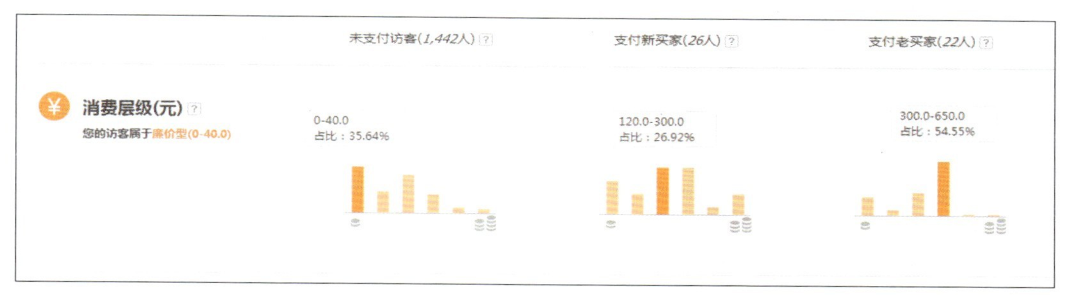

图 6-13　访客的消费层级

访客性别和年龄分析这两个部分的重点在于分析店铺主要客户群体的性别和年龄段，然后在产品卖点、主图、详情页及客服短语等方面做一些优化。根据图 6-14 所示的访客性别和年龄分析数据可以知道这家店铺的客户大多数为女性，且主要年龄为 18~25 岁，因此商家在做运营时应重点考虑 18~25 岁女性客户的需求和消费特点。

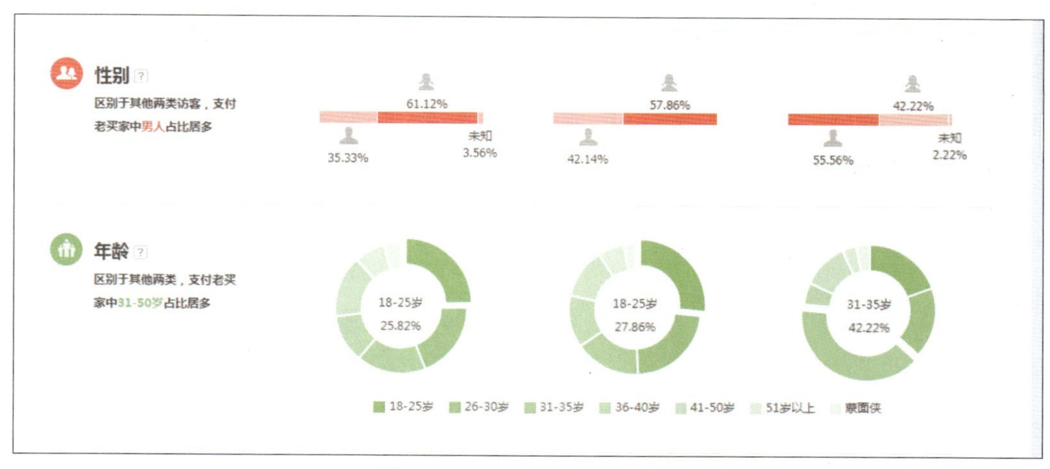

图 6-14　访客性别和年龄分析

在访客对比板块中商家还可以针对访客的地域、营销偏好和搜索关键词进行分析，如图6-15所示。从图中可以看出，该店铺的访客主要来源于广东省、江苏省和浙江省等省份，喜欢聚划算、宝贝优惠券等营销方式，并且店铺访客有固定常用的搜索关键词。根据这些数据，商家可以强化店铺或产品的地域特色风格，如在页面设计中适当加入一些地域元素；根据访客的营销偏好有针对性地制订营销推广活动，如访客喜欢优惠券的营销方式，商家就可以在店铺首页中最显眼的位置设置优惠券领取入口；根据访客搜索的关键词，商家还可以进一步优化店铺和产品的风格、产品价格及产品的标题等。

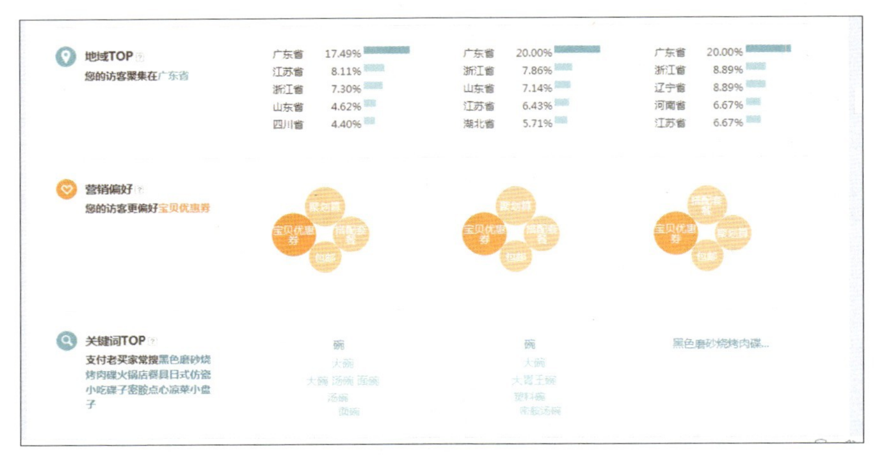

图 6-15 访客地域、营销偏好、搜索关键词分析

【提示】

在对访客的搜索关键词进行对比分析时，如果发现某个关键词在未支付访客中占比较多，但在支付买家中却没有出现，说明这个关键词不够精准。

6.4 人群画像分析

不同的客户对产品的喜爱程度及消费特征是不一样的，商家要进行店铺和产品的优化，就需要与对应的消费群体联系起来，所以对消费群体进行精准的定位和分析是电商数据分析工作中的一个重要项目。店铺中客户的人群画像是基于大数据运算而得到的数据结果，能够很直观地反映出店铺主力消费群体的典型特征，对于商家维护店铺客户有着非常重要的指导性作用。下面以一家经营数码产品的店铺——A网店为例，从客户的性别、年龄段、爱好、会员等级及购物终端偏好等层面出发，多维度地对网店客户的人群画像进行分析。

6.4.1 客户的性别占比分析

客户的性别占比是指从性别维度出发划分店铺中的主力消费群体。A 网店的客户性别占比如图 6-16 所示，其中男性客户的占比约为 70%，女性客户的占比约为 30%，直观地说明了该网店的主力消费群体是男性。

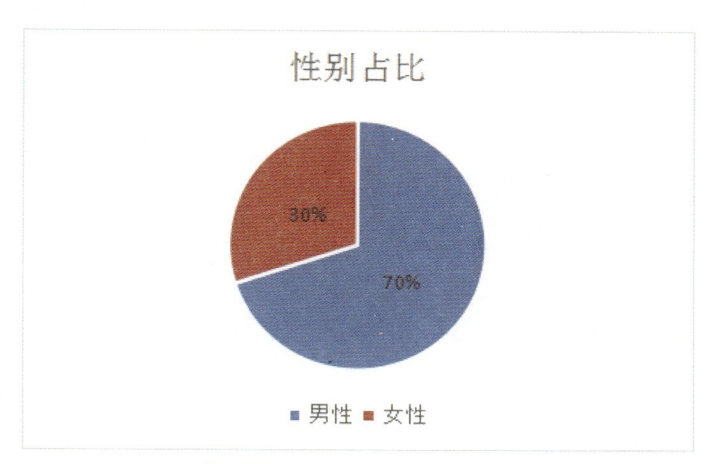

图 6-16　客户的性别占比统计

6.4.2 客户的年龄段占比分析

由于店铺的性质不同，所针对的消费群体也会有所不同，需要通过对店铺客户的年龄段占比进行分析，以此来确定店铺的主力消费群体。A 网店的客户年龄阶段占比情况如图 6-17 所示，可以看到其中占比最多的是小年轻，其次是青年和青壮年。由此可知，青年群体是 A 网店的主力消费群体，为店铺贡献了大量的流量，也是店铺提高转化率需要重点维护的消费群体。

图 6-17　客户的年龄阶段占比情况

6.4.3 客户的爱好占比分析

分析客户的爱好，其目的是更加精准地定位客户的细分群体。A 网店的客户爱好分布情况如图 6-18 所示，其中，爱好数码的客户占比最高，这也比较符合 A 网店 3C 数码及周边产品的主营类目的定位；其次，爱好音乐、美妆、收纳、阅读及美食的客户也是店铺的主力消费群体。

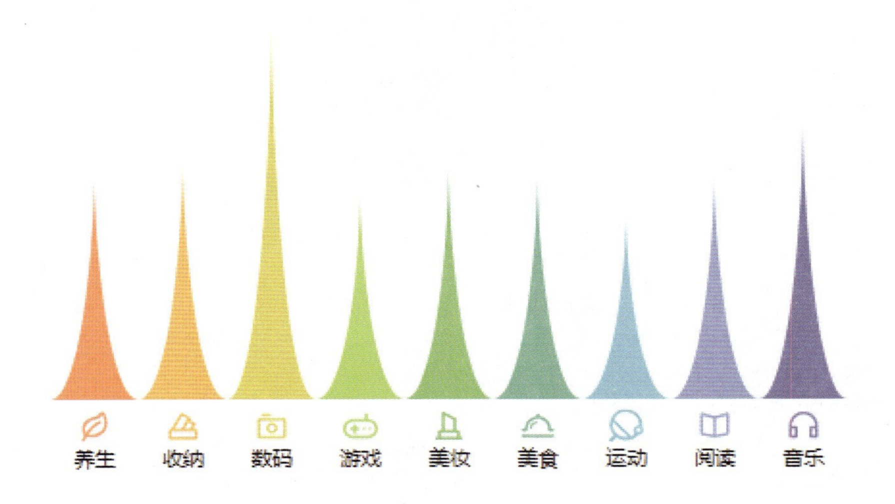

图 6-18 客户的爱好分布情况

6.4.4 客户的会员等级占比分析

对客户的会员等级进行分析，其主要目的是降低店铺的客户拓展成本和客户维护成本。A 网店的客户会员等级占比情况如图 6-19 所示，可以看到初级会员的占比较高，说明店铺的主要客户群体是初级会员，把这部分客户拓展成中高级客户的可能性较大，但流失率也较高，所以会给店铺的客户拓展和维护带来较大的压力。因此，商家还是应该重点维护店铺中的中高级客户。

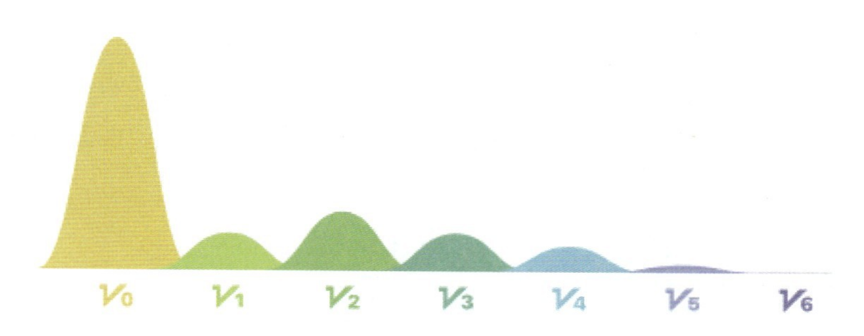

图 6-19　客户的会员等级占比情况

6.4.5　客户的购物终端偏好占比分析

随着移动互联网时代的到来、移动支付的普及，越来越多的 PC 端流量正向移动端倾斜。A 网店的客户购物终端偏好占比情况如图 6-20 所示，其中，移动端客户的占比约为 97%，远远超过了 PC 端的客户占比。所以，商家在店铺的运营过程中，应该重点布局移动端，维护好移动端的新老客户。

图 6-20　客户的购物终端偏好占比情况

人群画像分析的最终目的是弄清楚店铺中客户的特征，然后针对主力消费群体进行有效的营销，包括新客户的拓展、老客户的维护及休眠客户的挖掘。

6.5 会员分析与营销

会员关系的管理分析与营销在日常的电商运营过程中起着非常重要的作用，通过对店铺的会员数据进行分析，商家可以准确地掌握会员的人群属性特征，然后根据这些信息有针对性地对其进行相应的优化和营销。

6.5.1 会员分析的目的

随着市场竞争程度的加剧，不少商家为了维护和管理好店铺中的客户，都设置了会员制。会员关系管理的逻辑如图 6-21 所示。

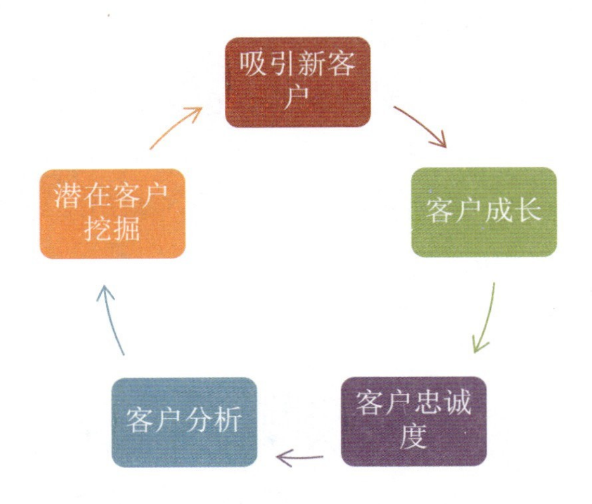

图 6-21 会员关系管理逻辑图

商家不能盲目地对店铺的客户进行管理和营销，需要利用会员制对客户进行分层管理。商家可以通过客户运营平台提供的管理工具，对客户进行分析和人群分组，设置会员等级，针对不同的客户群体制订不同的营销策略。

要想做好会员关系的管理与营销，首先需要了解会员分析的目的。会员分析的目的主要有以下几点。

- 获取会员信息。
- 掌握会员的消费行为。
- 根据会员信息和消费行为将会员分类，进行更加有针对性的营销和关怀。
- 会员的口碑宣传效果往往事半功倍。
- 将促销变为优惠和关怀，提升会员消费体验和忠诚度。

6.5.2 会员数据的获取

要对会员进行分析，首先需要采集会员数据。为了便于后面进行 RFM 模型数据分析，这里需要获取订单付款时间、购买次数和实际支付金额 3 个会员数据。商家可以通过淘宝平台提供的会员关系管理工具来采集相关的会员数据，具体操作步骤如下。

01 登录淘宝网，进入“千牛卖家工作台”页面，选择左侧导航栏中“交易管理”→“已卖出的宝贝”选项；在新页面中选择需要下载数据的成交时间范围，单击“批量导出”按钮，如图 6-22 所示。

图 6-22 单击“批量导出”按钮

02 在弹出的提示框中，单击“生成报表”按钮，如图 6-23 所示。

搜索订单 批量导出

图 6-23 单击“生成报表”按钮

03 进入数据导出页面，单击“下载订单报表”按钮下载订单数据，如图 6-24 所示。

批量导出

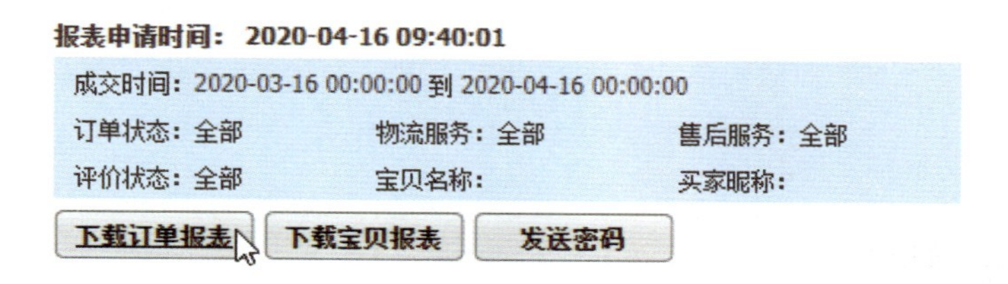

图 6-24 数据导出页面

04 打开下载的订单报表，如图 6-25 所示，由于下载的表格数据较多，根据数据分析需要只保留“买家会员名”“买家实际支付金额”“订单付款时间”3 列数据即可。

	B	C	D	E	F	G	H	I	J	K	L	M	N	O	P	Q	R	S	T	U	V
1	买家会员名	买家3	支付4	支付详	买家应付货款	买家应	买家	总金额	返点	买家实际	买家	订单状	买家	收货人姓	收货地址	运送方	联系电	联系手机	订单创建	订单付款时	宝贝标
2		18380	20200	支付方	28.72	0.00	0	28.72	0	28.72	0	交易成	null		四川省 眉	快递	'null		2020-04	2020-04-29	四季
3		13880	20200	支付方	38.00	0.00	0	38.00	0	38.00	0	交易成	null		四川省 成	快递	'null		2020-04	2020-04-29	四季
4		51438	20200	支付方	10.00	0.00	0	10.00	0	10.00	0	交易成	null		四川省 德	快递	'null		2020-04	2020-04-29	四季
5		73224	20200	支付方	10.00	0.00	0	10.00	0	10.00	0	交易成	null		四川省 成	快递	'null		2020-04	2020-04-28	四季
6		15281	20200	支付方	50.00	0.00	0	50.00	0	50.00	0	交易成	null		四川省 成	快递	'null		2020-04	2020-04-28	四季
7		58202	20200	支付方	70.00	0.00	0	70.00	0	70.00	0	交易成	null		四川省 成	快递	'null		2020-04	2020-04-28	四季
8		24389	20200	支付方	22.61	0.00	0	22.61	0	22.61	0	交易成	null		四川省 成	快递	'null		2020-04	2020-04-28	家庭
9		13808	20200	支付方	40.00	0.00	0	40.00	0	40.00	0	交易成	null		四川省 成	快递	'null		2020-04	2020-04-28	四季
10		lianan	20200	支付方	60.00	0.00	0	60.00	0	60.00	0	交易成	null		四川省 泸	快递	'null		2020-04	2020-04-28	四季
11		18380	20200	支付方	10.00	0.00	0	10.00	0	10.00	0	交易成	null		四川省 绵	快递	'null		2020-04	2020-04-27	四季
12		17828	20200	支付方	160.00	0.00	0	160.00	0	160.00	0	交易成	null		四川省 成	快递	'null		2020-04	2020-04-27	四季
13		15876	20200	支付方	28.50	0.00	0	28.50	0	28.50	0	交易成	null		广东省 广	快递	'null		2020-04	2020-04-27	四季
14		86912	20200	支付方	150.00	0.00	0	150.00	0	150.00	0	交易成	null		四川省 成	快递	'null		2020-04	2020-04-27	四季
15		86912	20200	支付方	189.60	0.00	0	189.60	0	0.00	0	交易关	null		四川省 成	快递	'null		2020-04	27 10:09:35	
16		57049	20200	支付方	9.50	0.00	0	9.50	0	9.50	0	交易成	null		广东省 深	快递	'null		2020-04	2020-04-2	四季
17		zheda	20200	支付方	9.98	0.00	0	9.98	0	9.98	0	交易成	null		浙江省 杭	快递	'null		2020-04	2020-04-2	四季
18		landy	20200	支付方	14.80	5.00	0	19.80	0	19.80	0	交易成	null		四川省 成	快递	'null		2020-04	2020-04-2	养花工
19		32814	20200	支付方	17.10	0.00	0	17.10	0	17.10	0	交易成	null		四川省 成	快递	'null		2020-04	2020-04-2	盆栽
20		18810	20200	支付方	28.31	0.00	0	28.31	0	28.31	0	交易成	null		四川省 乐	快递	'null		2020-04	2020-04-2	四季

图 6-25 下载的订单报表

05 将需要保留的 3 列数据整理到一个新的 Excel 表格中，如图 6-26 所示。

	A	B	C	D
1	买家会员名	买家实际支付金额	订单付款时间	
2		28.72	2020-04-29 22:24:16	
3		38	2020-04-29 20:45:35	
4		10	2020-04-29 01:47:57	
5		10	2020-04-28 23:25:44	
6		50	2020-04-28 16:29:38	
7		70	2020-04-28 13:36:32	
8		22.61	2020-04-28 13:28:56	
9		40	2020-04-28 10:20:04	
10		60	2020-04-28 08:31:11	
11		10	2020-04-27 22:34:50	
12		160	2020-04-27 14:57:40	
13		28.5	2020-04-27 13:00:38	
14		150	2020-04-27 10:38:49	

图 6-26 整理采集好的数据

【提示】

在整理数据时，不要直接在下载的 Excel 表格中进行操作，因为下载的表格格式是 CSV 格式，这种格式对于部分功能具有限制性，所以在整理数据时一定要将数据复制粘贴到新的 Excel 表格中进行操作。如果是分多次下载的原始数据，也需要将其汇总到一个 Excel 表格中进行操作。

6.5.3 RFM模型数据分析

RFM 模型是一种会员消费行为分析模型。RFM 模型中的 3 个字母分别代表不同的会员行为要素，其中 R（Recency）代表客户最近一次成交时间的间隔，F（Frequency）代表客户最近一段时间的交易频率，M（Money）代表客户最近成交的金额。

RFM模型可以对海量的会员进行细分，建立起一套科学的数据分析模型，对会员进行有效的管理，极大地提升会员管理效率。利用RFM模型对会员数据进行分析的具体操作如下。

打开之前采集并整理好的会员数据，插入一个数据透视表，将“买家会员名”拖入“行标签”中，把“买家应付金额”拖入“数值”中，并将其汇总方式设置为求和；再把“买家会员名”拖入“数值”中，并将其汇总方式设置为计数；接着把“订单付款时间”也拖入“数值”中，并将汇总方式设置为最大值，如图6-27所示。

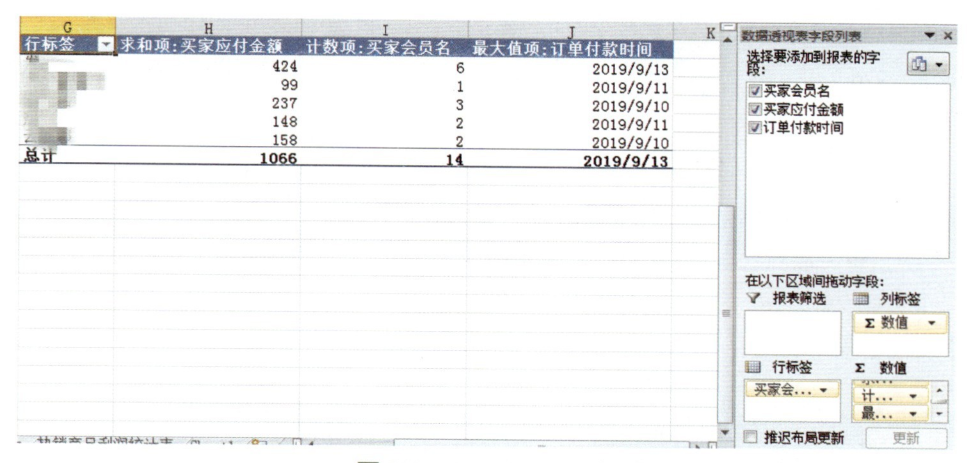

图6-27 插入数据透视表

数据中，R代表客户最近付款的时间，R值越大，表示客户成交日期越久远，反之则表示客户成交日期越近。R值越大，说明客户流失的可能性就越大。例如，本案例中订单付款时间为2019年9月13日，假设今日为2020年4月，那该客户已经超过半年没有在店内购买商品，有流失的风险。如果该客户之前的购买频次较高，商家就要想办法采取一些手段来激活他们，以避免这部分优质客户流失。

F代表客户最近的交易频率，F值越大，表示客户交易越频繁，反之则表示客户交易不够活跃。例如，本例中F值最大为6，说明该客户在这段时间内共在店内交易过6次。

M代表客户消费金额，M值越大，表示客户价值越高，反之则表示客户价值越低。M值可以灵活统计，可以统计总成交金额，也可以统计平均金额。例如，本案例买家应付金额值最高为424元，其平均金额=424÷6=70.67（元）。

如果想更直观地分析RFM，还可以对每项因素给予具体的权重计分。分析客户具体得分如表6-1所示，当R≤10天时，给予该客户5分权重；10天＜R≤45天时，给予4分的权重；当45天＜R≤90天时，给予3分的权重，以此类推，计算出客户距离上次购物天数R的权重分。消费次数F和实际支付金额M，同样根据实际情况自行设置权重区间。

表 6-1 RFM 每项因素的权重计分

距离上次购物天数 / 天	消费次数 / 次	实际支付金额 / 元	权重分
$R \leqslant 10$	$F \geqslant 12$	$M \geqslant 400$	5
$10 < R \leqslant 45$	$12 > F \geqslant 9$	$400 > M \geqslant 300$	4
$45 < R \leqslant 90$	$9 > F \geqslant 6$	$300 > M \geqslant 200$	3
$90 < R \leqslant 120$	$6 > F \geqslant 3$	$200 > M \geqslant 100$	2
$90 < R$	$2 > F$	$100 > M$	1

【提示】

距离上次购物天数可用比较传统的方式来计算，如某客户在 2019 年 9 月 10 日购物，上次购物时间是 2019 年 9 月 1 日，则距离上次购物天数为 9 天。如果数据较多，也可通过 Excel 来计算该数据。

在计算出每项因素得分后，相加得到一个 RFM 总得分。在今后的客户管理中，对得分较高的重要客户给予特殊服务，如 VIP 会员、专属客服、折扣优惠等。对于得分较低的客户，应具体分析是哪方面存在问题，并积极解决。

6.5.4 会员等级设置

会员等级的设置可以体现出会员对于店铺的价值和其对店铺的忠诚度。通过会员等级设置可以有效地吸引新会员，维护老会员。商家也可以根据不同的会员等级设置不同的会员营销活动。下面以淘宝平台上的客户运营平台为例，来讲解 VIP 会员设置的方法。

01 登录淘宝网，进入“千牛卖家工作台”页面，选择左侧导航栏中的“营销中心”→“客户运营平台”选项，如图 6-28 所示。

02 进入“客户运营平台”首页，选择左侧导航栏中的“忠诚度设置”选项，如图 6-29 所示。

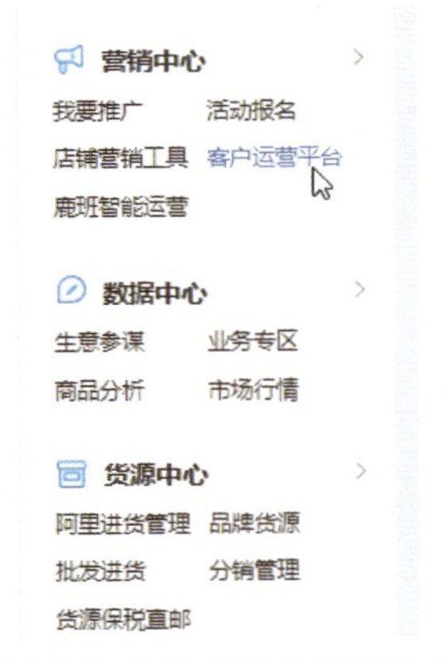

图 6-28 选择“客户运营平台”选项

图 6-29 选择“忠诚度设置”选项

03 进入“忠诚度管理”页面，单击“VIP 设置”后的“修改设置”按钮，如图 6-30 所示。

图 6-30　单击“修改设置”按钮

04 进入会员等级设置页面，商家可以根据交易额或交易次数对会员等级进行设置，同时设置不同等级的会员权益，如会员享有折扣等，如图 6-31 所示。

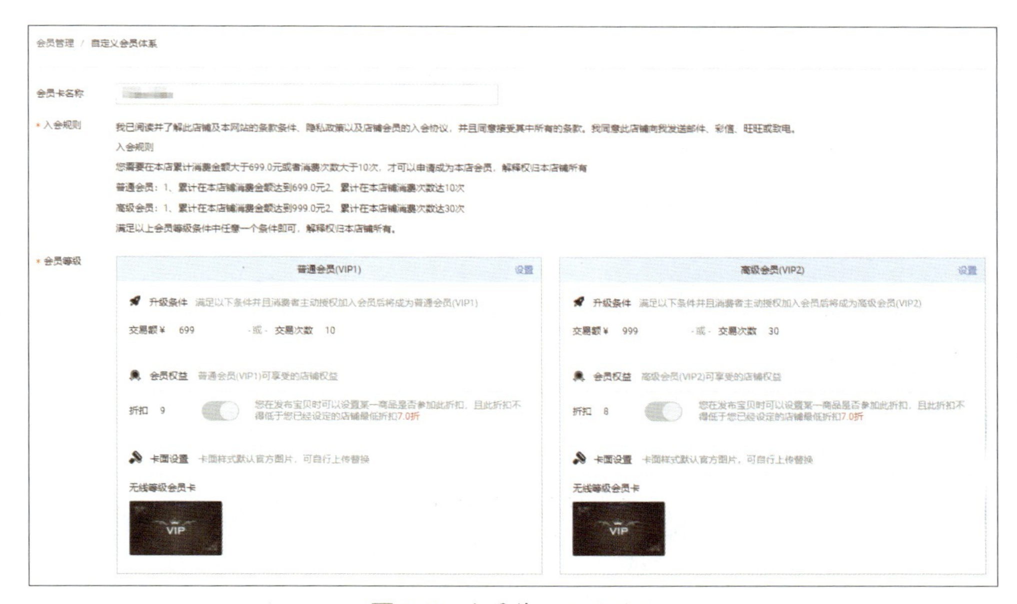

图 6-31　会员等级设置页面

【提示】

商家最少需要设置 1 个等级，最多可以设置 4 个等级，分为普通会员 (VIP1)、高级会员 (VIP2)、VIP 会员 (VIP3) 和至尊 VIP 会员 (VIP4)，商家可以根据实际情况设置等级数。

6.6 不同流量渠道的成交转化率分析

为了提高客户的访问量和成交量，商家会在不同的流量渠道进行产品的推广。因此，商家需要针对不同流量访问渠道的访问数据、成交数量及成交转化率进行数据统计和分析，以便更好地制订营销方案，有效提高店铺的销量。下面将以 Z 店铺的 4 种流量访问渠道为例，在 Excel 中对产品的成交转化率进行统计和分析。

6.6.1 创建成交转化率统计表

成交转化率统计表主要包含访问渠道、访问数量、成交数量和成交转化率等内容，创建成交转化率统计表的具体方法如下。

01 在 Excel 中新建一个名为“成交转化率统计表”的工作表，在工作表中输入访问渠道、访问数量、成交数量等相关的数据信息，如图 6-32 所示。

	A	B	C	D	E
1	成交转化率统计表				
2	访问渠道	访问数量	成交数量	成交转化率	
3	免费流量	5834	3597		
4	付费流量	6361	3852		
5	自主访问	9745	5063		
6	其他	1451	531		
7	总计				
8					

图 6-32 新建“成交转化率统计表”

02 对表格的行高、列宽、对齐方式、字体格式等属性进行调整，并为表格添加框线后的效果，如图 6-33 所示。

	A	B	C	D	E
1	成交转化率统计表				
2	访问渠道	访问数量	成交数量	成交转化率	
3	免费流量	5834	3597		
4	付费流量	6361	3852		
5	自主访问	9745	5063		
6	其他	1451	531		
7	总计				
8					

图 6-33 调整表格

03 计算所有流量访问渠道的总访问数量，选中 B7 单元格，输入公式“=SUM（B3:B6）”，按“Enter”键得出计算结果，如图 6-34 所示。

B7 =SUM(B3:B6)

	A	B	C	D	E
1	成交转化率统计表				
2	访问渠道	访问数量	成交数量	成交转化率	
3	免费流量	5834	3597		
4	付费流量	6361	3852		
5	自主访问	9745	5063		
6	其他	1451	531		
7	总计	23391			
8					

图 6-34 计算所有流量访问渠道的总访问数量

04 计算出所有流量访问渠道的总成交数量，选中 C7 单元格，输入公式“=SUM（C3:C6）”，按“Enter”键得出计算结果，如图 6-35 所示。

C7 =SUM(C3:C6)

	A	B	C	D	E
1	成交转化率统计表				
2	访问渠道	访问数量	成交数量	成交转化率	
3	免费流量	5834	3597		
4	付费流量	6361	3852		
5	自主访问	9745	5063		
6	其他	1451	531		
7	总计	23391	13043		
8					

图 6-35 计算出所有流量访问渠道的总成交数量

05 选中 D3 单元格，输入公式“=SUM（C3/B3）”，按“Enter”键得出计算结果，即免费流量的成交转化率，如图 6-36 所示。

D3 =SUM(C3/B3)

	A	B	C	D	E
1	成交转化率统计表				
2	访问渠道	访问数量	成交数量	成交转化率	
3	免费流量	5834	3597	0.62	
4	付费流量	6361	3852		
5	自主访问	9745	5063		
6	其他	1451	531		
7	总计	23391	13043		
8					

图 6-36 计算免费流量的成交转化率

06 将鼠标指针悬停在 D3 单元格的右下角，当指针变成“+”形状时，按住鼠标左键向下拖拽至 D7 单元格，计算出其他流量渠道的成交转化率，如图 6-37 所示。

D3 =SUM(C3/B3)

成交转化率统计表			
访问渠道	访问数量	成交数量	成交转化率
免费流量	5834	3597	0.62
付费流量	6361	3852	0.61
自主访问	9745	5063	0.52
其他	1451	531	0.37
总计	23391	13043	0.56

图 6-37 填充其他流量渠道的成交转化率

07 选中 D3:D7 单元格区域并右击，在弹出的快捷菜单中选择“设置单元格格式”选项，如图 6-38 所示。

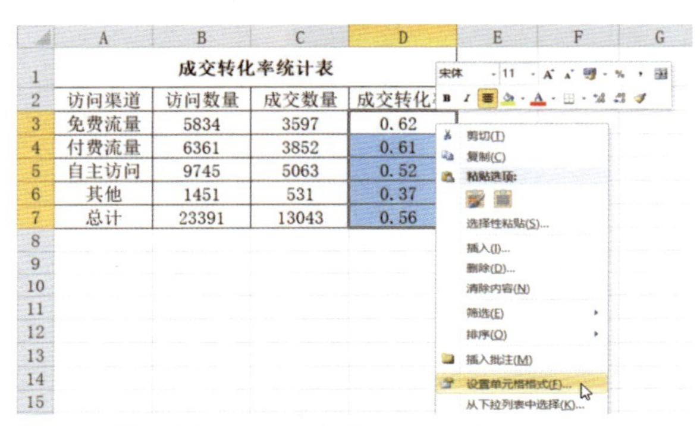

成交转化率统计表			
访问渠道	访问数量	成交数量	成交转化
免费流量	5834	3597	0.62
付费流量	6361	3852	0.61
自主访问	9745	5063	0.52
其他	1451	531	0.37
总计	23391	13043	0.56

图 6-38 选择“设置单元格格式”选项

08 弹出“设置单元格格式”对话框，切换至“数字”选项卡下，设置“分类”为“百分比”，然后单击“确定”按钮，如图 6-39 所示。

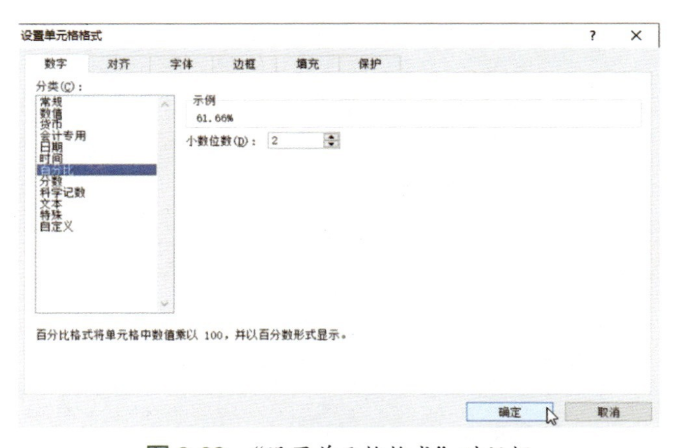

图 6-39 “设置单元格格式”对话框

09 创建好的成交转化率统计表的效果，如图 6-40 所示。

	A	B	C	D
1	成交转化率统计表			
2	访问渠道	访问数量	成交数量	成交转化率
3	免费流量	5834	3597	61.66%
4	付费流量	6361	3852	60.56%
5	自主访问	9745	5063	51.95%
6	其他	1451	531	36.60%
7	总计	23391	13043	55.76%
8				

图 6-40 成交转化率统计表

6.6.2 用柱形图分析数据

为了更清楚、直观地看出数据之间的差异，商家可以在 Excel 中通过柱形图更有效地分析不同渠道的成交转化率情况。用柱形图分析数据的具体方法如下。

01 在“成交转化率统计表”中，选中 A2:D6 单元格区域，然后在菜单栏“插入”选项卡的“图表”组中，单击“柱形图”按钮，在下拉菜单中选择一个柱形图插入，如图 6-41 所示。

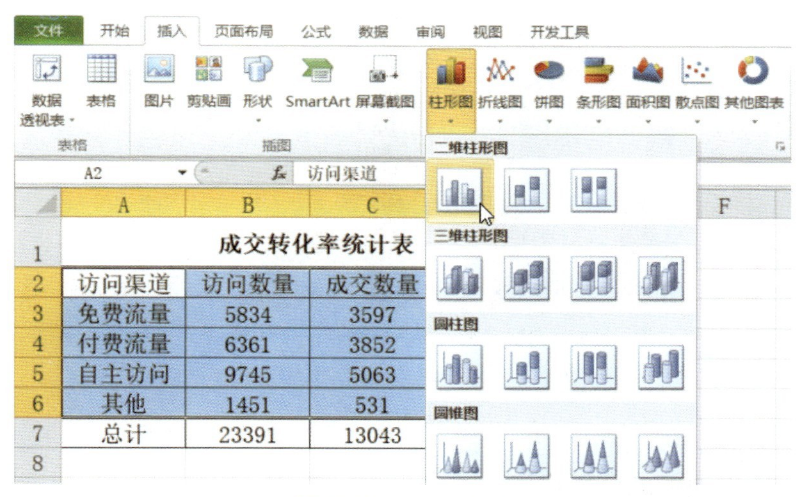

图 6-41 插入柱形图

02 选中图表中的蓝色柱形条并右击，在弹出的快捷菜单中选择“添加数据标签”选项，即可为蓝色柱形条添加数据标签，如图 6-42 所示。

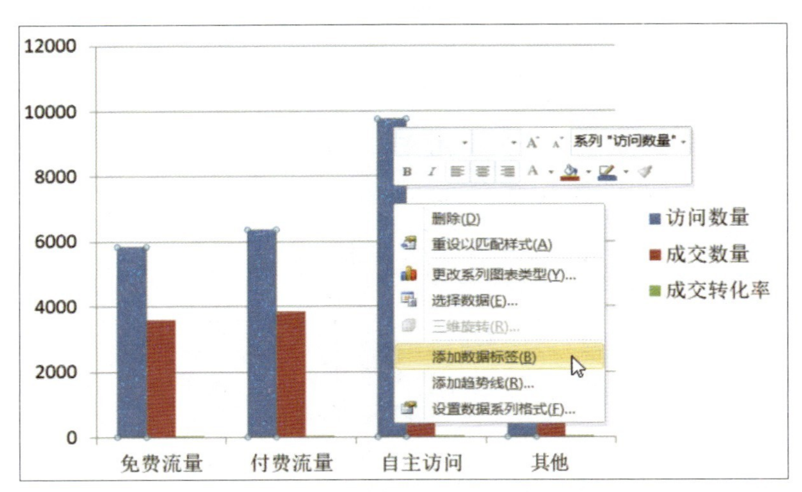

图 6-42 为蓝色柱形条添加数据标签

03 选中图表中的红色柱形条，按照同样的方法为红色柱形条添加数据标签，完成后的图表效果，如图 6-43 所示。

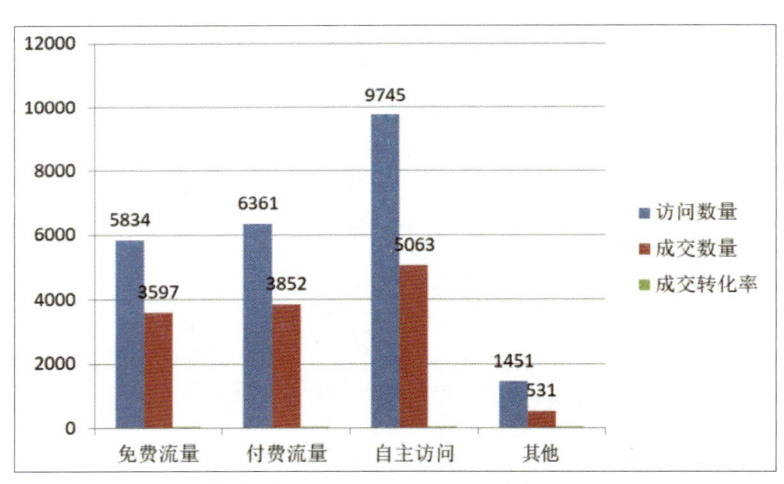

图 6-43 添加数据标签后的图表效果

6.6.3 分析各渠道的成交转化率

为了更清晰地分析店铺各渠道的成交转化率，下面将以双坐标图和折线图的方式来突出显示店铺各渠道的成交转化率数据，其具体的方法如下。

01 选中图表中的“成交转化率”图例并右击，在弹出的快捷菜单中选择“设置数据系列格式”选项，如图 6-44 所示。

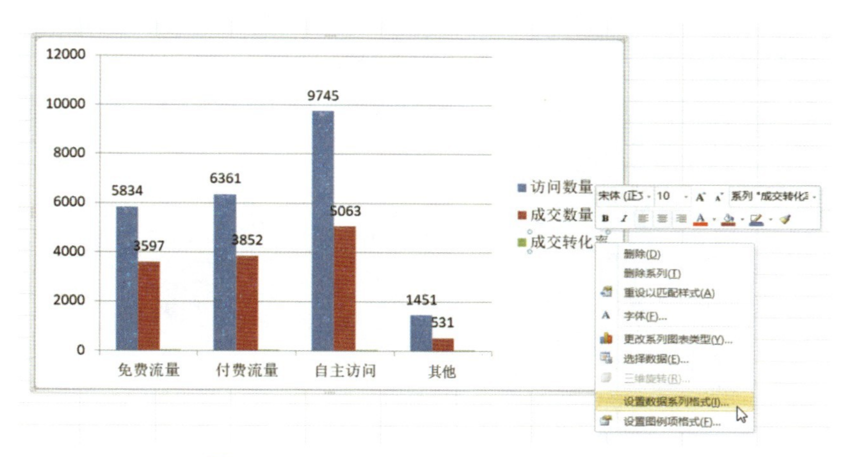

图 6-44　选择“设置数据系列格式”选项

02 在弹出的“设置数据系列格式”对话框中，选择将系列绘制在“次坐标轴”，单击“关闭”按钮，如图 6-45 所示。

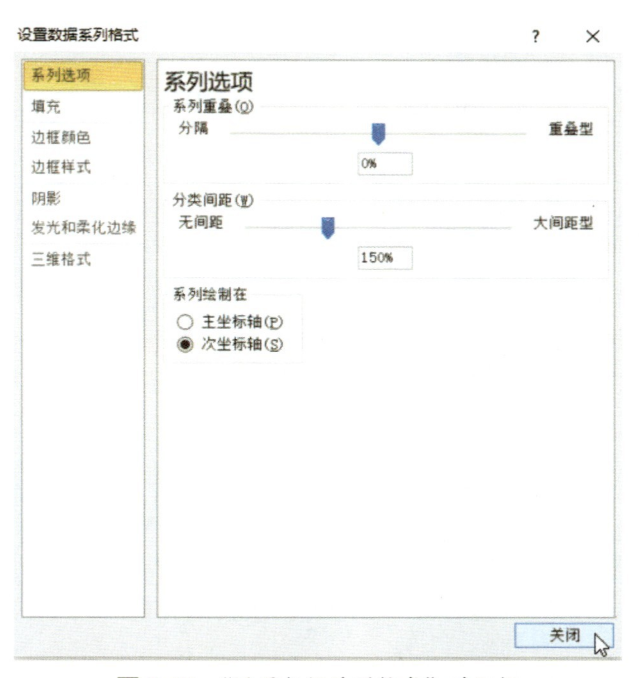

图 6-45　“设置数据系列格式”对话框

03 再次选中图表中的“成交转化率”图例并右击，在弹出的快捷菜单中选择“更改系列图表类型”选项，如图 6-46 所示。

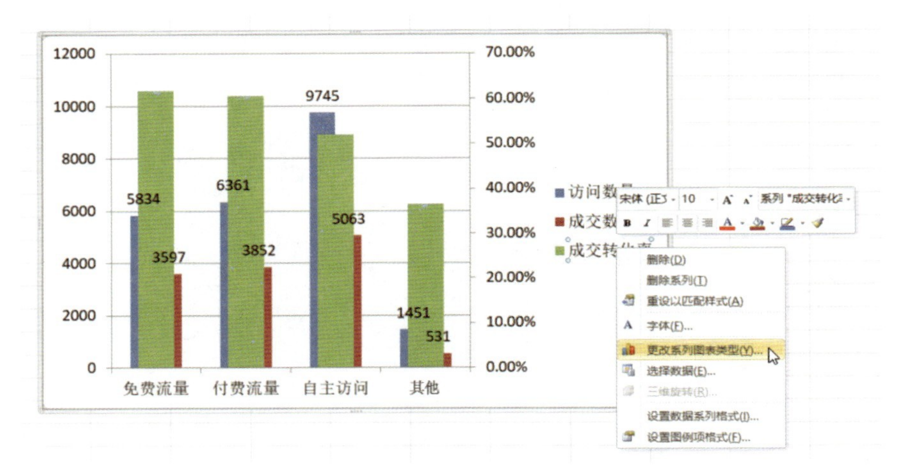

图 6-46 选择“更改系列图表类型”选项

04 在弹出的“更改图表类型”对话框中，选择一个折线图插入，然后单击“确定”按钮，如图 6-47 所示。

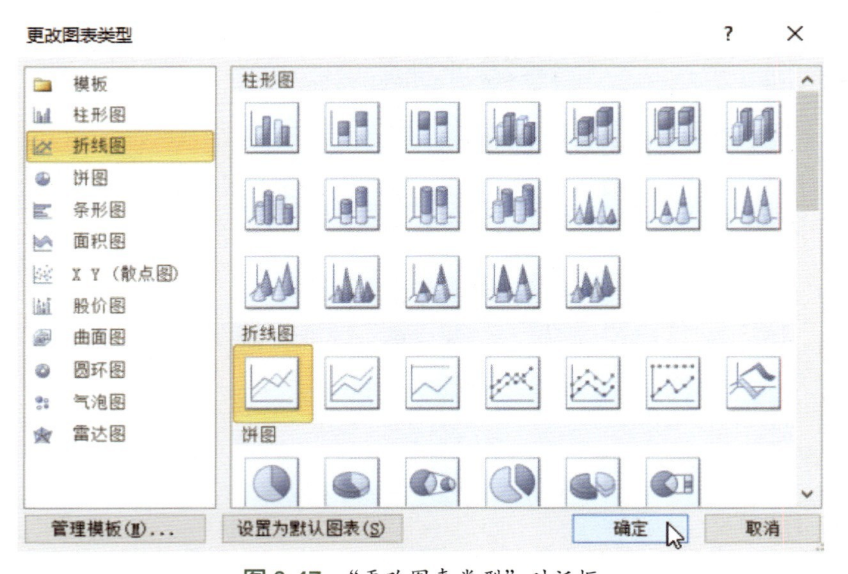

图 6-47 “更改图表类型”对话框

05 完成后的图表效果如图 6-48 所示。

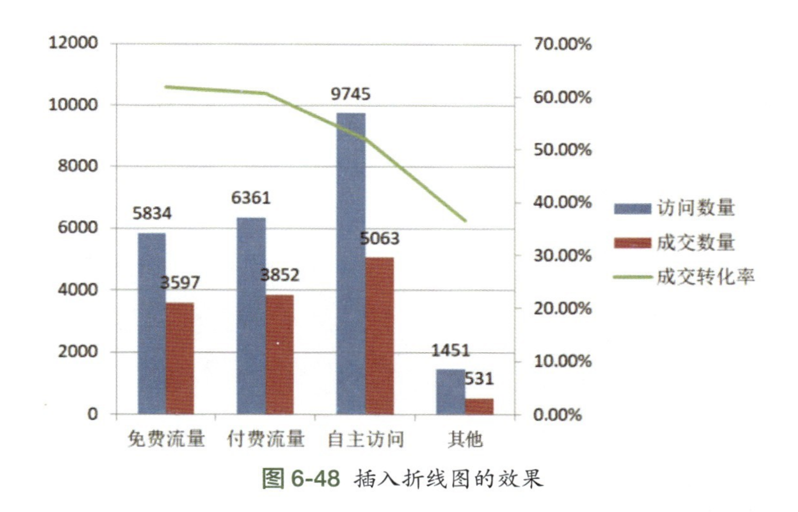

图 6-48 插入折线图的效果

通过图 6-48 可以很直观地看到，免费流量和付费流量的成交转化率较高，说明这两个流量渠道获取到的流量较为精准，商家可以将营销推广的重点尽可能地放在通过这两个渠道进入店铺的访客身上，以实现更多的销售转化。

6.7 高手支招

1. 会员分组管理

会员分组管理是指为具有相同属性的会员创建分组，并针对他们的属性特性进行打标。后期商家可以从不同的维度对会员进行标签管理，有针对性地进行会员营销。以淘宝平台上的客户运营平台为例，会员分组管理的具体操作如下。

01 在“客户运营平台”首页，单击左侧导航栏中的“客户列表”按钮，进入新页面，单击“分组管理”按钮，如图 6-49 所示。

图 6-49 单击“分组管理”按钮

02 进入“分组管理”页面，单击“新增分组”按钮，如图 6-50 所示。

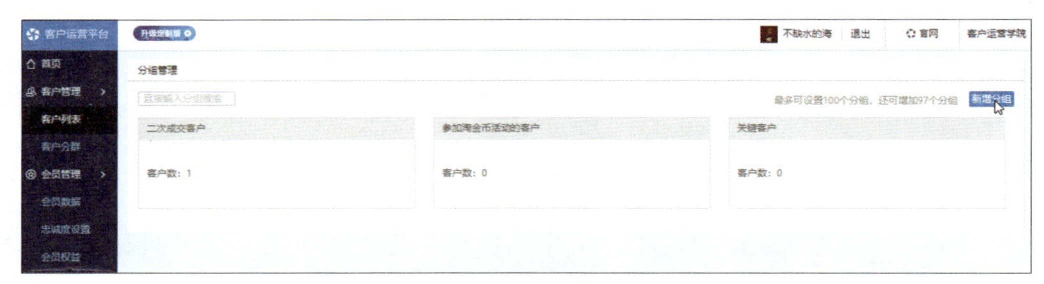

图 6-50 单击“新增分组”按钮

03 进入新页面，设置分组名称及分组方式，单击“确定”按钮，如图 6-51 所示。

图 6-51 设置分组名称及分组方式

04 返回“分组管理”页面，可以看到新建的分组，单击分组中的“查看客户”按钮，如图 6-52 所示。

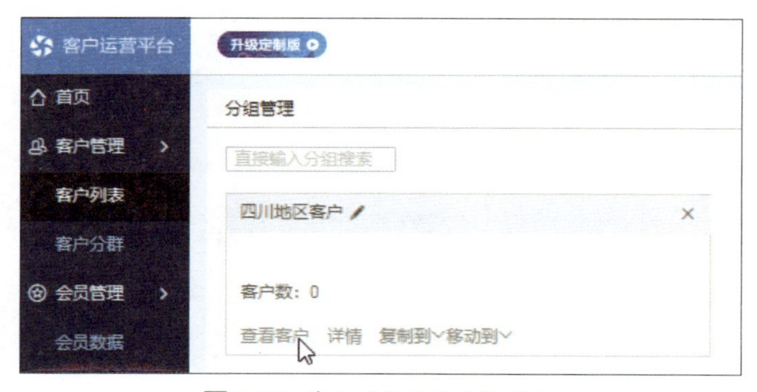

图 6-52 单击“查看客户”按钮

05 进入“客户列表”页面，将列表展开，通过设置交易额、交易笔数、上次交易时间等条件，筛选出符合条件的客户，拉入分组。例如，将交易笔数设置为“1- 不限”，然后单击“搜索”按钮，如图 6-53 所示。

图 6-53　筛选出符合条件的客户拉入分组

06 筛选出符合条件的客户后，选中所有客户信息，单击“批量设置”按钮，如图 6-54 所示。

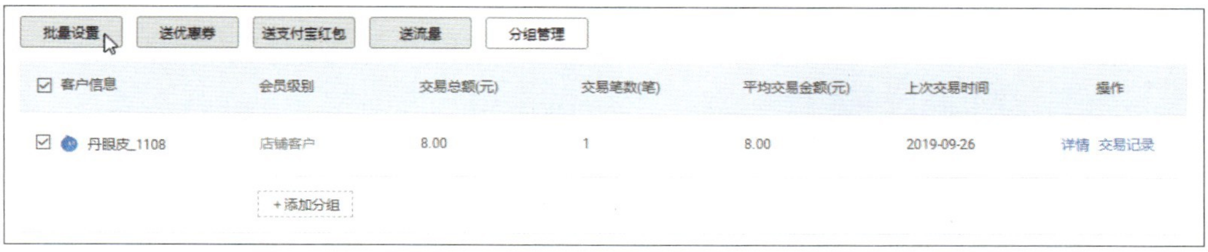

图 6-54　单击“批量设置”按钮

07 弹出“批量修改”的对话框，单击“添加标签”按钮，将标签设置为“四川地区客户”，并单击“确定”按钮，如图 6-55 所示。

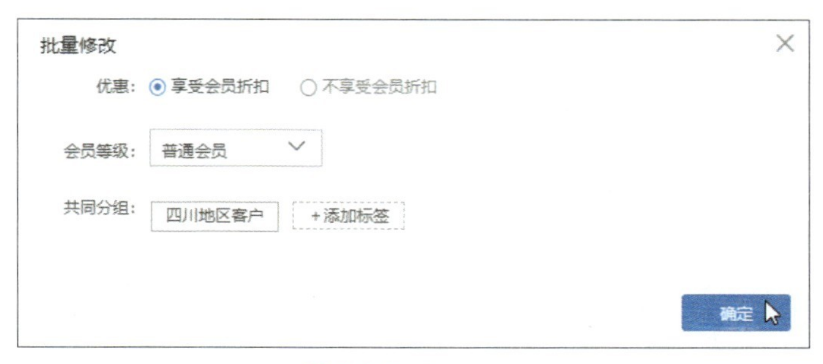

图 6-55　客户打标

2. 会员分群管理

为了便于客户管理，商家可以将同一标签或多个标签的客户划分到一个群体中。下面仍然以淘宝平台上的客户运营平台为例，讲解会员分群管理的操作。

01 在“客户运营平台”首页，单击左侧导航栏中的“客户分群”按钮，进入新页面，单击“新建人群”按钮，如图 6-56 所示。

图 6-56 单击“新建人群”按钮

02 进入新页面，选择人群类型标签，将它拖放到指定区域，单击“立即保存人群”按钮，如图 6-57 所示。

图 6-57 选择人群类型标签